义务教育课程标准解读丛书

义务教育

物理课程标准（2022年版）

解 读

课程教材研究所　组织编写

义务教育物理课程标准修订组　编　写

廖伯琴　主　编

中国教育出版传媒集团

高等教育出版社·北京

内容提要

本书是对《义务教育物理课程标准（2022 年版）》的权威解读，由课程教材研究所组织编写，义务教育物理课程标准修订组编写。全书分上中下三篇，上篇对义务教育物理课程改革进行了全面回顾，阐述了义务教育物理课程标准修订的背景，并对其课程性质、课程理念、设计思路以及要培养的学生核心素养和课程目标进行了解读。中篇从内容要求、学业要求和教学提示等方面，对课程标准中的五个内容主题进行了全面解读，并对学业质量进行了分析。下篇对义务教育物理课程的教学建议、评价建议、教材编写建议、课程资源开发与利用、教师培训与教学研究等进行了解读，并对物理学的功能及物理课程的价值进行了阐述，对义务教育物理课程的发展进行了展望。

本书是学习《义务教育物理课程标准（2022 年版）》的权威读本，对于理解和实施新课程标准具有很强的指导性，可作为初中物理教师的培训教材和教学参考书，也可作为高等教育相关专业的教材，还可供基础教育管理人员、研究人员日常参考。

图书在版编目（CIP）数据

义务教育物理课程标准（2022 年版）解读／课程教材研究所组织编写；义务教育物理课程标准修订组编写；廖伯琴主编. --北京：高等教育出版社，2022.7（2023.7重印）
（义务教育课程标准解读丛书）
ISBN 978－7－04－058715－9

Ⅰ．①义⋯ Ⅱ．①课⋯ ②义⋯ ③廖⋯ Ⅲ．①中学物理课-课程标准-初中-教学参考资料 Ⅳ．①G633.73

中国版本图书馆 CIP 数据核字（2022）第 095042 号

Yiwu Jiaoyu Wuli Kecheng Biaozhun (2022 Nian Ban) Jiedu

策划编辑 韩 筠　责任编辑 王文颖　封面设计 张志奇 王 洋　版式设计 童 丹
责任绘图 于 博　责任校对 窦丽娜　责任印制 韩 刚

出版发行	高等教育出版社	网　址	http://www.hep.edu.cn
社　址	北京市西城区德外大街 4 号		http://www.hep.com.cn
邮政编码	100120	网上订购	http://www.hepmall.com.cn
印　刷	辽宁虎驰科技传媒有限公司		http://www.hepmall.com
开　本	787 mm×1092 mm　1/16		http://www.hepmall.cn
印　张	16.75		
字　数	320 千字	版　次	2022 年 7 月第 1 版
购书热线	010-58581118	印　次	2023 年 7 月第 3 次印刷
咨询电话	400-810-0598	定　价	42.80 元

序

习近平总书记多次强调，课程教材要发挥培根铸魂、启智增慧的作用，必须坚持马克思主义的指导地位，体现马克思主义中国化最新成果，体现中国和中华民族风格，体现党和国家对教育的基本要求，体现国家和民族基本价值观，体现人类文化知识积累和创新成果。

义务教育课程规定了教育目标、教育内容和教学基本要求，体现国家意志，在立德树人中发挥着关键作用。2001 年颁布的《义务教育课程设置实验方案》和 2011 年颁布的义务教育各课程标准，坚持了正确的改革方向，体现了先进的教育理念，为基础教育质量提高作出了积极贡献。随着义务教育全面普及，教育需求从"有学上"转向"上好学"，必须进一步明确"培养什么人、怎样培养人、为谁培养人"，优化学校育人蓝图。当今世界科技进步日新月异，网络新媒体迅速普及，人们生活、学习、工作方式不断改变，儿童青少年成长环境深刻变化，人才培养面临新挑战。义务教育课程必须与时俱进，进行修订完善。

一、指导思想

以习近平新时代中国特色社会主义思想为指导，全面贯彻党的教育方针，遵循教育教学规律，落实立德树人根本任务，发展素质教育。以人民为中心，扎根中国大地办教育。坚持德育为先，提升智育水平，加强体育美育，落实劳动教育。反映时代特征，努力构建具有中国特色、世界水准的义务教育课程体系。聚焦中国学生发展核心素养，培养学生适应未来发展的正确价值观、必备品格和关键能力，引导学生明确人生发展方向，成长为德智体美劳全面发展的社会主义建设者和接班人。

二、修订原则

（一）坚持目标导向

认真学习领会习近平总书记关于教育的重要论述，全面落实有理想、有本领、有担当的时代新人培养要求，确立课程修订的根本遵循。准确理解和把握党中央、国务院关于教育改革的各项要求，全面落实习近平新时代中国特色社会主义思想，将社会主义先进文化、革命文化、中华优秀传统文化、国家安全、生命安全与健康等重大主题教育有机融入课程，增强课程思想性。

（二）坚持问题导向

全面梳理课程改革的困难与问题，明确修订重点和任务，注重对实际问题的有效回应。遵循学生身心发展规律，加强一体化设置，促进学段衔接，提升课程科学性和系统性。进一步精选对学生终身发展有价值的课程内容，减负提质。细化育人目标，明确实施要求，增强课程指导性和可操作性。

（三）坚持创新导向

既注重继承我国课程建设的成功经验，也充分借鉴国际先进教育理念，进一步深化课程改革。强化课程综合性和实践性，推动育人方式变革，着力发展学生核心素养。凸显学生主体地位，关注学生个性化、多样化的学习和发展需求，增强课程适宜性。坚持与时俱进，反映经济社会发展新变化、科学技术进步新成果，更新课程内容，体现课程时代性。

三、主要变化

（一）关于课程方案

一是完善了培养目标。全面落实习近平总书记关于培养担当民族复兴大任时代新人的要求，结合义务教育性质及课程定位，从有理想、有本领、有担当三个方面，明确义务教育阶段时代新人培养的具体要求。

二是优化了课程设置。落实党中央、国务院"双减"政策要求，在保持义务教育阶段九年9522总课时数不变的基础上，调整优化课程设置。将小学原品德与生活、品德与社会和初中原思想品德整合为"道德与法治"，进行一体化设计。改革艺术课程设置，一至七年级以音乐、美术为主线，融入舞蹈、戏剧、影视等内容，八至九年级分项选择开设。将劳动、信息科技从综合实践活动课程中独立出来。科学、综合实践活动起始年级提前至一年级。

三是细化了实施要求。增加课程标准编制与教材编写基本要求；明确省级教育行政部门和学校课程实施职责、制度规范，以及教学改革方向和评价改革重点，对培训、教科研提出具体要求；健全实施机制，强化监测与督导要求。

（二）关于课程标准

一是强化了课程育人导向。各课程标准基于义务教育培养目标，将党的教育方针具体细化为本课程应着力培养的核心素养，体现正确价值观、必备品格和关键能力的培养要求。

二是优化了课程内容结构。以习近平新时代中国特色社会主义思想为统领，基于核心素养发展要求，遴选重要观念、主题内容和基础知识，设计课程内容，增强内容与育人目标的联系，优化内容组织形式。设立跨学科主题学习活动，加强学科间相互关联，带动课程综合化实施，强化实践性要求。

三是研制了学业质量标准。各课程标准根据核心素养发展水平，结合课程内容，整体刻画不同学段学生学业成就的具体表现特征，形成学业质量标准，引导和帮助教师把握教学深度与广度，为教材编写、教学实施和考试评价等提供依据。

四是增强了指导性。各课程标准针对"内容要求"提出"学业要求""教学提示"，细化了评价与考试命题建议，注重实现"教—学—评"一致性，增加了教学、评价案例，不仅明确了"为什么教""教什么""教到什么程度"，而且强化了"怎么教"的具体指导，做到好用、管用。

五是加强了学段衔接。注重幼小衔接，基于对学生在健康、语言、社会、科学、艺术领域发展水平的评估，合理设计小学一至二年级课程，注重活动化、游戏化、生活化的学习设计。依据学生从小学到初中在认知、情感、社会性等方面的发展，合理安排不同学段内容，体现学习目标的连续性和进阶性。了解高中阶段学生特点和学科特点，为学生进一步学习做好准备。

四、课程标准解读的编写

2022 年 3 月 25 日，教育部印发义务教育课程方案和语文等 16 个课程标准（2022 年版），并明确要求：各地要统筹谋划、系统推进义务教育课程方案和课程标准（2022 年版）落地实施，有计划、有步骤地组织开展培训，通过多种形式强化课程改革理念和改革总体要求的研修交流，实现校长、教师及教科研人员、教育行政人员全覆盖。为此，课程教材研究所组织各学科课程标准修订组编写了这套"义务教育课程标准解读丛书"，旨在方便各地有效组织教育管理者、教研员、中小学教师等深入学习、理解课程方案和各学科课程标准的精神，大力推进教学改革，转变育人方式，切实提高育人质量，保证课程有效实施。

本套丛书由教育部原副部长王湛同志担任编委会主任，各学科课程标准修订组组长担任主编，是新课程标准解读的权威之作。丛书真实反映了义务教育各学科课程标准修订过程中所坚持的改革理念、延续的已有成就、进行的持续研究和探索，以及应对困难和挑战的思考与实践。具体包括课程方案、道德与法治、语文、历史、数学、英语、日语、俄语、地理、科学、物理、化学、生物学、信息科技、体育与健康、艺术、劳动等 17 册。各学科课程标准解读分为上中下三篇：上篇主要对课程标准修订的背景、课程性质、课程理念、核心素养与课程目标等进行阐述；中篇主要对课程内容与学业质量进行全面分析和解读；下篇主要对教学建议、评价建议、教材编写建议、课程资源开发与利用、教师培训与教学研究等进行解读，并对课程的未来发展进行展望。本套丛书是指导一线教师、教研员、校长、教育行政人员全面理解、深入领会和准确把握新课程标准的权威培训资源。

在向着第二个百年奋斗目标迈进之际，实施新修订的义务教育课程方案和课程标准，对推动义务教育高质量发展、全面建设社会主义现代化强国具有重要意义。希望广大教育工作者勤勉认真、行而不辍，不断创新实践，把育人蓝图变为现实，培育一代又一代有理想、有本领、有担当的时代新人，为实现中华民族伟大复兴作出新的更大贡献！

前　言

2022 年 4 月 21 日教育部召开新闻发布会，向公众介绍义务教育课程方案和语文等 16 个课程标准（2022 年版）。与《义务教育物理课程标准（2011 年版）》相比，《义务教育物理课程标准（2022 年版）》总体上有以下变化。

1. 凝练核心素养及课程目标，凸显物理课程的育人价值

根据国际比较和国内调研的结果，针对物理学科性质等，凝练物理观念、科学思维、科学探究、科学态度与责任四个方面核心素养，并将其贯穿课程目标、课程内容、学业质量、课程实施等部分，旨在促进学生全面发展。

依据核心素养四个方面的内涵及相关要素，逐一对应提出了课程目标，进一步凸显课程育人价值，使课程目标与核心素养相互关联，促进学生核心素养的发展，引导学生学会学习、学会合作、学会生活。

2. 以核心素养为引领，构建物理课程内容主题

课程内容在《义务教育物理课程标准（2011 年版）》内容主题设计的基础上有进一步的拓展，由"物质""运动和相互作用""能量""实验探究""跨学科实践"五个一级主题构成。其中，"物质""运动和相互作用""能量"主题不仅包含物理概念、规律，而且包含物理探索过程、研究方法，以及科学态度与价值观等；"实验探究"主题旨在强调物理课程的实践性，凸显物理实验整体设计，明确学生必做实验要求；"跨学科实践"主题侧重体现物理学与日常生活、工程实践、社会发展等方面的跨学科联系。主题内分级呈现，层层递进；主题间相互关联，各有侧重。课程内容注重"知行合一、学以致用"，体现物理课程的基础性、实践性和综合性等特点。

各一级主题均包含内容要求、学业要求和教学提示，内容要求含二级主题及活动建议，二级主题含三级主题和样例。学业要求反映学生完成一级主题的学习后，在物理观念、科学思维、科学探究、科学态度与责任方面应达到的学业成就。教学提示旨在引导教学方式和学习方式的转变，围绕一级主题给出教学策略建议、情境素材（实验器材）建议。活动建议列举了与二级主题相关的学习活动，三级主题是具体的内容要求，样例是对相关三级主题的举例说明。

在内容设计中注重了爱国主义教育、生态文明教育、环境教育、生命健康与安全教育、技术与工程教育等的渗透，注重将中华优秀传统文化、我国科技成就等有机融入物理课程，以此培养学生的文化自信，增强其保护环境、节约资源、推动可持续发展和实现中华民族伟大复兴的社会责任感。

3. 专设"实验探究"主题，凸显物理实验的育人功能

《义务教育物理课程标准（2011 年版）》在附录中罗列了 20 个学生必做实验，但没有解释或引导等。《义务教育物理课程标准（2022 年版）》新增"实验探究"一级主题，含 21 个学生必做实验，分别为测量类实验和探究类实验，不仅对这些学生必做实验提出实验要求，而且通过样例、活动建议等进一步引导和说明，针对"实验探究"提出了学业要求和教学提示等，有利于更好地发挥物理实验的育人功能。

4. 新增"跨学科实践"主题，培养学生综合实践能力

根据《义务教育课程方案（2022 年版）》的统一要求，本次新增"跨学科实践"一级主题。其中，包含"物理学与日常生活""物理学与工程实践""物理学与社会发展"三个二级主题，每个二级主题含有若干三级主题，对学生的综合实践能力提出明确要求。"跨学科实践"主题与社会热点、低碳生活、健康生活、动手实践等密切相关，加强了物理学与能源、环境、材料、工程、信息技术等的联系。该主题的设计旨在发展学生跨学科应用知识的能力、分析和解决问题的综合能力、动手操作的实践能力，培养学生积极认真的学习态度和乐于实践、敢于创新的精神。

5. 研制学业质量标准，促进教与评以核心素养为统领

学业质量标准是以核心素养为主要维度，结合课程内容，对学生学业成就具体表现特征的整体描述。根据问题情境的复杂程度、相关知识和技能的结构化程度、思维方式或价值观念的综合程度等，学业质量标准描述了学生学习结果的具体表现，明确了核心素养的发展水平与关键行为表现。学业质量标准是学业水平考试命题的依据，同时对学生的学习活动、教师的教学活动、教材的编写等具有指导作用。

为了帮助广大教师更好地理解《义务教育物理课程标准（2022 年版）》，在课程教材研究所的统一组织下，义务教育物理课程标准修订组成员和一些骨干教师共同编写了这本《义务教育物理课程标准（2022 年版）解读》。全书分上中下三篇：上篇对义务教育物理课程改革进行了回顾，阐述了义务教育物理课程标准修订的背景，并对其课程性质、课程理念、设计思路，以及要培养的核心素养和课程目标进行了解读；中篇从内容要求、学业要求和教学提示等方面，对课程标准中的五个内容主题进行了解读，并对学业质量标准进行了分析；下篇对义务教育物理课程的教学建议、评价建议、教材编写建议、课程资源开发与利用、教师培训与教学研究等进行了解读，并对物理学的功能及物理课程的价值进行了阐述，对义务教育物理课程的发展进行了展望。

全书各章执笔者如下：第一章，陈峰、林钦；第二章，廖伯琴、许静；第三章，于海波；第四章，于海波；第五章，李春密；第六章，廖伯琴、许静；

第七章，赵兵；第八章，陈峰；第九章，杜明荣；第十章，李春密；第十一章，黄恕伯；第十二章，黄恕伯；第十三章，王莉萍；第十四章，陈峰、冯庆；第十五章，杜明荣、孟杰；第十六章，胡炳元；第十七章，赵兵；第十八章，王青；第十九章，刘玉斌。廖伯琴负责全书的组织安排、结构与内容设计、统稿与定稿；许静协助全书的编写统筹工作。

义务教育物理课程标准修订这项体现国家意志的系统工程，是在教育部教材局直接领导下，统筹各方力量组织完成的，是我国物理教育界理论与实践密切结合的成果，是集体智慧的结晶。从修订工作正式启动，到义务教育课程标准（2022 年版）颁布，直至义务教育课程标准解读丛书的出版，每个阶段都凝结着教育部教材局、课程教材研究所等部门的悉心指导。在组建团队、各类调研、形成修订思路、完成修订初稿、反复征求意见、审议把关、精心打磨等环节，我们得到相关学科专家、学科教育专家、教研员、一线教师及各级行政领导的大力支持和热情帮助。在此，谨向所有关心这项工作并给予支持的同仁表示衷心感谢！

由于多方面原因，义务教育物理课程标准修订组在完成本书的写作过程中集中讨论的时间有限，书中内容总体上是修订组的集体共识，但也有一些内容是相关执笔者的个人观点或研究结论，仅供教学和研究参考。另外，从课程标准颁布到本书出版的时间间隔较短，书中可能还存在一些疏漏。在此，恳请各位同仁斧正，同时期待大家的理解与支持！

廖伯琴

2022 年 5 月于西南大学

目 录

中篇　义务教育物理课程内容与学业质量

下篇 义务教育物理课程实施与展望

○ 上篇　义务教育物理课程标准修订的背景、理念与目标

WULI

上篇

◎ 第一章
义务教育物理课程改革 20 年：成就与问题

我国在 21 世纪初启动了新一轮基础教育课程改革，研制了义务教育课程方案和各学科的课程标准，2001 年发布了《全日制义务教育物理课程标准（实验稿）》，2011 年底发布了《义务教育物理课程标准（2011 年版）》。实践和调查表明，这 20 多年的初中物理课程改革，有效促进了物理课程理念的更新、课程内容的重整、课堂教学方法的变革、课程资源的开发、学生学习方式的转变、新的教学模式的形成及评价体系的改革，为全面提升学生核心素养奠定了基础。

为了配合义务教育物理课程标准的修订，从 2019 年开始，在教育部的直接领导下，义务教育物理课程标准实施调研团队对初中物理课程标准实施情况开展了全面调研。本次调研对象涉及北京、福建、吉林、湖南、重庆、贵州等十多个省份的近 2000 名物理教研员、物理教师、中学校长、高校物理学科教师和 6000 多名中学生。

下面结合调研数据和改革实践论述 21 世纪以来我国初中物理课程改革所取得的成就和亟待解决的问题。

第一节　义务教育物理课程改革的成就

《义务教育物理课程标准（2011 年版）》（以下简称《课程标准（2011 年版）》）的实施从课程目标、课程结构、课程内容、教学方式、课程评价等多个方面促进了初中物理课程与教学的变革，对教师专业发展和学生综合素质提高产生了积极影响，课程改革成效显著。

一、体现课程育人价值，落实立德树人根本任务

义务教育物理课程注重体现物理课程的育人价值。《课程标准（2011 年版）》明确指出：义务教育物理课程作为科学教育的组成部分，是以提高全体学生科学素养为目标的自然科学基础课程。此阶段的物理课程不仅应注重科学知识和技能的传授，而且应注重对学生学习兴趣、探究能力、创新意识，以及科学态度、科学精神等方面的培养。

　　《课程标准（2011 年版）》在"课程基本理念"中提出以下要求：以学生终身发展为本，以提高全体学生科学素养为目标，为每个学生的学习与发展提供机会，关注学生的个体差异，使每个学生学习科学的潜能都得到发展；让学生了解自然界事物的相互联系，注意学科间的联系与渗透，关心科学技术的新进展，关注科技发展给社会进步带来的影响，逐步树立正确的世界观。

　　调研发现，初中物理教学在传授知识与技能的同时，增强了情感教育，强化了科学素养的培养，为终身教育奠定了基础；增强了学科之间的渗透，从生活走向物理、从物理走向社会，增加了物理与社会、生活的联系，重视科技发展；引导学生自主学习、自主探索、综合分析，使物理更具说服力与可操作性。

　　在渗透社会主义核心价值观方面，86% 的教师认为渗透较好。教师建议可以通过课程、教材、教学活动、生活场景、物理实验、物理学史等方式渗透社会主义核心价值观，如图 1-1 所示。许多教师建议可以着重从节能、生态文明、环保、能源利用等主题切入来加强渗透。

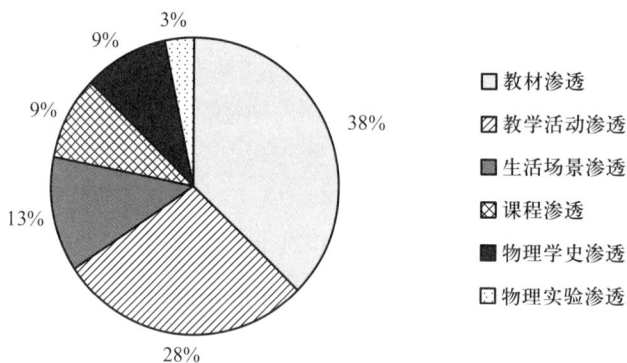

图 1-1　渗透社会主义核心价值观的方式及占比

　　在物理科技文化教育、科技伦理教育、公民教育、安全教育等方面，80% 的教师认为体现较好。58% 的教师认为应通过教材体现，16% 的教师认为应通过物理科技体现，13% 的教师认为应通过教学活动体现，8% 的教师认为应通过物理实验体现，5% 的教师认为应通过物理学史体现，如图 1-2 所示。例如，利用物理学科特点及实验操作过程加以渗透，在习题中多嵌入有关科技文化信息，多设计一些与公民教育、安全教育相关的开放性题等。

　　在反映科学探索、科技进步的新成果，以及物理学科教育的国际发展趋势方面，只有 69% 的教师认为体现较好，同时有近 29% 的教师认为体现较少，表明这一方面有待进一步增强。

　　在课程的前沿性方面，75% 的教师认为课程反映了物理学科教育的国际发展趋势。其中，79% 的教师认为课程建构了既立足中国国情又顺应国际课程改革发展趋势的学习观。79% 的教师认为课程建构了既立足中国国情又顺应国际课程改革发展趋势的评价观。

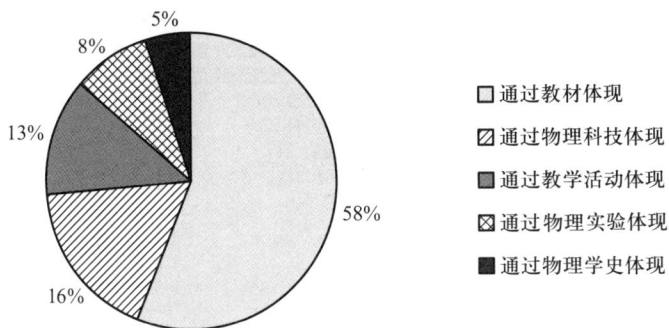

图 1-2 加强物理科技文化教育、科技伦理教育、公民教育、安全教育的方式及占比

二、转变教学方式，注重学生主体

《课程标准（2011 年版）》明确要求：在教学中，根据教学目标、教学内容及教学对象灵活采用教学方式，提倡教学方式多样化。注重采用探究式的教学方法，让学生经历探究过程，学习科学方法，培养其创新精神和实践能力。

文献调研发现①，2012 年 1 月—2019 年 7 月，有关物理教学研究的论文共有 8105 篇，主要分布在教学策略（模式、方法）、教学参考、教学技术三个方面，这些研究有效促进了课程目标的落实。

其中，"教学策略（模式、方法）"的研究有 3890 篇，词频超过 200 次的关键词有"策略"（440 次）、"实验"（401 次）、"探究"（321 次）、"问题"（230 次）、"思维"（229 次）、"概念"（217 次）、"模式"（203 次）、"有效"（201 次），如图 1-3 所示。

教学参考研究有 3324 篇，词频超过 200 次的关键词有"问题"（528 次）、"分析"（364 次）、"应用"（268 次）、"原理"（243 次），如图 1-4 所示。

教学技术研究有 891 篇，词频超过 50 次的关键词有"DIS"（86 次）、"信息技术"（71 次）、"智能手机"（62 次）、"计算机"（53 次），如图 1-5 所示。

文献分析发现，初中物理教师普遍关注实验和探究等有利于发挥学生主体性的教学方法和教学策略，关注对问题的深入分析和研究，探索新技术手段对教学的辅助作用，促使学生更好地理解所学知识，培养学生敢于创新、实事求是等情感、态度和价值观，这些认识与理论工作者倡导探究教学的大部分理论知识是一致的。这一现状表明，初中物理教学方式发生了根本变革，物理教师正在努力践行多样化教学方式，让学生经历探究过程，学习科学方法，从而培养其创新精神和实践能力。

---

① 本书的国际比较信息、实施调研数据、文献调研数据等均来自义务教育物理课程标准修订组提交教育部教材局的三个研究报告：《我国物理教育文献调研报告》《义务教育物理课程标准（2011 年版）实施调研报告》《初中阶段物理（科学）课程标准国际比较报告》。

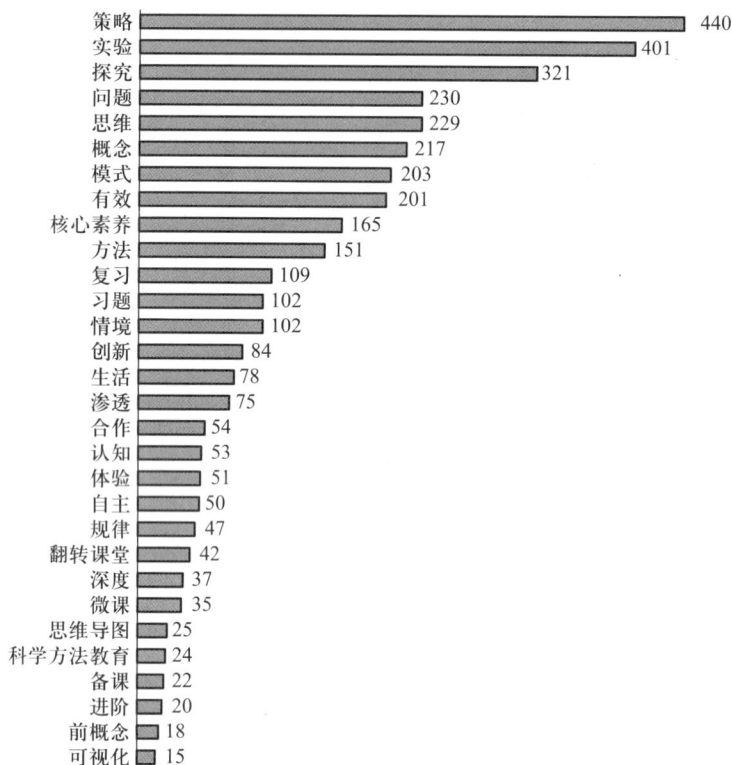

图 1-3　教学策略（模式、方法）研究主要关键词及词频

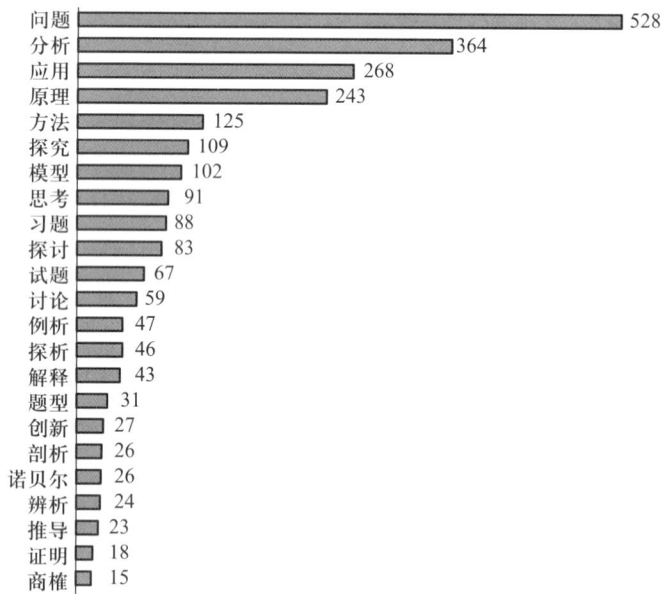

图 1-4　教学参考研究主要关键词及词频

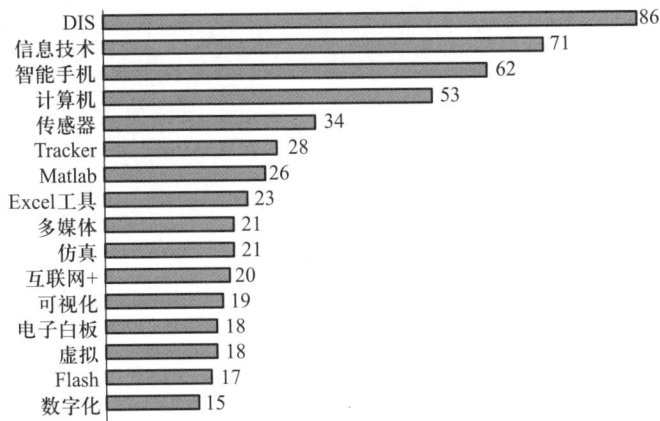

图 1-5　教学技术研究主要关键词及词频

三、有效发挥评价的诊断、激励和发展功能

《课程标准（2011 年版）》要求在新的评价观指导下，构建多元化、发展性的评价体系，注重形成性评价与终结性评价相结合，发展性评价与甄别性评价相结合，以促进学生科学素养的提高、教师专业素质的发展和物理教学的改进。

经过十年的实践，《课程标准（2011 年版）》倡导的评价方式、建议得到了广泛认同，物理课程实施更加注重学生学习评价的诊断、激励与发展功能。教师在实践中逐步认识到多样化的评价方式有助于全面诊断学生各方面能力的发展情况。为了更好地发挥评价在促进学生发展方面的作用，教师通过设计一系列有助于学生探究的任务情境或活动，关注学生在活动、实验、制作、讨论等方面的表现，运用课堂观察、作业、测验、学生成长记录袋等多种评价方法，全面、客观评价和了解学生在学习过程中的发展，并根据这种评价所得的全面信息及时调整教学活动或学习任务，有效地促进了学生综合素养的全面提升。

四、有效提升教师专业化水平

《课程改革（2011 年版）》的实施有效促进了初中物理教师专业发展。文献调研发现，2012 年 1 月—2019 年 7 月发表的关于教师专业发展研究的论文，从研究内容上可以分为教师素养、教师教学、教师教研、教师专业发展路径等四个方面。物理教师专业化发展的大量探索与实践，有效地丰富了教师专业化发展的理论，提升了物理教师的专业化水平。

研究表明，教育行政部门、教研部门和学校围绕教师所应具备的专业素质，与高校合作共建"校地协同发展创新实验区"，选派骨干教师赴高校进修、请高校专家进入初中课堂，采用专题报告、研修、案例分析等多种方式，进行教育教学理论讲座、优秀教学课例研讨、专家引领实践、名师示范展示等形式的培训，指导教师开展教学实践，研究解决问题的策略和方法，有效地促进了中学教师自觉应用理论指导教学实践，提高了他们教学研究能力和新课程教学的实施水平，促进了初中物理教师专业化水平的提升。

第二节　义务教育物理课程改革的问题

义务教育课程改革在课程理念、教学方式、教师专业化成长等方面取得良好成效的同时，在课程实施方面也存在一些亟待进一步研究、思考和解决的问题。

一、课程教学难度过大和容量不一

对于《课程标准（2011 年版）》所规定的课程内容，在难度方面，57.8%的教师认为适中，36.6%的教师认为难，4.9%的教师认为容易（图 1-6）。在容量方面，68.7% 的教师认为适中，25.0%的教师认为多，5.7%的教师认为少（图 1-7）。

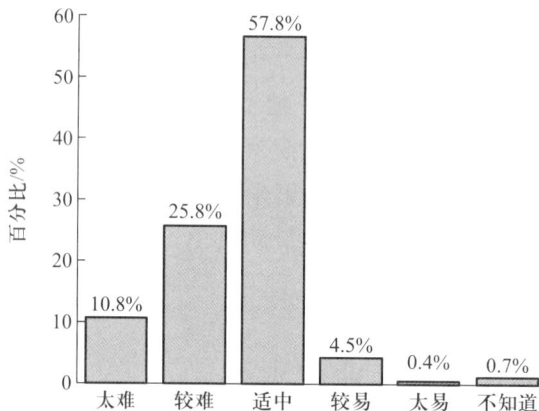

图 1-6　课程内容难度方面的调查结果

在课程内容难度方面，教师建议适当增加力学和电学难度，做好力学与电学的初高中衔接，为高中物理学习奠定基础；增加动手操作部分的难度；增加一些与时俱进的实验探究；增加物理思维和物理推理的难度；增加对动手能力的考查，降低理论深度，增加实践应用；增加知识应用与生活的联系，降低计

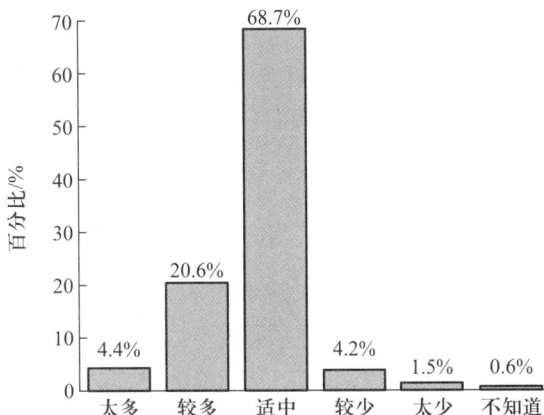

图 1-7　课程内容容量方面的调查结果

算要求和计算难度，增加实验、分析数据等综合能力的要求；降低离学生生活较远的内容要求，增加有利于提高学生实践能力的内容。

在课程内容容量方面，教师建议增加一些有关科学家的内容、物理学史内容、新科技的发展历程、现代科技成果的应用、新材料及其应用、新能源与社会发展关系；增加与高中衔接的知识，但内容要浅显；增加学生分组实验，锻炼学生动手能力，增加实验的难度、广度及延展性。

二、凝练义务教育物理课程要培养的核心素养

调查发现，95%的教师认为，《课程标准（2011 年版）》的课程理念和课程目标体现了物理学科本质及育人功能。教师建议可从物理观念、科学思维、科学探究等方面提炼学科育人价值，充分体现物理学科对提高学生核心素养的作用，体现物理学科的育人价值。义务教育物理课程标准应与高中物理课程标准接轨，与时俱进，渗透核心素养，同时增强对学生社会适应能力的培养。

同时，93%的教师认为，义务教育物理课程标准的核心素养框架和内容都应与高中保持一致。其中，34.2%的教师认为，对初中生应降低评价要求；36.8%的教师认为，应根据学生心理和认知水平而降低难度，使其更实用、更具有操作性；29%的教师认为，应注重创新和实践，注重衔接。

三、课程实施仍然存在困难和挑战

教师认为，《课程标准（2011 年版）》在实践中遇到的主要挑战包括以下几个方面。

（1）教师方面：教师难以确定对课程标准中教学要求的把握是否到位。

（2）内容方面：课程标准太抽象，对行为动词（如知道、认识、理解等）

的界定存在较大的认识差异。

（3）评价方面：课程标准没有区分学业考试和选拔考试的要求，不好把握教学的难易度，学生认为评价只有考试，评价方式较单一。

（4）学生方面：学生数学知识不足、生活经验欠缺、学业负担过重，以学生为主体的课堂实施有落差。

（5）客观条件方面：农村地区科学教育资源相对贫乏，很难有效开展和落实探究实验，不同学校的教学实验条件存在很大差异。

（6）其他方面：传统应试教育和素质教育存在理念上的冲突，与中考存在矛盾，中考试题常常不以课程标准为标准，考试难度很难与课程标准接轨。在实践中，存在培养科学思维、养成科学态度与责任、培养学生能力与学生把考试分数作为唯一标准的矛盾。

如何帮助教师更好地理解课程理念、把握课程要求、落实课程目标，以及如何因地制宜地创造条件实现物理课程的育人价值，是今后实践中要考虑的问题。

四、课程标准文本可操作性和指导性有待增强

调研发现，《课程标准（2011 年版）》内容文本的可操作性和指导性有待增强。

教师认为，在课程内容方面应进一步加强与学生生活及现代科技发展的联系；更好地落实立德树人根本任务；加强课外实践活动的要求，拓展课外学习内容和方式，如阅读资料、观察调查、实践体验等；尽可能明确要求，避免教学脱离课程标准，过度追求难度和深度；加强各学科渗透，促进学生的全面发展。

另外，在"教学建议"部分可增加教学实例，增强与内容标准相联系的内容，提高可操作性；在"评价建议"部分可增加具体的评价实施方法指导，明确中考与评价建议的关系，根据核心素养调整评价内容和方式。

分析发现，这些建议有的在课程标准中已经明确提出，但在操作和执行过程中存在偏差，如何在理论和实践两个层面提高课程标准文本的可操作性是下一阶段课程改革和课程标准修订需要重点关注的问题。

五、教师培训途径可进一步拓展

调查发现，69.7%的教师认为课程标准的培训存在困难，主要集中在培训时间、培训方式、培训内容、重视程度等方面。教师希望可以组织一些专家对课程标准进行分析，特别是在行为动词的掌握程度方面；增强各级培训的可操

作性；建设课程标准解读公共网络平台，实现培训形式的多样化；拓展案例培训的内容，强化培训内容的实效性。

教研活动是广大物理教师转变教学观念、提升教学水平、促进专业发展的重要途径。专题培训是教研活动的主要形式之一，然而大多数专题培训并未针对教师的不同层次需求来展开设计。探索如何从实践层面搭建物理教师专业发展的有效平台、高效提升物理教师的教育教学技能和教学艺术水平，是一项长期而又迫切的任务。

总体来看，《课程标准（2011 年版）》实施中成就与问题共存。物理课程标准体现了物理学科的教育价值，其课程理念、课程目标及课程实施建议等为初中物理课程的有效开展提供了可行途径。

随着课程改革的深入，一些影响操作的细节问题也逐渐暴露出来，例如部分物理教师对课程标准的认识仍然存在偏差，有些观念落后于课程标准理念和时代要求。认识和实施上的问题，需要通过加强理念宣传、开展高质量的教师培训来解决。同时，在尊重调研数据与建议的基础上，义务教育物理课程标准需要进一步修订和完善，以引领我国初中物理课程的改革和发展方向。

◎ 第二章
义务教育物理课程标准修订的背景与原则

按照教育部的统一部署，2019 年启动了新一轮的义务教育课程方案和学科课程标准修订工作，《义务教育物理课程标准（2022 年版）》与其他学科义务教育课程标准一起于 2022 年由教育部正式发布。物理课程改革工作顺利推进，广大中学教师对新课程已有较全面的了解，并积累了宝贵的经验，课程建设与教学实施取得了显著成效。在回顾课程改革的成就、问题与挑战之际，我们也会思考：为什么要进行新一轮的课程改革？本章将介绍新一轮课程改革的背景与原则，与大家分享我们对新一轮课程改革相关问题的看法。

第一节　初中物理课程设置的国际比较

2019 年初，义务教育物理课程标准修订组对英国、法国、德国、芬兰、瑞典、俄罗斯、美国、加拿大、澳大利亚、新西兰、日本、韩国、新加坡十三个国家的科学课程标准的物理内容部分进行了研读，对这些国家课程标准文件文本的课程理念、课程目标、课程内容、学业质量标准、实施建议等进行分析比较。总体看来，有以下特点。

一、课程目标的比较

分析比较所选取的这些国家的课程目标发现，其呈现方式有所不同。有的课程目标单独作为一章列出，或在一章内与课程内容分开阐述，如新加坡、日本、韩国、英国、法国、瑞典。有的国家在课程标准中并未明确列举课程目标，如澳大利亚、新西兰。有的课程目标结合课程内容进行阐述，如美国。还有的既在课程内容外有单独列出总的课程目标，也有结合课程内容列出较为具体的课程目标，如德国、芬兰、加拿大。

另外，这些国家课程目标的细化程度不一样。有的只提出了总的课程目标，对具体课程内容或各个维度下的课程目标没有细化，如英国、澳大利亚、新西兰、瑞典、法国、日本、韩国。有的课程目标结合课程内容，或按照不同层次、不同维度进行了细化，如新加坡、芬兰、德国、美国、加拿大。

各国在课程目标的表述和设置上差异很大，既有注重从宏观层面描述的，如新加坡、韩国、新西兰，也有注重从具体能力等方面进行描述的，如德国、芬兰、法国。不同国家课程目标的表达方式、强调内容也各不相同。

总体看来，在科学（物理）课程中，课程目标都涵盖物理观念、科学思维、科学探究、科学态度与责任四个维度。统计发现各国均重视对物质、运动与相互作用、能量等物理基本概念的要求，强调核心概念的掌握；均重视对科学思维中质疑创新的培养，重视对科学探究中问题、证据、解释能力的培养，尤其重视对科学态度与社会责任的培养。

二、课程内容容量与难度的比较

比较各国科学课程标准中的课程内容发现，课程核心内容有一定的相似性，在内容难度上有差异。

（一）课程核心内容相似

比较不同国家的科学课程标准发现，虽然不同国家的课程内容组织和呈现方式的差异较大，但在科学内容主题设置方面有一定的共性，要求掌握的物理核心内容有一定的相似性。

在物质主题下，各国的课程都重视纳入"物质的属性"，其次是"密度""质量""物态变化""物质的构成"等内容。在运动和相互作用主题下，多数课程都重视纳入"力的概念""重力""摩擦力""速度""光的反射"，其次是"大气压强""电流的磁效应""波的特征"等内容。在能量主题下，多数课程都重视纳入"能量的形式""能量的转化和转移""能量守恒""电流""电阻"，其次是"欧姆定律""串并联电路""电功"等内容。进一步分析各主题下的学习内容发现，各个国家都注重围绕核心内容的学习，并且强调基础知识的学习。

（二）深度与广度有差异

虽然各国物理学习核心内容是相似的，但内容要求的广度则存在一定差异。例如，在物质主题下，韩国、美国、加拿大要求"气体的 p、T、V 关系"，法国、德国要求"原子核结构"，英国要求"布朗运动"等内容。在运动和相互作用主题下，少数国家纳入了"万有引力""力的合成与分解""圆周运动"等内容。值得注意的是，大部分国家在初中阶段均包含天文相关内容，天文内容包含在物理学科主题内。各国都对行星、太阳系、银河系的组成和关系较为注重，重视基础天文知识的普及，同时较为关注天体运行和地球自然现象的联系。不同之处在于不同国家有各自的关注主题，例如，美国和澳大利亚关注地球年龄的测量，法国关注气态行星，日本关注金星的运动，德国和瑞典关注宇宙起源等主题。除此之外，各国对天文内容的广度和深度要求也不相同。新西兰、法国和芬兰对此部分内容的要求较少，韩国和瑞典对此部分内容的广度和深度都有相当程度的要求。

综合比较所有内容主题及相关教科书，从难度来看，俄罗斯、德国、美国、加拿大、新加坡的物理课程内容难度较大；韩国、英国的物理课程内容难度中等；日本、韩国、澳大利亚、法国的物理课程内容难度较小。

三、学业质量标准的比较

比较各国课程标准中的学业质量标准发现，在课程标准中较为明确且具体提出学业质量的国家有德国、韩国、加拿大、芬兰等。对这些国家课程标准中的学业质量标准进行分析比较，在内容表述上发现其主要可分为三种类型。

第一种类型是对学业质量标准按照能力进行分类，主要包括能力类别和水平表现两个维度。例如，德国将能力和课程内容结合，制定了描述学生专业要求和预期的学习成果的能力期望。能力期望分为专业知识处理领域、探究领域、沟通领域、评估四个方面，每个方面又包含不同要素。

第二种类型是对学业质量标准按照学科知识进行分类，主要根据学科知识来确定相应的学习结果。韩国的课程标准在学生学业达成标准中，按照具体学科知识的不同主题，对学业质量进行了说明。如"气体的性质"主题下，对学生提出了相对应的达成标准：在本单元中，知道气体由粒子组成，从粒子的角度理解气体的扩散和蒸发现象，激发学生对物质现象产生兴趣。用粒子的运动状态变化说明气体的压力和温度引起的体积变化，并理解这与实际现象相关。

第三种类型是对学业质量标准按照学科知识和能力结合来进行分类，该类型的主要框架是在具体学科知识中，结合能力框架来进行学生学习结果的表述。例如，加拿大的课程标准提出了总体期望和特定预期两个大的能力维度，在理解生命系统、了解结构和机制、理解物质和能量、了解地球和空间系统四个一级知识维度主题下，根据实际内容提出具体的总体期望和特定预期。与此类似，芬兰在六个知识领域下，结合不同能力维度提出了具体的学业质量要求。

四、实施建议的比较

部分国家在课程标准中涉及实施建议方面的内容。

（一）课程评价的比较

比较分析各个国家课程标准中的课程评价，有以下特点。

从课程评价的内容来看，各国主要侧重对知识、实践探究技能和能力的评价。首先是对实验探究技能的评价，其次是对知识和能力的评价。除此之外，新加坡有对伦理和态度的评价，韩国有对态度的评价，芬兰有对意义、价值和态度的评价。

评价方式上各国都注重多元化。例如，韩国提到使用选择性、叙述性及论述性试题，观察、检查报告，面谈，档案袋评价等多种方法。总体看来，各国均重视总结性评价，其次是自我评价和形成性评价。少数国家强调同学互评、个别评价和小组评价。在评价手段上，主要包括观察、纸笔测验、口头报告、实验等方式。

（二）教学要求的比较

比较各国课程标准中的教学要求，其内容主要包括两个方面。

一是教学理念。各国都注重教学理念的指导，例如，韩国强调教学要启发学生的科学创意，培养人性和感性，积极运用开放性问题激发学生的好奇心和学习动机，指导学生保持珍爱生命、尊重生命的态度。

二是教学方法。提倡在科学课程中使用探究式教学法，如新加坡专门对探究式教学进行了介绍。提倡教学方法的多元化，根据课程内容和教学环境灵活选用教学方法。例如，韩国列举了运用讲义、实验、讨论、调查、课题研究、参观科学馆及校外科学活动等多种方法。

此外，还包括其他一些教学注意事项。如教师应创造支持性学习环境，鼓励学生的反思性思维，增强学习的相关性等。

第二节　我国义务教育物理课程的发展

在课程改革的历史长河中，继承与发展是永恒的主题，义务教育物理课程需要进一步继承与发展，以便迎接社会发展、物理学科发展以及个人发展需求对基础物理教育提出的挑战。

一、时代变迁与义务教育物理课程改革

新中国成立后，教育部对物理教学大纲进行了多次修订，而物理教材更是有百种以上。这些不同版本的大纲、教材都打上了当时的历史印记，也凝聚了大批教育工作者、物理学研究者的心血，这是中国教育的一笔宝贵财富。

1978 年，教育部颁布了《全日制十年制学校中学物理教学大纲（试行草案）》，强调了物理教学要适应四个现代化的需要。学生应掌握基础知识和基本技能，加强实验技能和思维能力的培养，要把所学到的知识应用到实际中去。这部教学大纲的初中部分的教学内容要求偏高，甚至涉及液压传动、液

体、气体和真空中的电流、三相交流电的产生、交流电的产生、凸透镜公式等内容。1985 年下发的《调整初中物理教学要求的意见》，从实际出发，按照初中教育的特点、教学规律，删去了一些偏难的内容，降低了要求，习题的深度和广度上作了调整。例如，不要求学生应用弹簧的伸长与拉力的关系解题，连通器只讨论其中有一种液体的平衡问题，有关轮轴的计算题不作要求、晶体熔化和凝固的图像只简单介绍等。1986 年颁布的《全日制中学物理教学大纲》，体现了"教育要面向现代化、面向世界、面向未来"的思想，强调物理教学要使学生掌握学习现代科学技术和从事社会主义建设需要的物理基础知识，培养学生的观察能力、实验能力、思维能力、分析和解决实际问题的能力；强调对学生学习兴趣的培养，重视科学态度和科学方法的培养，鼓励独立思考和创造精神。对于教学内容，则从学生的接受能力出发，确定教学内容的深度和广度，避免学生负担过重。这部教学大纲在教和学的关系上，强调了以学生为主体，发挥教师的主导作用。1988 年颁布的《九年制义务教育全日制初级中学物理教学大纲（初审稿）》强调学生学习物理学的初步知识及其实际应用，培养学生初步的观察能力、实验能力、分析和概括能力、应用物理知识解决简单问题的能力，培养学生学习的兴趣，激发学生的求知愿望；将初中物理学习水平划分为"知道""理解""掌握"三个层次；对实验技能的要求用"会"来表示，要求能正确操作并得出结果，提出为了加强实验教学，应对学生的实验能力进行考核。1990 年颁发的《全日制中学物理教学大纲（修订本）》要求，在遵循难易适度、负担合理的原则下，教学内容作为适合大多数学生的基本要求，对部分要求较高的教学内容作了明确说明。例如，摩擦只要求学生定性了解，不引入摩擦因数；阿基米德定律和物体浮沉条件，应使学生理解原理及其应用，不宜进行过难的综合题计算。1992 年颁布的《九年义务教育全日制初级中学物理教学大纲（试用）》提出，初中物理课程是为提高全民族的素质，培养有理想、有道德、有文化、有纪律的社会主义建设人才奠定基础。这部教学大纲对知识要求划分为三个水平，与 1988 年颁布的教学大纲的要求相同，并且同样提出加强实验教学，要求对学生的实验能力进行考核。2000 年颁布的《九年义务教育全日制初级中学物理教学大纲（试用修订版）》提出培养科学探究精神、加强实验能力考核、落实物理实践活动等要求。在上述基础上，2001 年颁布的《全日制义务教育物理课程标准（实验稿）》（以下简称《课程标准（实验稿）》）提出，义务教育物理课程的基本理念包括"注重全体学生的发展，改变学科本位的观念""从生活走向物理，从物理走向社会""注重科学探究，提倡学习方式多样化""注意学科渗透，关心科技发展""构建新的评价体系"，并从"知识与技能""过程与方法""情感态度与价值观"三个方面提出了分维度课程目标。2011 年颁布的《课程标准（2011 年版）》提出，义务教育物理课程理念包括"面向全体学生，提高学生科学素养""从生活走向物理，从物理走向社会""注意学科渗透，关心科技发展""提倡学习方式多样化，注重科学探究""注重评价改革导向，促进学生发展"，从"知识与技能""过程与方法""情感·态度·价值观"三个方面提出了分维度课程目标。

从义务教育物理课程的发展历程可见，义务教育物理课程目标始终定位于提高学生科学素养，促进学生全面发展；物理课程内容精选学生终身发展必备的基础知识与技能，关注与学生生活实际、社会和科技发展的联系；在教学方式上倡导学生主动参与、乐于思考与实践，引导学生在不断探索中获取新知识、解决物理问题，培养学生的学习兴趣和科学态度，以及交流与合作的能力，激发学生探索自然的好奇心和求知欲。这些发展与变化表明，课程改革是一个持续的过程，随着时代与社会发展的需求不断更新和深化。它们既为课程标准的修订提供了前提和基础，也为深化义务教育物理课程改革提供了思考方向。

二、义务教育物理课程标准实施情况的反思

21 世纪初我国启动了基础教育课程改革，物理课程改革与实践已积累了丰富的经验，取得了多方面的成绩，这些经验和成绩不断推动着物理课程改革深入发展。2019 年初，义务教育物理课程标准修订组针对义务教育物理课程标准的实施情况进行调研，了解《课程标准（2011 年版）》的实施中取得了哪些成效，存在哪些问题。这次问卷调查范围大、人数多，问卷从"课程基本理念""课程设计思路""课程目标""科学探究""课程内容""课程结构""实施建议"等方面进行了有针对性的问题设计，使得调查者和被调查者能从课程标准的方向性、科学性、适切性、指导性等方面进行理性反思。（前面章节已展示关于《课程标准（2011 年版）》的调查结果，以下不再呈现调查数据。）

从总体看，一线教师对《课程标准（2011 年版）》是认同的。教师们高度认同"课程基本理念"和"课程目标"，建议修订时以核心素养为纲构建课程目标，与高中物理更好地衔接，增加连贯性，并建议着重突出"创新精神""实践能力"的培养；认同实验在物理教学中具有重要作用；认同"科学探究式教学"，但由于课时、学生基础、教学进度等因素的影响，教学实施存在一定的困难；认同"课程内容"的设置，但从考试评价的角度思考课程内容时难免会有一些矛盾；认可"教学建议""评价建议"，希望进一步加强教学建议和评价建议的操作性等。这次调研为修订义务教育物理课程标准提供了参考依据和重要支撑。

自 2001 年《课程标准（实验稿）》实施以来，随着新课标、新教材的使用，多样化教学方式的运用，以及考试评价的改革等，物理教学由传授知识向

理解科学本质、提高科学素养转变。课程标准指导着物理课程改革的实践，促进了教师教育观念的更新。21 世纪以来，全球范围内经济、社会、文化、政治及科技等方面的迅速发展，对教育变革提出了新的要求，课程改革应随着时代与社会发展的需求进行更新和深化。

从全球来看，新一轮科技革命和产业革命以及重大科技创新引领着社会生产的变革，互联网、人工智能等新技术的发展不断重塑教育形态，知识获取方式和传授方式、教和学的关系正在发生深刻变革。2019 年 2 月，中共中央、国务院印发了《中国教育现代化 2035》，提出了推进教育现代化的指导思想、基本理念、基本原则和总体目标，系统提出了八个"更加注重"的基本理念，即以德为先、全面发展、面向人人、终身学习、因材施教、知行合一、融合发展、共建共享。这八大基本理念，遵循了教育规律和人才成长规律，也顺应了国际教育发展趋势。

2019 年 6 月，中共中央、国务院印发的《关于深化教育教学改革全面提高义务教育质量的意见》要求：树立科学的教育质量观，深化改革，构建德智体美劳全面培养的教育体系，健全立德树人落实机制，着力在坚定理想信念、厚植爱国主义情怀、加强品德修养、增长知识见识、培养奋斗精神、增强综合素质上下功夫。

总之，在共同开创新时代教育现代化建设新局面，深入推进实施素质教育的时代背景下，从体现培养时代新人的要求，服务国家义务教育发展的角度出发，义务教育课程改革进入总结成效、修订课程方案和课程标准的阶段。

第三节 义务教育物理课程标准修订的原则

义务教育物理课程修订以贯彻落实立德树人根本任务为目标，聚焦发展学生核心素养，注重落实物理课程育人价值，构建指向明确、结构清晰、层次分明的课程内容结构，注重物理课程的基础性、实践性。

一、课程目标的定位

义务教育物理课程的目的是什么？是学习尽可能多的物理知识，是掌握尽可能多的实验操作技能，还是完成尽可能多的物理习题？无疑，这些皆属于物理学习的部分内容，但不是学习物理的全部目的。法国科学家庞加莱讲过：物理学是从一系列事实、公式和法则建立起来的，就像房子是用砖砌成的一样。但是，如果把一系列事实、公式和法则就看成物理学，那就犹如把一堆砖看成房子一样。从这段话可知，砖可以砌房子，但它不代表房子；事实、公式和法则是物理学的一部分，但不能将它们等同于物理学。物理学含有丰富的内容，既含有物理学的概念、规律、实验技能等，又含有探索的过程、科学的思想与方法，还含有科学探索的激情、科学态度与科学精神等。

义务教育物理课程是面向全体学生的大众教育，此阶段的物理课程不仅应注重科学知识的传授和技能的训练，而且应让学生经历实验探究过程，学习科学知识和科学探究方法，注重对学生学习兴趣、探究能力、创新意识及科学态度、科学精神等方面的培养。此阶段的物理课程应加强物理与生产生活实际及时代发展的联系，让学生通过从自然、生活到物理的认识过程，产生好奇心和求知欲，领略自然现象中的美妙与和谐，培养终身学习的探索兴趣，关心科技发展的动态，关注技术应用带来的社会进步和问题，具有社会责任感，形成科学的世界观。

在全球教育改革的浪潮中，不少国家和地区在以"核心素养"为主题词的教育改革趋势的影响下，启动了系统性的课程改革，为知识经济、信息时代的到来，在教育与人才培养模式的变革方面进行着积极的准备。例如，2002 年美国提出了"21 世纪能力"，2003 年经济合作与发展组织（OECD）确定了核心素养的基本框架，2006 年欧盟确定了八项核心素养，2010 年新加坡颁布了五类"21 世纪素养"，2018 年经济合作与发展组织发布了《OECD 学习框架 2030》。这些核心素养与框架分类差异较大，但在不同的框架分类下其素养细目具有较强的共识性，如批判性思维、问题解决能力、协作能力、信息素养、公民素养等。从科学教育的国际发展趋势看，不同国家和地区都在相应调整基础科学教育的培养目标，着眼于培养新一代人才适应 21 世纪经济、社会、文化、政治及科技发展所必备的核心竞争力。

核心素养是面向 21 世纪的素养，我国将学生发展的核心素养具体分为六大部分，分别是：人文底蕴、科学精神、学会学习、健康生活、责任担当、实践创新。其中人文底蕴包括人文积淀、人文情怀和审美情趣等；科学精神包括理性思维、批判质疑和勇于探究等；学会学习包括乐学善学、勤于反思和信息意识等；健康生活包括珍爱生命、健全人格和自我管理等；责任担当包括社会责任、国家认同和国际理解等；实践创新包括劳动意识、问题解决和技术应用等。中国学生发展核心素养是党的教育方针的具体化、细化，学科课程对全面贯彻党的教育方针、落实立德树人根本任务、发展素质教育具有独特的育人价值。随着《普通高中物理课程标准（2017 年版）》和《普通高中物理课程标准（2017 年版 2020 年修订）》的颁布，物理学科核心素养的提出，我国义务教育物理课程标准也需要顺应改革发展的需要进行修订。为了体现培养目标的连贯性和一致性，义务教育物理课程标准有必要也以核心素养为纲构建课程目标，从"物理观念""科学思维""科学探究""科学态度与责任"四个方面，促进学生核心素养的养成和发展。

义务教育物理课程目标的定位，应在坚定理想信念、厚植爱国主义情怀、加强品德修养、增长知识见识、培养奋斗精神、增强综合素质上下功夫，聚焦学生发展核心素养，培养学生适应未来发展的正确价值观、必备品格和关键能力，引导学生明确人生发展方向，成长为有理想、有本领、有担当的时代新人。

二、课程内容的选择

基于我国义务教育物理课程的已有内容，参考国际科学（物理）课程内容的比较研究结果，结合新时代具体的教育目标以及学生终身学习发展的需要，义务教育物理课程标准修订组对物理课程内容的设置作了基本定位：以义务教育物理课程要培养的核心素养为依据选择物理课程内容。

义务教育物理课程的内容应注重基础性、实践性、综合性，依据"少而重要"的原则精选课程内容，以主题为引领，使课程内容结构化，将学科实践有机融入课程内容学习过程之中，并成为课程内容的有机构成，重视学生的学习经验，充实丰富经济、社会、文化、科技等发展的新成就，培养学生的社会责任感、创新精神和实践能力。

义务教育物理课程的内容应注重基础性，强调从生活走进物理，从物理走向社会，加强物理学与学生生活经验的联系。课程内容的选择要注重保护学生的探索兴趣，激发学生的学习欲望；注重物理知识的构建过程，实验探究过程，培养学生的科学探究能力、自学能力、分析问题和解决问题的能力；注重核心概念的选择，让学生学习终身发展所需的基础知识与技能。

义务教育物理课程的内容应突出实践性，充分发挥物理实验的功能。物理实验教学在培养学生科学素养中具有独特的魅力和价值。物理教师深入研究并充分挖掘物理实验的教育教学价值，能激发学生对物理科学的热爱，启发学生养成良好的科学思维习惯，形成探究精神和创新能力，促进学生积极主动发展。

义务教育物理课程的内容应体现综合性，注重学科渗透，关心科技发展。学科渗透是国际上现代科学课程发展的一大趋势，有必要让学生综合认识自然规律。随着科学技术的发展，科学课程中的科学内容也应该有新的发展，应适时向学生介绍学科发展的新成果和动态。随着时代的发展，人们对科学技术的发展有了新的认识，在应用科学技术的同时，应关注技术应用带来的社会问题，注重情感态度与价值观的培养，关注科学·技术·社会观念的渗透，培养学生的社会责任感和正确的世界观。

此外，义务教育物理课程的内容还应关注不同人群的学习需求，尽可能关注不同地区学生的学习需求，综合考虑不同区域的学生对不同课程资源的需求，考虑城镇和乡村学生的认知特点，关注城镇和乡村学生的不同生活经验，注重通过物理课程满足学生个性化学习需求，为学生提供弹性的发展空间。

义务教育物理课程的内容应加强学生综合实践能力的培养。从解决实际问题的角度出发，具有一定挑战性、开放度、复杂性的问题往往需要学生综合运用多学科的知识与技能解决，有助于更好地培养学生的创新精神与实践能力。

三、总体修订思路

义务教育物理课程标准修订组以落实立德树人根本任务为总体目标，以义务教育物理课程要培养的核心素养的提炼及课程目标的确立为修订工作的关键环节，继承已有成功经验，改进存在的问题，对课程标准进行了修订。总体修订思路如下：

第一，注重体现物理学科本质，培养学生核心素养。

在三维目标的基础上，进一步凸显物理课程的育人功能，凝练义务教育物理课程要培养的学生核心素养及应达到的课程目标，充分体现物理学科对学生核心素养提升的作用，为学生终身发展奠定基础。

第二，注重课程与生活的联系，关注科技进步和社会发展。

继承《课程标准（2011年版）》"从生活到物理，从物理到社会"的课程理念，加强物理课程与自然、生活、科技进步和社会发展的联系，凸显我国科技成就，引导学生增强文化自信，树立科技强国的远大理想。

第三，注重课程基础性、实践性与综合性，完善内容结构。

在《课程标准（2011年版）》的主题结构基础上，进一步以主题为引领，完善内容结构，加强理论联系实际，凸显物理实验整体设计，关注跨学科渗透，为学生全面发展奠定基础。

第四，引导学生自主学习，提倡教学方式多样化。

通过创设学生积极参与、乐于探究、勤于思考的学习情境，培养学生的自学能力。通过多样化的教学方式，引导学生认识自然界，形成科学思维习惯，增强科学探究能力和解决实际问题的能力，逐步形成科学态度和正确价值观。

第五，注重评价的育人功能，促进学生核心素养发展。

重视以评价促进学生发展，重视评价的诊断功能和激励功能，构建目标明确、主体多元、方法多样和功能全面的评价体系，不仅重视对学生终结性学业成就的考核和学习过程的评价，而且关注学生个体差异，帮助学生建立自信，促进其核心素养发展。

◎ 第三章
义务教育物理课程性质

《课程标准（2022 年版）》指出：义务教育物理课程是一门以实验为基础的自然科学课程。这阐明了义务教育物理课程的内在规定性。教师要准确理解义务教育物理课程的性质，就需要深刻把握物理学的学科特点，正确看待物理学与其他学科的关系，明确物理课程在义务教育课程体系中的地位，进而理解义务教育物理课程的特点及其教育价值。物理学一直引导着人们理解、解释、探索自然界，而义务教育物理课程应使学生能从物理学视角分析认识自然界、解决实际问题，促进学生核心素养的发展。因此，探讨物理学的内涵，明确义务教育物理课程的定位，深刻理解义务教育物理课程性质具有重要意义。

第一节　物理学的内涵

内涵是事物得以区别于其他事物的本质属性。把握物理学的本质属性，就是要明晰"物理学究竟是一门怎样的学科"，这需要从两个方面出发：一是着眼于研究对象、研究方法及价值功能，对物理学有整体性的认识；二是对物理学与其他学科之间的关系进行多方位的理解。本节内容将从这两方面作具体的探讨。

一、物理学的定义

物理学是一门研究什么的学科？从词源上看，"物理学"的英文是 physics，源于古希腊语 ρνσιζ，意为"自然"①，蕴含"对自然界的观察和思考"之义。在权威的中文辞典中检索"物理学"词条，关于物理学的研究对象有以下几种陈述：物理学研究宇宙间物质存在的各种主要的基本形式，它们的性质、运动和转化以及内部结构，从而认识这些结构的组元及其相互作用、运动和转化的基本规律。② 物理学所研究的是物质的基本性质及其最一般的运动规律，以及

---

① 廖伯琴，李洪俊，李晓岩. 高中物理学科核心素养解读及教学建议 [J]. 全球教育展望，2019，48（9）：77-88.
② 中国大百科全书出版社编辑部. 中国大百科全书：物理学 I [M]. 北京：中国大百科全书出版社，1987：1.

物质的基本结构和基本相互作用等。① 物理学是研究物质与运动的基本规律的科学，其内容包括物质的结构、物质间的各种基本相互作用和物质的一些基本运动形态等。② 归结起来，物理学的研究对象至少包括"物质基本结构""物质的运动规律""物质间相互作用"三个方面。事实上，正是随着对物质结构的不断探索，物理学的视角从宏观世界向微观和宇观两个相反的方向延伸，从 10^{-19} m 到 10^{27} m 的尺度跨度，也使其对运动的研究囊括了天体系统的运动、宏观物体的机械运动、微观粒子的量子运动、物质的分子热运动及电磁运动等普遍形式。在研究物质结构的形成和物质运动的变化中，人类逐步揭示出物质间存的四种基本相互作用，并致力于寻求它们的内在统一性。物理学的大厦正是在这个探索过程中一砖一瓦地建成的。鉴于此，《课程标准（2022 年版）》将"物理学"界定为："物理学是自然科学领域研究物质的基本结构、相互作用和运动规律的一门基础学科。"

《课程标准（2022 年版）》指出："物理学通过科学观察、实验探究、推理计算等形成系统的研究方法和理论体系。"事实上，物理学的独特性与其研究方法有关：科学观察是物理学研究的基石，是有计划、有目的地对自然状态下的客观事物进行系统考察和描述的一种科学活动③，也是建立概念、发现规律的起点。物理实验是有目的、有计划地利用仪器、设备，在人为控制的条件下使某些物理现象反复再现，从而进行观测研究的科学实践活动④。在观察和实验的基础上，需要运用分析、综合、抽象、概括、归纳、演绎等逻辑方法来推理论证，数学在其中扮演着至关重要的角色。开普勒三大定律的发现、黎曼几何在广义相对论中的应用，均是推理计算促进物理学发展的重要例证。以上步骤的协同实施，实现了人类对自然界的科学认识活动，也正是在此过程中，物理学逐步形成了牛顿力学、热力学、电磁学、相对论与量子力学等较为成熟的理论体系。

从古代的自然哲学，到现代的相对论、量子论等，物理学始终引领着人类对自然奥秘的探索，深化着人类对自然界的认识。在远古时代，人们已经注意到自然现象的各种变化，开始思考世界的起源问题。中国古代典籍《易经》把世界万物的根源解构为天、地、雷、火、风、泽、水、山；古希腊哲学家毕达哥拉斯（Pythagoras，约前 570—前 500）认为万物都是数；古希腊哲学家赫拉克利特（Heraclitus，约前 540—前 480）将火看作万物的本原，并猜测事物的产生、变化有其自身的规律性。彼时的哲学家依靠观察与思辨来揭示世界的规律，思想中蕴含着理性的光芒。16 世纪，哥白尼（Nicolaus Copernicus，1473—

---

① 夏征农，陈至立. 大辞海：数理化力学卷［M］. 上海：上海辞书出版社，2015：193.
② 徐龙道. 物理学词典［M］. 北京：科学出版社，2004：1.
③ 陶洪. 物理实验论［M］. 南宁：广西教育出版社，1996：1.
④ 阎金铎，郭玉英. 中学物理教学概论［M］. 3 版. 北京：高等教育出版社，2009：107.

1543）的"日心说"理论使人类的宇宙观发生了根本变革，开普勒（Johannes Kepler，1571—1630）的三大定律揭开了宇宙运行的神秘面纱。其后，随着经典物理学的日趋完善，人类对自然现象的认识不断深入。从"热素"学说到分子动理论，从电现象与磁现象的相对孤立到相互联系，从粒子性与波动性的相争到统一，新的物理观念不断影响着人类对自然界的认识。20 世纪初，相对论问世，爱因斯坦（Albert Einstein，1879—1955）将时间、空间与运动统一起来，引领人们冲破了经典时空观的束缚。普朗克（Max Planck，1858—1947）提出与经典物质观念相悖的"能量子"假说，标志着量子论诞生。在量子论逐步完善的过程中，人们逐步破除了"能量连续变化"的传统观念。整体来看，物理学的发展就是一部激动人心的探索史，不断拓宽和加深人们对世界的认识，引领人们不懈地探索自然的奥秘。同时，物理学的发展也促进了科技、社会、人文等诸多方面的发展。

《课程标准（2022 年版）》指出，物理学"推动了材料、能源、环境和信息等领域的科学技术进步，促进了人类生产生活方式的变革，对人类的思维方式、价值观等都产生了深远影响，为人类文明和社会进步作出了巨大贡献"。在科学技术方面，物理学为医学、军事、生物工程等领域的研究提供了新设备和新技术所需的基本知识。例如，医学领域利用超声波原理制造仪器检查人体器官的结构与变化；根据激光原理研制的激光雷达、激光通信等仪器在军事领域得到广泛应用。随着科技水平的不断提升，人类生产生活方式发生了翻天覆地的变化：机械的发明将人类从繁重的体力劳动中解放出来；光纤通信等先进技术的迅猛发展改变了人们的沟通方式。此外，物理学在发展过程中，还形成了一套科学的研究方法，如理想化方法、公理化方法、分析与综合、抽象与概括等，它们作为辩证唯物主义哲学的基础[1]，深刻影响着人们的思维方式与价值观念。总体看来，物理学对科学技术、人类生产生活方式、人类的思维方式等都产生了重要的影响，为人类文明和社会进步作出了巨大贡献。

二、物理学与其他学科的关系

《课程标准（2022 年版）》明确提到"物理学对化学、生物学、天文学等自然科学产生了重要影响"。从某种意义上来说，物理学是所有科学学科中最基础的学科。[2]

物理学的研究成果对化学发展起到巨大促进作用。如热力学的理论和方法向化学领域渗透产生了化学热力学，纠正了以反应热或以模糊的"化学亲和

---

① 田世昆，胡卫平. 物理思维论［M］. 南宁：广西教育出版社，1999：11.
② 奥卡沙. 科学哲学［M］. 韩广忠，译. 南京：译林出版社，2013：8.

力"来判断反应方向的错误看法，开始以自由能和化学势作为化学反应方向的量度；量子力学在化学领域的应用和发展产生了量子化学，使化学深入到对化学现象微观机理的研究；现代物理实验技术为分子结构和晶体结构研究提供了强有力工具，如紫外光谱法、核磁共振等成为有机化学和生物化学研究的重要手段。同样，化学的发展也反过来会推动物理学的进步。如现代量子化学的分子轨道理论对量子力学的固体能带理论产生深远影响；化学家关于金属键、原子簇化合物的研究对凝聚态物理学作出了重要贡献。

物理学在生物学中有着重要的应用。显微镜的发明极大地促进了生物学微观研究方向的发展；光学为研究人眼的原理与调节提供了有力的理论基础与技术支持。生物学研究也给予了物理学一定启示。正如当代分子生物学家伏肯斯坦所说："我们可以稍微夸张地说，如果物理学赠给生物学以显微镜，那么生物学则报答物理学以能量守恒定律。"① 近代物理学和生物学、化学进一步融合，在更高层次上开辟了新技术领域。如美国生物学家沃森（James Dewey Watson，1928—　）与英国生物物理学家克里克（Francis Crick，1916—2004）在碱基互补配对原理基础上，构建了 DNA 分子双螺旋三维空间结构，把人们对生物科学认识的视野从细胞水平推向了分子水平。随着分子生物学、生物信息学等交叉学科的发展，人类对自然界的认识将更加深入。

物理学和天文学有着天然的血缘关系，二者紧密相连。一方面，物理学"为天文学所用"。如热学对黑体辐射的研究被用于确定恒星的温度；光谱的研究被用于分析恒星大气的成分；几何光学与材料力学的发展，使天文学拥有更精密的望远镜等观测仪器。另一方面，天文学"为物理学所依"。由于天文学研究对象及其所处环境的特殊性，许多环境与条件在人类的实验室中是不能创造的，如极大的时空尺度、极强的引力场、高度的真空、近乎完美的黑体辐射、高能量的粒子等，而这些极端条件往往是物理学诸多研究的空缺与突破口所在。可见，天文学对天体的研究为诸多的物理学理论提供了无可替代的验证与实验平台，对物理学的整体发展作出了不可忽视的贡献。

物理学作为一种理论依据，或作为一种技术手段，对化学、生物学、天文学等自然学科产生了重要影响，同时，这些学科的发展也推动了物理学的发展。《课程标准（2011 年版）》指出，要"让学生了解自然界事物的相互联系，注意学科间的联系与渗透"。《课程标准（2022 年版）》进一步关注到物理学与其他学科的关联，在课程内容中专门设置了"跨学科实践"一级主题，对学科之间关联性的重视程度可见一斑。

---

① 惠和兴，刘兆龙，鲍重光，等．物理［M］．北京：新时代出版社，2002：100.

第二节　义务教育物理课程的定位

　　义务教育物理课程是一门什么课程？有哪些特点？有什么价值？与化学、生物学等其他课程有什么关系？我们想要真正理解义务教育物理课程的性质，必然要探寻其课程属性、价值及关系定位。《课程标准（2022 年版）》对其定位进行了明确地阐述。探析义务教育物理课程内涵、明确义务教育物理课程与其他课程的关系、深入了解义务教育物理课程的特点，有助于我们准确、全面地把握义务教育物理课程定位，进而理解义务教育物理课程的性质。

一、义务教育物理课程的内涵

　　《课程标准（2022 年版）》提出："义务教育物理课程是一门以实验为基础的自然科学课程。"这句话明确了义务教育物理课程的重要内涵。一方面，义务教育物理课程是一门自然科学课程。义务教育物理课程以生活和自然为基础，关注物理学科的特点，注重科学探究，强调真实问题情境。课程内容取自物理文化、物理文化与其他科学文化的综合、物理文化的社会应用等方面，与自然息息相关。通过物理课程学习，学生能认识自然，形成科学的自然观，发展科学思维能力等。另一方面，义务教育物理课程以实验为基础。义务教育物理课程建立在以实验为基础的物理学科基础上。物理实验作为物理学研究的基本方法之一，不仅是建立、发展和检验物理理论的重要依据，也是义务教育物理课程的重要内容，因此《课程标准（2022 年版）》将"实验探究"作为课程内容的五个一级主题之一。除此之外，在义务教育物理课程的学习过程中，建构物理概念、探索物理规律等都需要坚实的实验基础。学生也需要观察自然，经历与体验实验探索过程，深入分析、解决实际问题，提升核心素养。如果离开实验，义务教育物理课程的价值与目标都难以实现。

　　在社会发展对人才培养的需求下，义务教育物理课程在自然观、科学研究方法、科学思维、科学态度与责任等多方面承担着独特的育人功能。

　　首先，物理课程涵盖大量自然界和生活中与物理相关的现象及解释现象的物理知识。通过物理课程学习，学生不仅可以从物理学的视角了解自然现象，学习自然规律，建构关于自然界的物理图景，还可以利用所学知识解决实际问题，与自然和谐相处，初步形成科学的自然观。其次，物理课程倡导科学探究，且课程内容包含大量可以进行科学探究的内容。物理课程引导学生经历科学探究过程，学习科学研究方法，养成科学思维习惯，进而学会学习。最后，物理课程关注科学、技术、社会、环境之间的关系，强调科学、技术在社会发展、生产生活、自然环境中的应用与价值。学习物理课程不仅有助于培养学生严谨认真、实事求是和持之以恒的科学态度，还能使其感受物理学在解决社会问题、推动社会发展中的作用，增强社会责任感、民族自豪感，激发热爱党、热爱祖国、热爱人民的情感，进而培养学生致力学习科学技术、立志造福人类的责任感与使命感，成为德智体美劳全面发展的社会主义建设者和接班人。

二、义务教育物理课程与其他课程的关系

《课程标准（2022年版）》指出，义务教育物理课程"与小学科学和高中物理课程相衔接，与化学、生物学等课程相关联"。这种物理课程体系的纵向衔接、各科目课程的横向关联，反映了义务教育物理课程在基础教育课程中的关系定位。明确义务教育物理课程与其他课程的关系，有助于我们理解课程理念、明晰课程的边界、把握课程的价值、落实课程目标，从而更好地理解和实施物理课程。

义务教育物理课程不是孤立于基础教育物理课程体系之中，而是前承小学科学，后启高中物理。小学科学、初中物理、高中物理这三门课程都以实验为基础，以培养学生的科学素养为己任，前后呼应，互相衔接，皆为学生终身发展奠定根基。一方面，义务教育物理课程是小学科学课程的进一步延伸和拓展，亦是学习高中物理课程的基础，三者从科学启蒙、认识科学现象，延伸到深层次探究自然规律、追寻科学本质。另一方面，随着小学科学的课程性质由"启蒙课程"到"基础性课程"的转变、高中物理的课程目标由"三维目标"到"学科核心素养"的革新，初中物理课程与二者的衔接不断加强。这既体现在物质、运动、相互作用、能量等知识上"辅车相依"，也体现在分析、综合、归纳、演绎、类比、比较等思维方法上"脉脉相通"。这种纵向的衔接不仅反映了物理课程体系的层层递进，还体现了物理学科体系的一脉相承，更意味着基础教育物理课程体系不是封闭和断层的，而是系统、连贯和不断发展的。

义务教育物理课程与化学、生物学、地理等课程横向相互关联。一方面，从课程内容的角度来看，这些课程不仅在物质、运动、能量等知识上相互渗透，在温室效应、新陈代谢、地壳运动等现象上联系甚密，同时在模型、实证、逻辑等思想上也息息相通。以物理和化学课程为例，一直有"理化不分家"的说法，二者在很多方面有着千丝万缕的联系。例如，二者在"分子的构成""化石燃料与环境保护""人工降雨""水资源保护"等内容上的紧密关联；再如，控制变量法在物理、化学实验中的广泛应用等。另一方面，从课程育人功能的角度来看，这些课程的相互关联源于它们旨在落实立德树人根本任务，共同培养学生科学素养，皆有学生全面和谐发展的教育理想，共同肩负着启迪人类理性文明、弘扬科学精神的历史使命，共享着学生的共同经验与生活

世界，在育人功能上殊途同归。

义务教育物理课程与小学科学、高中物理的纵向衔接以及与其他课程之间的横向关联是相辅相成、互为依托的。这就意味着，我们要用系统的视野、发展的眼光看待义务教育物理课程，要在遵循各自学科逻辑、关照学生认知逻辑的前提下，以学生经验的统整性、学生发展的全面性为主线，努力实现义务教育课程体系的横纵协调与和谐发展。

三、义务教育物理课程的特点

义务教育物理课程作为一门以实验为基础的自然科学课程，具有其独特的性质。与《课程标准（2011 年版）》相比，《课程标准（2022 年版）》在指出义务教育物理课程的内涵和定位基础上，明确提出了义务教育物理课程"具有基础性、实践性等特点"。深入了解义务教育物理课程的特点，有助于我们准确把握课程的定位与性质。

（一）基础性

一方面，义务教育物理课程是建立在物理学科基础上的，物理学提供给人们对物质结构和物质运动形式及其相互转化的最基本的认识，是许多科学与技术的理论基础。物理学科的基础性必然影响着义务教育物理课程的基础性。另一方面，义务教育物理课程是国家基础教育阶段的一门必修基础性课程，使学生掌握必需的物理基础知识和方法，获得初步的科学思维能力和科学探究能力，形成正确的科学态度，为将来学习高中物理或其他相关课程打下扎实的基础，进而落实立德树人根本任务，培养学生核心素养，为学生终身发展奠定基础。

（二）实践性

首先，义务教育物理课程内容中不仅包括物理知识、方法等理论性内容，更包括与日常生活、工程实践等密切相关的实践性内容。其次，义务教育物理课程是一门以实验为基础的自然科学课程，学生需要通过亲身参与实验探究等实践活动，学习并感受科学家探索历程，学习各种科学方法，理解和巩固物理概念、规律等。最后，义务教育物理课程中实践性内容的学习和实践活动的参与，有助于培养学生应用知识分析和解决问题的能力、动手操作能力、社会实践能力等，进而引导学生学会学习、学会合作、学会生活。

◎ 第四章
义务教育物理课程理念

　　基于我国课程改革的成就、问题与挑战，依据义务教育阶段物理课程的内涵、定位与性质，《课程标准（2022 年版）》分别从课程目标、课程内容、课程结构、课程实施与课程评价五个方面提出了指导义务教育物理课程改革与实施的基本理念，并针对每条理念强调的重点与作用，提出了相应的设计思路：课程目标方面，强调以习近平新时代中国特色社会主义思想为指导，以学生发展为本，以提升全体学生核心素养为宗旨，为每个学生的学习和发展提供机会；课程内容方面，注重遵循学生身心发展规律，从生活走向物理，从物理走向社会，并加强与现代社会及科技发展的联系；课程结构方面，要在符合学生认知规律与学科特点的基础上明确主题，注重结构的层层递进，前后关联，体现物理课程的基础性、实践性；课程教学方面，注重科学探究，突出问题导向，注重创设有效教学情境，灵活选用多种教学方式；课程评价方面，坚持核心素养导向，注重构建目标明确、主体多元、方式多样和功能全面的物理课程评价体系，充分发挥评价的育人功能。课程理念是课程实施的指导思想，渗透在课程目标、课程内容选择、课程结构建构、课程教学、课程评价的各个环节中。

第一节　面向全体学生，培养学生核心素养

　　　　义务教育物理课程以习近平新时代中国特色社会主义思想为指导，以学生发展为本，以提升全体学生核心素养为宗旨，为每个学生的学习和发展提供机会。注重落实物理课程的育人价值，培养学生适应个人终身发展和社会发展需要的正确价值观、必备品格和关键能力。

　　这一理念明确了义务教育物理课程的指导思想、对象和宗旨，体现了义务教育物理课程的功能。

　　义务教育物理课程的教育对象是全体学生，该阶段的物理课程应以满足所有学生发展需要为基本定位，为每一个学生的发展提供机会，正如中共中央、国务院印发的《关于深化教育教学改革全面提高义务教育质量的意见》所指出的："坚持全面发展，为学生终身发展奠基；坚持面向全体，办好每所学校、

教好每名学生。"每个学生都是独一无二的个体，其发展都是个性的。义务教育物理课程在面向全体学生的同时，还应重视学生的个体化差异，采用灵活的教育方式，因材施教。

立德树人是教育的根本任务，义务教育物理课程的课程性质决定了义务教育物理课程具有独特的育人价值。义务教育物理课程具有明显的实验特色，纵联小学科学和高中物理，横跨化学和生物学等课程，与社会生活联系广泛，这使得该阶段的物理课程不仅在观念层面能培养学生科学的自然观和正确的价值观，在思维层面也有助于学生养成科学思维习惯，进而学会学习。

当代教育愈加趋向一种大教育，强调关注人的全面发展和终身发展。义务教育阶段是促进人全面发展的关键时期，该阶段的物理课程要立足学生全面发展，突出"德"在全面发展教育中的重要地位，培养学生正确的价值观。义务教育物理课程旨在促进人类科学事业的传承与社会的发展，学生最终要从学校进入社会，参与科学事业和社会建设，因此，义务教育物理课程不仅要关注学生个人终身发展，还要培养学生适应社会发展需要的正确价值观、必备品格和关键能力，从而提升全体学生核心素养。

第二节　从生活走向物理，从物理走向社会

遵循初中学生身心发展规律，贴近学生生活，关注学习生长点，以具体事实、鲜活案例、生活经验和基本概念等引导学生进行理性思考。注重时代性，加强与生产生活、社会发展及科技进步的联系，凸显我国科技成就，引导学生增强文化自信，树立科技强国的远大理想。

初中学生的好奇心和求知欲都很旺盛，他们急切地希望探索世界万物背后蕴藏的奥秘。

物理课程内容的选取，如物质的形态和变化、声和光、机械能等，都与鲜活的生活场景和学生的自身体验相呼应。学生在所见所感的熟悉生活场景和极具启发性的问题中，既培养了物理学习兴趣，又由兴趣生长出学习动力，将视觉、听觉、嗅觉、触觉等直观感性认识经过思维的锤炼，最终升华成头脑中的物理学科理性认识。物理课程内容是与自然界密切相关的，天空中色彩绚丽的彩虹、森林里悦耳动听的鸟鸣、早晨令人感到一丝凉意的微风、清香扑鼻的花草芬芳均能成为学生关注和思索的对象；物理课程内容是与日常生活紧密相连的，列车站台内设置的安全线提醒乘客注意生命安全，地铁上开启的空调在炎炎夏日为乘客驱散酷暑，车辆在行驶过程中也会因为速度的突然变化使乘客前俯后仰；物理课程内容也是与时代接轨并进的，物理课堂为学生打开一扇能看

到科技前沿的窗子，"复兴号"列车组与风竞速，"天宫号"空间站在宇宙徜徉，"蛟龙号"载人潜水器探索深海奥秘，物理学的发展推动往昔"九天揽月"和"五洋捉鳖"的梦想成为现实，物理课程的变迁激荡着青少年学子以学报国、科技强国的雄心壮志。

在学习过程中，随着知识和能力的逐步提升，学生由近及远地将目光与思考从身边生活逐步转向所处的社会环境。他们将学会如何生活，也日趋关注科学技术对自然环境、人类生活和社会发展的影响，并身体力行地为社会的可持续发展作出贡献，将对生活的热爱与对社会的关怀转化成实际行动。以"物质"这一主题为例，在内容要求及样例中，小至观察生活中常见的温度计，了解相关使用方法和测温范围，大到鼓励学生对温室效应、热岛效应发表见解；远望古代铸造技术，近观现代汽车水箱防冻产品原理。《课程标准（2022 年版）》对学生相关知识的学习提出从生活到社会各层面的相应建议，培养学生的社会责任感和民族自豪感。随着时代的发展，《课程标准（2022 年版）》所提及的来源于生活的素材为学生课程学习建立熟悉的情境，却不因为学科界限局限于物理情境。项目式学习"内"融学科知识，"外"练动手能力，贯穿古代科技成就与现代高精尖技术，进一步推动日常生活议题、实践操作、社会发展热点进入物理课程。

第三节 以主题为线索，建构课程结构

依据物理学科内涵，遵循学生认知规律，明确物理学习主题。主题内分级呈现，层层递进；主题间相互关联，各有侧重。注重"知行合一、学以致用"，体现物理课程基础性、实践性等特点。

这一理念指向义务教育物理课程结构的设计，凸显了义务教育物理课程的鲜明特点。明确物理课程内容结构的建构逻辑、明晰物理课程各主题的设定依据，有助于教师把握《课程标准（2022 年版）》中课程内容的展开思路，深入理解课程及科学实施课程，从而更好地引导学生"格物致理"，促进学生"知行合一"，进而做到"学以致用"，具有深刻的时代意蕴和明确的教育指向。

为了使这一理念在物理课程中落地，课程结构的设计思路清晰明了。

首先，这一理念体现在《课程标准（2022 年版）》的课程内容主题设定之中。《课程标准（2022 年版）》基于物理学科内容、本质、特点及育人价值，结合学生认知规律、学生学习特点及身心特点，注重学科之间的关联与整合，在充分参考国际科学（物理）教育发展趋势及研究成果的基础上，将物理课程结构进行了主题化设计，设立了"物质""运动和相互作用""能量""实验探究""跨学科实践"五个一级主题。这种主题式的课程结构，指向明确、

结构清晰、层次分明，各主题围绕义务教育物理课程核心内容展开，致力于促进学生全面发展。

其次，这一理念体现在《课程标准（2022 年版）》各主题的关系之中。各主题之间分级呈现、层层递进、环环相扣。五大一级主题之下分为 18 个二级主题，二级主题之下又分为若干三级主题，前一主题是后一主题的基础，它们相互联系、各有侧重、相辅相成，共同构筑了义务教育物理课程的结构体系。其中，"物质""运动和相互作用""能量"等侧重物理学科内容，"实验探究"侧重测量类、探究类学生必做实验，"跨学科实践"侧重关联日常生活、工程实践和社会发展。同时，在《课程标准（2022 年版）》课程内容中的一级主题下，设置了"内容要求""学业要求""教学提示"；在二级主题下设置了三级主题、典型例子及活动建议。各主题内容包含着对学生学业成就的殷切期望、对学生生活经验的深切关注、对社会议题的合力探讨等。

最后，《课程标准（2022 年版）》以各主题为线索来构建课程结构，体现了义务教育物理课程的基础性、实践性，也凸显出物理学科的育人功能。至此，"知行合一、学以致用"的价值追求在核心素养期待之下被赋予了新的时代内涵：不仅要知其"物"，晓其"理"，还要联系实际，学会应用，实现以"用"促"学"，"学""用"相长。《课程标准（2022 年版）》本着知识与经验兼备、理论与实践齐抓、现实与发展并举的设计思路，打造了一个主旨鲜明、逻辑严谨、形式灵活的课程内容体系，呈现出一幅整体而贯通、清晰而立体的"课程蓝图"。

第四节　注重科学探究，倡导教学方式多样化

注重科学探究，突出问题导向，强调真实问题情境，引导学生不断探索，提高分析问题、解决问题的实践本领和科学思维能力，发展核心素养。倡导教学方式多样化，鼓励教学中根据教学目标、教学内容、教学对象及教学资源等的实际情况，灵活选用教学方式，合理运用信息技术。

这一理念贯穿《课程标准（2022 年版）》始终，为义务教育物理课程的具体实施提出了明确要求。与《课程标准（2011 年版）》相比，该理念调换了"倡导教学方式多样化"与"注重科学探究"的位置，强调了物理课堂中教学方式的合理使用，说明了科学探究不等同于探究式教学，应在教学中灵活运用。以"课程内容"部分为例，《课程标准（2022 年版）》在提出内容要求的同时，新增了包括教学策略建议和情境素材建议在内的教学提示；在倡导科学探究的同时，给出多种教学方式，旨在引导教学方式和学习方式的转变。

科学探究的核心是让每个学生都积极思考，因此富含探究问题的活动情境尤为重要。教师要精心创设生活化、实践化的问题情境，与学生已有知识建立联系，从而激发学生探索新知的兴趣，帮助学生优化头脑中的知识结构。《课程标准（2022 年版）》"课程内容"部分在各一级主题下，均结合自然现象、日常生活、社会发展等方面，给出与学习主题密切相关的情境素材建议。科学探究不局限于实验探究，《课程标准（2022 年版）》提到的主题小论坛、社会调查、跨学科实践等各类教学活动，都暗含着科学探究的踪迹。教师要精心设计科学探究活动，让学生在问题解决中学习，在思辨与讨论、分析和论证中提升科学思维能力，发展核心素养。《课程标准（2022 年版）》在教学策略建议中强调，科学探究应当突出问题导向，贴近学生生活，注重发挥学生的积极性和主动性，给学生留出恰当的时间和空间，让学生在不断探索中发展核心素养。

科学探究是实现物理课程目标的重要途径，科学合理地选用教学方式是对每一位物理教师的新要求。教师要根据教学目标的要求、教学内容的特点和内在逻辑、教学资源的类型、学生的知识基础与思维发展水平等方面的具体情况，灵活选用教学方式，充分利用信息技术的价值和优势，优化教学活动，达成最佳教学效果。《课程标准（2022 年版）》"课程内容"部分在每个二级主题下，均根据相关内容要求，列举出若干活动建议，旨在启发教师合理运用讲授法、讨论法、科学探究、小组合作等教学方式，有效达成教学目标。同时，这些活动建议并非硬性要求，具有一定的灵活性。为进一步落实该理念，《课程标准（2022 年版）》在"课程实施"部分提出了灵活运用多种教学方式、发挥多媒体教学资源优势等相关要求，为教师实施物理课程指明了方向。

第五节　发挥评价的育人功能，促进学生核心素养发展

坚持核心素养导向，注重以评价促进学生发展，构建目标明确、主体多元、方式多样和功能全面的物理课程评价体系。不仅重视对学生学习过程的评价和终结性学业成就的考核，而且关注学生的个体差异，帮助学生建立自信，激发学生学习物理的兴趣和动机，充分发挥评价的育人功能。

课程评价是以课程标准为依据，运用一定的方法对课程计划、活动及其实施结果等进行描述和价值判断的过程。《课程标准（2022 年版）》的课程评价从原来的注重"课程改革"转为强调正确价值观、必备品格和关键能力的核心

素养导向，强调评价的育人功能。其中，促进学生核心素养的发展是评价育人功能的首要目标，这一目标的确立为物理课程评价在义务教育阶段促进学生发展指明了方向。

为了充分发挥评价的育人功能，《课程标准（2022年版）》强调"构建目标明确、主体多元、方式多样和功能全面的物理课程评价体系"。在评价目标方面，从终结性评价更多地转向关注学生学习、探究与发展的过程性评价，重视对学生学习的动机、过程和效果进行三位一体的评价，明确以评价促进学生核心素养发展的目标。在评价主体方面，从单一转向多元，鼓励学生、教师共同参与，促使学生从被动接受评价逐步转化为主动参与评价。在评价方式方面，强调评价方式与方法的多样化，可以更多地采用观察、调研、校本作业、成长档案、项目活动报告等评价方式，注重定性与定量方法的结合。在评价指标方面，应该从"物理观念""科学思维""科学探究""科学态度与责任"四个维度，对学生进行综合全面的评价。在评价功能方面，需要从原来的注重甄别与选拔转向激励、反馈与育人，促使学生在评价中不断认识、发展、完善自我，充分发挥评价的育人功能。需要注意的是，促进学生发展的评价除了要面向全体学生，充分尊重每一位学生的发展权，也要注重根据学生的个性与特点进行差异化评价，进而促进学生全面而富有个性的发展。

为了更好地落实物理课程评价体系，《课程标准（2022年版）》在"评价建议"部分，对过程性评价从"评价原则"和"评价实施"两个方面提出了具体的要求。例如，评价原则方面，强调评价应以核心素养的达成和学业质量标准为依据，增强评价的反馈有效性，发挥评价的激励与发展功能。评价实施方面，建议通过课堂评价、作业评价、阶段性评价及跨学科实践评价等方式，充分发挥评价促进教师教和学生学的作用。建构目标明确、主体多元、方式多样和功能全面的物理课程评价体系，不仅有助于激发学生物理学习动机与兴趣，促进学生核心素养的发展，也对课程理念的有效实施起到促进、反馈、保障与质量监控的作用。

◎ 第五章
义务教育物理课程目标与核心素养

为建立核心素养与课程教学的内在联系，充分挖掘物理课程教学对全面贯彻党的教育方针、落实立德树人根本任务、发挥素质教育的独特育人价值，物理课程标准修订组基于学科本质凝练了物理课程应培养的核心素养，明确了学生学习物理课程后应达成的正确价值观、必备品格和关键能力。核心素养是对学生知识与技能、过程与方法、情感·态度·价值观三维目标的整合与提升。本章将对物理课程应培养的核心素养、核心素养的内涵、课程目标进行分析解读。

第一节　从三维目标到核心素养

我国物理学家陈佳洱先生说过，物理学不只是图表和数据，它能带给你很多更珍贵的东西：一种理性的思维方式、人生的哲学和人生的道路。[①]

物理学含有丰富的内容，物理学家在长期科学实践中所创造的大量物质产品与精神产品，构成了物理文化。物理文化是科学文化的重要组成部分，而且是一种高品位的文化。物理学既含有概念、规律、实验技能等，又含有科学的思想与方法。物理学在发展过程中，形成了一整套独特而卓有成效的思想方法体系，使之成为人类智慧的结晶，并在众多领域发挥着越来越大的作用。物理学在探索过程中，饱含科学探索的激情、科学精神、科学态度和社会责任等。

《课程标准（2011 年版）》将全面提升学生科学素养作为物理课程的定位，从"知识与技能""过程与方法""情感·态度·价值观"三个方面提出了课程目标。在"知识与技能"维度制定了五条要求，主要包括学生掌握物质、运动与相互作用、能量等物理知识的要求，科学史方面的要求，物理实验技能方面的要求等。在"过程与方法"维度制定了五条目标，分别是关于观察能力、提问能力、信息收集能力、信息处理能力、分析概括能力、信息交流能力以及解决问题等方面的要求。在"情感·态度·价值观"维度制定了五条目标，分别是学习兴趣与求知欲、科学探索欲望与勇气、战胜困难与享受成功、尊重事实与敢于质疑、可持续发展意识与社会使命感等方面的要求。

---

① 何善亮. 物理教学基本问题研究 ［M］. 南京：南京师范大学出版社，2019：205.

习近平总书记在党的十九大报告中指出：要全面贯彻党的教育方针，落实立德树人根本任务，发展素质教育，推进教育公平。2018 年 9 月 10 日在全国教育大会上，习近平总书记发表了重要讲话。他强调，要在党的坚强领导下，全面贯彻党的教育方针，坚持马克思主义指导地位，坚持中国特色社会主义教育发展道路，坚持社会主义办学方向，立足基本国情，遵循教育规律，培养德智体美劳全面发展的社会主义建设者和接班人。用"六个下功夫"回答了"培养什么人、怎样培养人、为谁培养人"的根本问题。因此，教育的首要任务是深入研究如何把"德智体美劳全面发展"的宏观目标和"立德树人"根本任务具体化，以更好地指导课程改革、教材编写、教学改革、评价改革、教师发展等工作。同时，随着时代的变迁和社会的发展，"德智体美劳全面发展"的内涵也在逐步变化。为此，立足国情，结合时代特点，根据学生成长规律和社会对人才的需求，建构我国学生核心素养指标体系，推进基础教育课程改革，是落实立德树人根本任务的必然要求。

为了培养德智体美劳全面发展的社会主义建设者和接班人、具有终身学习能力和现代精神的公民、具有突出创新素养的劳动者，2016 年 9 月，《中国学生发展核心素养》正式发布。学生发展核心素养，是学生在接受相应学段的教育过程中，逐步形成的适应个人终身发展和社会发展需要的正确价值观、必备品格与关键能力。中国学生发展核心素养，以科学性、时代性和民族性为基本原则，以培养"全面发展的人"为核心，分为文化基础、自主发展、社会参与三个方面，综合表现为人文底蕴、科学精神、学会学习、健康生活、责任担当、实践创新六大素养，具体细化为 18 个基本要点。

核心素养的提出，是对党的教育方针的具体化表征，将领域化的教育目标转化为具象的个体发展目标，明确了德智体美劳全面发展的社会主义建设者和接班人的基本特征；是对落实立德树人根本任务的具体操作，建立起党的教育方针宏观要求与具体教育教学的有机联系；是对学与教方向的规定，明确了学生学习与教师教学的方向。第一，在目标上，核心素养指向教育要培养什么人，有利于在实际教育教学工作中培养德智体美劳全面发展的社会主义建设者和接班人，使得立德树人根本任务得以实现。第二，在性质上，核心素养是指所有学生应具备的关键的和必备的共同素养。第三，在内容上，核心素养是知识、能力和态度的综合表现，是一个复杂的结构，具有综合性，在解决问题过程中，其作用的发挥也具有整合性。第四，在功能上，核心素养同时具有个人价值和社会价值，不仅可以用于升学和就业，更重要的是为学生终身发展、适应社会打下良好基础。第五，在发展上，核心素养具有阶段性，教师需要关注不同学段和不同年级学生应该达到的水平，明确适合学生年龄特征的核心素养培养目标。第六，在培养上，核心素养是在先天遗传的基础上，综合后天环境的影响，可以通过接受教育来形成和发展的，是可教、可学的。在培养过程中，教师要结合具体的学科教学和活动，创设真实的教学情境，注重学生的积极思维、自主探究、自我体验、自我反思，以及在真实情境中的应用等。第七，在评估上，核心素养可以利用定性和定量相结合的方法进行评价。

核心素养作为学校课程的灵魂，有助于学科固有的本质特征以及"学科素养"的提炼，有助于学科边界的软化以及"学科群"或"跨学科"的勾连，有助于学科教育学的重建，为一线教师打破分科主义、消解碎片化的以知识点为中心的灌输，提供视野和机会。① 在新的教育改革和人才需求之下，学生核心素养的培育必须借助课程教学来逐步实施，而在新的形势之下，课程教学也应以培养学生核心素养为中心来转型升级。因此，物理课程要培养的核心素养既是物理学科对人的核心素养发展的独特贡献和作用，又是物理学科独特教育价值在学生身上的体现和落实，即物理课程要培养的核心素养是物理学科本质观和物理学科教育价值观的共同体现，是三维课程目标的整合、提炼与发展，其中既有继承又有创新。

第二节　物理课程要培养的核心素养

物理课程要培养的核心素养为未来公民核心素养的养成奠定基础，物理课程目标应指向核心素养，而核心素养则要融入物理课程设计，以充分体现物理学科在核心素养培养过程中的育人价值。建构物理课程要培养的核心素养，应匹配中国学生发展核心素养体系，融合物理学科的本质，系统分析国际物理教育研究现状与趋势，总结我国物理教育的实践和研究。《普通高中物理课程标准（2017 年版 2020 年修订）》将高中物理学科核心素养凝练为物理观念、科学思维、科学探究、科学态度与责任四个方面，共包含 14 个要素。考虑到学生核心素养的培养不能一蹴而就，需要通过连续的教育进行培养，确定物理课程要培养的核心素养应注重一贯性与发展性。物理学科从初中到高中，在课程内容螺旋上升的同时，潜藏在知识背后的物理学科体系、物理思维逻辑、物理育人功能是不变的，它们是支撑物理学科各分支的主干，也是引导物理课程教学的指针。因此，义务教育物理课程要培养的核心素养，从学科育人终身发展的视角考虑，同样凝练为物理观念、科学思维、科学探究、科学态度与责任四个方面。"核心素养是最基础、最具生长性的关键素养"②，初中和高中物理课程要培养的核心素养的贯通，可促进初中和高中物理课程的有效衔接，凸显物理课程的系统性、科学性，为学生核心素养的持续发展创造条件。

---

① 钟启泉. 基于核心素养的课程发展：挑战与课题［J］. 全球教育展望，2016，45（1）：3-25.
② 施久铭. 核心素养：为了培养"全面发展的人"［J］. 人民教育，2014（10）：13-15.

一、物理观念

最新的国际科学教育研究与实践强调核心概念、大观念、大概念、跨学科概念。在中国文化中，概念是指一类事物的共同属性与本质特征，是抽象的。[①]这与国际上关于概念的内涵并不一致。因此，在建构物理课程应培养的核心素养时，没有使用"物理知识"，也没有使用"物理概念"，而使用了"物理观念"。物理观念是在物理知识的基础上建立的，每一个物理观念都对应于相应的物理知识体系，物理学的发展史也显示出物理观念能够促进与引导物理知识的发展，因为物理观念覆盖人类关于物质世界的总的看法。[②] 物理观念是基于物理学客观规律、经过逻辑加工的一种物理哲学思想，[③] 是物理概念和规律等的提炼和升华，体现了物理学科核心概念的教育价值。因此，物理观念的提出超越了碎片化的知识与孤立的解题技能，是对学生知识理解和能力发展的更高要求。《课程标准（2011 年版）》在课程内容体系中，虽然没有明确提出"物理观念"这个术语，但已经用物质、运动和相互作用、能量等物理观念作为一级主题，统领课程全部的知识内容，将众多的物理知识关联为一个整体。

基于义务教育阶段物理课程的性质和义务教育阶段物理课程在物理学科体系基础上选择的基本内容，《课程标准（2022 年版）》将物理观念概括为物质观念、运动和相互作用观念、能量观念等要素。这些要素是物理学中最重要的科学观念，也是义教阶段物理学科内容的凝练。它们是组织和整合物理学科知识内容的关键概念，是将众多的物理知识连成一致整体的物理学习的核心内容。

二、科学思维

观察、实验与科学思维相结合，是物理学科的基本特征。科学思维是具有意识的人脑对科学事物（包括科学对象、科学现象、科学过程、科学事实等）的本质属性、内在规律及事物间的相互联系的间接和概括的反映，是物理课程要培养的核心素养的核心内容。

物理学的研究对象大到宇宙天体，小到微观粒子，十分广泛且极其复杂，只有经过科学思维才能揭示事物的本质特征和内在规律。为了描述客观事物的运动规律，科学家往往把研究对象抽象为理想模型，模型思维是一种重要的科

---

① 胡卫平，孙枝莲，刘建伟. 物理课程与教学论研究［M］. 北京：高等教育出版社，2007.
② 罗莹. 物理核心素养研究：物理知识与物理观念［J］. 物理教师，2018，39（6）：2-6.
③ 冯杰. 物理学科核心素养之"物理观念"辨析［J］. 现代基础教育研究，2020，39（3）：64-70.

学思维，建构与应用模型是物理学最重要的研究方法之一，也是物理学的核心学科特色。模型是一种对客观事物的本质特征和事物间的相互关系等的表征，建模是建构或修改模型的动态过程。世界各国都充分认识到建构与使用模型对学生发展的价值，模型与建模被大多数发达国家的物理（科学）课程纳入认知要求、实践要素以及跨学科共通概念之中。[①]

在国际科学教育研究领域，科学思维和科学推理联系紧密，有的学者认为科学推理是科学思维的核心组成部分，有的学者将两者视作同义词。对科学中的情境表征、问题解决、因果思维、假设检验，以及归纳、演绎和类比等的研究，一直是科学思维研究的主体内容。

科学论证是面对未确定的科学问题，通过社会性的协作过程，为各自的观点提供支持，并批驳相异的观点，以解决问题并获取知识的活动。长期以来，科学论证受到国际科学教育研究者的广泛关注。美国《新一代科学教育标准》也明确将"基于证据的论证"列为K—12年级科学教育中的八种实践之一。通过物理课程标准国际比较研究[②]可以看到，绝大多数国家和地区的课程标准都对学生的科学论证能力提出了要求。

质疑创新是科学发展的动力，是科学思维的重要特征，是拔尖创新人才的必备品质和能力。质疑是创新的基础，在物理学的发展历程中，任何新概念的提出和新理论的创立，都是科学家在对前人的结论进行质疑的基础上，运用创新思维综合已有的研究成果才实现的。创新思维在物理学中有多种表现，物理学不同分支间的概念和方法的移植、类比的思想，也是一种物理创新思维。可以说，中学物理课程中任何概念的建立、规律的发现都蕴含着物理创新思维的成分，对于培养学生的创新思维具有重要价值。[③]

基于上述分析，作为物理课程要培养的核心素养之一，科学思维主要包括模型建构、科学推理、科学论证和质疑创新等要素。这些都是物理学科在探索自然和建构理论体系过程中运用的典型思维方式，也是学生学习和运用物理知识和方法过程中必备的思维能力，是从物理学科发展学生关键能力的角度对过程与方法目标的提炼和发展。

三、科学探究

科学探究是人探索和了解自然、获得科学知识的主要方法，也是学生学习

---

① 张静，郭玉英，姚建欣．论模型与建模在高中物理课程中的重要价值：基于国际物理（科学）课程文件的比较研究［J］．物理教师，2014，35（6）：4-5.

② 郭玉英．中学理科课程标准国际比较与研究：物理卷［M］．北京：北京师范大学出版社，2014.

③ 郭玉英．从三维课程目标到物理核心素养［J］．物理教学，2017，39（11）：2-4.

科学的主要方式，还是一种综合的、关键的科学能力和素养。

科学教学倡导探究式学习，为学生提供充分的探究式学习机会，逐步培养学生发现问题、提出问题和解决问题的能力，收集和处理信息的能力，以及交流与合作的能力等。探究及其教学是科学教育最重要的研究领域，随着人们认识到批判性思维是 21 世纪的主要能力，作为科学学习和研究中批判性思维的重要表现——科学论证的研究和培养已经得到高度重视，它可以帮助学生发展科学探究能力[1]，建构科学知识并促进科学概念转变与理解[2]，提升推理能力、批判思维能力和交流能力[3]，促进学生进行科学探究。

世界各国的课程标准都会将科学探究与交流能力作为培养目标。[4] 例如，美国国家科学教育标准中的课程目标强调培养学生进行科学探究所需要的能力（包括确定可以通过科学探究回答的问题，设计和进行科学研究，利用适当的工具和技术收集、分析和解释数据，培养运用证据进行描述、解释、预测和构建模型的能力，通过批判性和逻辑性思维建立证据与解释之间的关系，承认和分析提出的可供选择的解释和预测，交流科学过程和解释，把数学运用在科学探究的各个方面）和对科学探究的理解能力。英国国家科学教育课程标准中提出通过科学教育，促进核心技能的发展，包括进行科学探究，发现和交流各种不同的事实、观点和意见，收集、思考和分析一手、二手数据等，这些都是科学探究的主要成分。澳大利亚物理课程标准要求培养学生以下关键技能：科学探究、分析和应用对物理的理解、交流物理信息和理解，强调用书面语言、口头语言形象地表达事物、过程、概念等的特点，能用表格、图形、图像等表示。

我国 2001 年以来的课程改革，强调自主学习、合作学习和探究学习，将科学探究作为科学教学的主要目标。《课程标准（2011 年版）》将科学探究列入"课程内容"，科学探究还是学生的学习目标和重要的教学方式，强调让学生经历与科学工作者相似的探究过程，主动获取物理知识，领悟科学探究方法，发展科学探究能力。

基于以上分析，作为物理课程要培养的核心素养之一，科学探究主要包括问题、证据、解释、交流四个要素。

---

[1] LAWSON, A. The nature and development of hypothetico-predictive argumentation with implications for science teaching［J］. International journal of science education，2003，25（11）：1387-1408.

[2] KUHN D. Teaching and learning science as argument［J］. Science education，2010，94（5）：810-824.

[3] NUSSBAUM E M, EDWARDS O V. Critical questions and argument stratagems：a framework for enhancing and analyzing students' reasoning practices［J］. Journal of the learning sciences，2011，20（3）：443-488.

[4] 韩葵葵，胡卫平，王碧梅. 国际科学教学心理的研究进展与趋势［J］. 华东师范大学学报（教育科学版），2014，32（4）：63-70.

四、科学态度与责任

通过物理课程的学习，学生保持对自然现象的好奇心和探究热情，乐于观察、实验和思维，逐渐形成探索自然的内在动力，严谨认真、实事求是，不迷信权威，善于与他人合作、分享；了解科学、技术、社会、环境的关系，热爱自然、热爱劳动、珍惜生命，具有保护环境、推动可持续发展和实现中华民族伟大复兴的社会责任感。这些都是科学态度与责任的主要内容，也是物理学习的重要目标。

认识科学本质是现代社会公民具备科学素养的要求，物理学是最能体现科学本质特征的学科，科学的内在动机或者兴趣是重要的科学素养。国际科学教育领域的研究表明，学生对科学本质的理解有助于科学内容的学习，增加他们对科学团体的规则和规范的了解，形成良好的科学态度，意识到科学研究和应用科学技术时所必须遵守的伦理规范和社会责任。

科学态度包括两个方面：一是对待科学的态度，如对科学感兴趣、热爱科学、愿意学习科学等；二是自身具备的科学态度，如在学习、研究和应用科学的过程中，尊重事实、敢于质疑、善于反思、勇于创新等。

社会责任主要包括科学伦理和STSE。科学伦理是指遵守规范准则，实事求是，不弄虚作假，顾及他人的利益，不给人类和自然造成不利影响等。STSE是"科学·技术·社会·环境"的英文缩写，主要涉及对科学与技术的本质、科学与技术对自然环境及可持续发展的影响等的理解和认识，有将科学服务于人类的意识，培养爱国情怀，具有实现中华民族伟大复兴的责任感与使命感，是发展学生社会责任感的认知基础。

基于以上分析，作为物理课程要培养的核心素养之一，科学态度与责任主要包括科学本质观、科学态度、社会责任等要素。

五、核心素养四个方面的关系

义务教育物理课程旨在落实立德树人根本任务，培养学生核心素养，为学生终身发展奠定基础。物理课程要培养的核心素养作为连接物理课程与学生核心素养的纽带，明确了新课程改革中物理教学应突出关注的重点。义务教育物理课程帮助学生从物理学视角认识自然，解决相关实际问题，初步形成科学的自然观；引导学生经历科学探究过程，学习科学研究方法，养成科学思维习惯，进而学会学习；引领学生认识科学、技术、社会、环境之间的关系，形成科学态度和正确价值观，为做有理想、有本领、有担当的社会主义建设者和接班人奠定基础。

物理课程要培养的核心素养的四个方面是物理教育中有机的整体，不能割裂开来，应相互联系、相互促进，形成合力，共同作用。每一方面素养的加强都会对学生整体素养的提升起到促进作用，并触发其他素养的进一步发展。同时，任何单一方面素养的缺失都不能使学生构成完整的核心素养，也会对其他素养的健康发展造成不利影响。物理观念是基础，科学思维是核心，科学态度与责任要贯穿始终，科学探究是一种学习方式和科学研究的方式，是一种学习物理观念、发展科学思维、形成科学态度与责任的手段和途径。物理观念是学生对物理知识深入挖掘与开发后提炼升华而成的，不可能通过浅层次的思维活动和单一的学习方式来获得。学生必须运用科学思维，亲历科学探究过程，并经过交流讨论，才能获得日渐清晰的科学认识，继而形成明确的科学态度，并在应用物理观念解释自然现象和解决实际问题过程中，形成正确的价值观念，提升社会责任感。

第三节　核心素养内涵的理解

《课程标准（2022 年版）》界定了物理课程要培养的核心素养：

> 核心素养是课程育人价值的集中体现，是学生通过课程学习逐步形成的适应个人终身发展和社会发展需要的正确价值观、必备品格和关键能力。物理课程要培养的核心素养，主要包括物理观念、科学思维、科学探究、科学态度与责任。

在理解物理课程要培养的核心素养的内涵时，要结合学生发展核心素养的内涵，注意素养的整体性。在四个要素中，物理观念代表知识的内化，是其他核心素养的基础，科学思维和科学探究是关键能力，科学态度与责任是必备品格。四个方面相互依赖、共同发展。在知识的教学、学生的探究和知识的应用过程中，让学生掌握物理思维和方法，发展学生的思维能力和探究能力，培养学生的科学态度和社会责任。下面分别介绍对核心素养这四个方面内涵的理解。

一、物理观念内涵的理解

物理观念素养特别强调学生应用这些观念解决实际问题，能将所学物理知识与实际情境联系起来，能从物理学视角观察周围事物、解释有关现象和解决简单的实际问题。

义务教育物理课程要培养的物理观念主要包括物质观念、运动和相互作用观念、能量观念等要素。

1. 物质观念

学生通过义务教育物理课程的学习，形成对物质的形态、属性及结构等的基本认识，并进一步提炼和升华，初步形成世界是由物质组成的，是客观存在的，物质的结构、物质的属性、物质的形态等是多样的、可变的、可观测、可描述的等物质观念。

2. 运动和相互作用

学生通过义务教育物理课程的学习，形成对机械运动和力、声和光、电和磁等的基本认识，进一步升华为初步形成运动的形式是多样的，运动和相互作用是有规律的等运动和相互作用观念。

3. 能量观念

学生通过义务教育物理课程的学习，形成对机械能、内能、电磁能及能量的转化与守恒等的基本认识，进一步升华为初步形成能量多样观、能量转化观、能量度量观、能量守恒观、节能环保观等能量观念。

在教学中，一是要创设真实的教学情境，让学生经历科学探究和思维加工，保证物理概念和规律的内化，形成物理观念；二是要重视将这些观念用于解决实际问题，发展学生提出问题、分析问题和解决问题的能力。

二、科学思维内涵的理解

科学思维本质上是理性思维，是从物理学视角对客观事物的本质属性、内在规律及相互关系的认识方式。[①]

科学思维既具有精确性，又具有近似性，是精确性和近似性的辩证统一。科学思维不仅具有抽象性，而且具有形象性。抽象思维是科学思维的核心，形象思维是科学思维的先导，抽象思维和形象思维相互作用、相互补充，推动着科学的发展。

科学思维的基本形式一般包括科学抽象思维、科学形象思维、科学直觉思维等，具有抽象性和概括性、逻辑性和系统性、能动性和间接性、动态性和创造性、整体性和随机性等特点。自然科学在长期的发展过程中，形成了一系列基本的思维方法，主要包括：分析与综合、抽象与概括、比较与分类等。

义务教育物理课程要培养的科学思维主要包括模型建构、科学推理、科学论证和质疑创新等要素。

1. 模型建构

模型建构作为一种认识手段和思维方式，是学生根据研究问题和情境，在

---

① 廖伯琴. 普通高中物理课程标准（2017年版2020年修订）解读［M］. 北京：高等教育出版社，2020：10.

对客观事物抽象和概括的基础上构建易于研究的、能反映事物本质特征和共同属性的理想模型、理想过程、理想实验和物理概念的过程。[①] 模型建构有助于学生抓住事物的关键要素，加深对概念、过程和系统的理解，形成系统思维。对初中阶段的学生来说，模型建构表现为：能够使用模型解释物理现象和过程，阐明物理概念和原理；在真实情境中具有构建模型的意识和能力；等等。

2. 科学推理

科学推理不仅包括逻辑上的归纳推理、演绎推理和类比推理，而且包括分析与综合、抽象与概括、比较与分类等思维方式，还包括控制变量、组合推理、概率推理、相关推理、因果推理等推理形式。[②] 初中阶段的学生应初步理解和应用上述科学思维方法，从定性和定量两个方面进行科学推理，找出规律，形成结论，并能解释自然现象和解决实际问题。

3. 科学论证

科学论证是指面对问题，通过获得的证据资料进行解释说明，提出自己的论点。[③] 初中阶段的学生应具有初步使用科学证据的意识和能力，能运用证据对研究的问题进行描述、解释和预测。

4. 质疑创新

质疑创新是基于事实证据和科学推理对不同信息、观点和结论进行质疑和批判，进行检验和修正，进而提出创造性见解的品格与能力。对初中阶段的学生来说，质疑创新表现为：能设计出各种实验方案，且能设计出简单、有效、新颖、独特的实验方案；善于在物理概念、物理规律与科学事实之间产生丰富的联想；善于质疑，不满足于教材上的一些结论及教师的讲解，善于提出问题；善于发现日常生活和生产实际中的物理问题，并对其进行实际推测和理论验证；善于在课外活动中进行小发明、小改造、小制作，写出科技小论文，并独立地提出新的见解。初中阶段的学生应初步具有基于证据大胆质疑的意识和能力，能从不同角度思考问题，追求科技创新。

三、科学探究内涵的理解

科学探究是人们探索和了解自然、获得科学知识的主要方法，是提出科学问题，形成猜想和假设，获取和处理信息，基于证据得出结论并作出解释，以及对科学探究过程和结果进行交流、评估、反思的能力。以证据为基础，运用各种信息分析和逻辑推理得出结论，公开研究结果，接受质疑，不断更新和深

---

① 胡卫平 . 科学思维培育学 ［M］. 北京：科学出版社，2004.
② 胡卫平，韩琴，严文法 . 科学课程与教学论研究 ［M］. 北京：高等教育出版社，2007.
③ 韩葵葵 . 中学生的科学论证能力及其培养 ［D］. 西安：陕西师范大学，2016.

入，是科学探究的主要特点。

义务教育物理课程要培养的科学探究主要包括问题、证据、解释、交流等要素。

1. 提出问题

提出问题是指学生在学习和日常生活中能发现问题、提出较为合理的猜测与假设。例如，提出或识别可以通过科学探究解决的问题；判断一项探究活动围绕什么问题展开；根据已有研究，提出可以进一步探究的科学问题；针对问题进行合理的猜想与假设。

2. 获取证据

获取证据是指学生根据需要探究科学问题，初步具有设计探究方案和获取证据的能力，能实施探究方案，使用各种科技手段和方法收集信息。例如，通过观察、调查和实验等方式获取证据；掌握课程标准要求的实验器材的使用、实验方案的设计和数据的收集；以图或表等多种方式呈现收集到的数据。

3. 进行解释

进行解释是指学生根据需要收集证据，初步具有分析论证的能力，会使用各种方法和手段分析、处理信息，描述、解释探究结果和变化趋势，基于证据得出合理的结论。例如，基于证据，分析相关现象或原因；使用课程标准要求的方法和技术来分析数据；对收集到的证据的可靠性进行评估；评价证据是否支持所得出的结论。

4. 交流反思

交流反思是指学生能基于收集证据和解释结论，初步具有交流与合作的意愿与能力，能准确表述、评估和反思探究过程与结果。例如，比较准确地表达自己的探究问题、过程和结果；选择和运用适宜的媒体与他人进行有效交流；对他人的探究过程和结果能提出建设性的意见。

通过义务教育物理课程的学习，学生应初步具有科学探究意识，认识到科学探究是获取科学知识的主要途径，是通过多种方法寻找证据、运用创造性思维和逻辑推理解决问题，并通过评价与交流等方式形成共识的过程；了解科学探究需要围绕已提出和聚焦的问题设计研究方案，通过收集和分析信息获取证据，经过推理得出结论，并通过有效表达与别人交流自己的探究结果和观点；认识到通过科学探究形成共识的科学知识在一定阶段是正确的，但是随着新证据的增加，会不断完善和深入，甚至会发展变化；理解科学探究不仅是一种综合能力，而且是物理学习的主要方式，在科学探究中，初步掌握分析、综合、比较、分类、抽象、概括、推理、类比等思维方法，发展学习能力、思维能力、实践能力和创新能力，以及运用科学语言与他人交流和沟通的能力。

四、科学态度与责任内涵的理解

义务教育物理课程要培养的科学态度与责任主要包括科学本质观、科学态度、社会责任等要素。

1. 科学本质观

科学本质观是一个结构化的观念系统。美国科学促进协会在《面向全体美国人的科学》一书中，将科学本质观概括为：第一，科学知识的本质。世界是可以认识的，科学是可变的，科学不可能解决所有问题。第二，科学研究的本质。科学讲究证据，科学是逻辑与想象相结合的产物，科学用作解释和预测，科学试图确定和避免偏见，科学反对权威。第三，科学事业的本质。科学是一种负责的社会活动，科学被分成专门领域并在不同情况下进行研究，科学研究中存在普遍的伦理原则，科学家既作为专家又作为公民参加公共事务。初中物理教学中，要通过知识的学习和科学探究，让学生初步理解科学的本质，培养学生热爱科学，具有探索科学的热情和求知欲。

2. 科学态度

科学态度是个体对科学对象、科学现象、科学过程、科学事实、科学理论、科学研究等所持有的稳定的心理倾向，主要包括实事求是、追求创新、合作分享三个方面。通过义务教育物理课程的学习，学生应初步具有基于证据和逻辑发表自己见解的意识和能力，不迷信权威，实事求是；善于从不同角度思考问题，追求创新；能主动与他人合作，尊重他人的情感和态度。

3. 社会责任

社会责任是指在进行物理研究和物理成果应用时，知道需要考虑伦理道德和价值取向，并能遵循普遍接受的伦理道德规范；了解科学、技术、社会与环境的关系（了解人类活动对自然环境、生活条件和社会变迁的影响，以及科学技术已成为社会与经济发展的重要推动力量；理解社会需求是推动科学技术发展的动力）；热爱自然，热爱家乡，热爱祖国，具有爱国情怀，具有保护环境、节约资源、促进可持续发展和实现中华民族伟大复兴的社会责任感。

第四节　义务教育物理课程目标

课程目标在整个教学活动中起引领作用，对课程内容、教学实施、教学评价等有总领作用。

义务教育物理课程是面向全体学生的大众教育，无论其年龄、性别、民族、文化和社会背景等有什么差异，都应该有平等的机会接受教育。在义务教育阶段，学生初次接触物理课程，对物理的学习处于起步阶段，因此这个阶段的物理课程应通过从自然、生活到物理的认识过程，激发学生的求知欲，让学生领略自然现象中的美妙与和谐，培养学生终身的探索兴趣；通过基本知识的学习与技能的训练，让学生初步了解自然界的基本规律，使学生能逐步客观、辩证地认识世界、理解世界，经历基本的科学探究过程，学习科学探究方法，发展初步的科学探究能力；通过展示物理学的发展历程，让学生学习一些科学方法，发展科学思维能力，学习中国古人和现代科学家的探索精神，形成尊重事实、探索真理的科学态度，培养学生的爱国情怀。同时，还要引导学生关心科技发展的动态，关注科学技术对自然环境、人类生活和社会发展的影响，有保护环境、节约资源、促进可持续发展的意识，在力所能及的范围内对社会的可持续发展作出贡献，有将科学服务于人类的意识，具有实现中华民族伟大复兴的责任感与使命感。

《课程标准（2022年版）》以核心素养为主线，在物理课程基本理念的基础上，制定了物理课程的核心素养培养目标，凝练了以物理观念、科学思维、科学探究、科学态度与责任四个方面的核心素养目标，引导学生学会学习、学会合作、学会生活，为物理学科的育人价值明确了发展路径。核心素养目标是对物理课程教学"培养什么人、怎样培养人、为谁培养人"的全面回答，是学生通过物理课程学习后应逐步形成的正确价值观、必备品格和关键能力，它们的获取虽然来源于物理课程，但是却能内化为学生的核心素养，为学生的终身发展奠定基础。

一、物理观念方面的目标要求

> 认识物质的形态、属性及结构，认识运动和力、声和光、电和磁，认识机械能、内能、电磁能及能量的转化与守恒；能将所学物理知识与实际情境联系起来，能从物理学视角观察周围事物，解释有关现象，解决简单的实际问题。初步形成物质观念、运动和相互作用观念、能量观念。

物理观念是在物理知识的基础上建立的，是物理概念和规律等在头脑中的提炼和升华，蕴含了物理核心知识的教育价值。物理观念方面的目标要求主要包括两条：一是通过课程内容的学习，学生了解有关的现象，认识物质的形态、属性及结构，认识运动和力、声和光、电和磁，认识机械能、内能、电磁能及能量的转化与守恒等，形成概念，认识规律，掌握有关物质、运动和相互作用、能量等方面的核心知识；二是将所学物理知识与实际情境联系起来，能够应用核心知识解释有关现象和解决简单的实际问题，初步具备应用物理知识解决实际问题的能力。在此基础上，初步形成物质观念、运动和相互作用观念、能量观念。

物理观念是学生对物理知识进行深入学习与掌握后提炼和升华而成的，其中体现了学生基于知识学习而生成的主观表达。观念的形成不同于知识的习得，不可能通过浅层次的思维活动和单一的学习方式获得，需要学生对知识进行思维加工与内化，因此，物理观念的提出超越了原有对碎片化知识的理解，是对学生知识理解和能力发展的更高要求。

二、科学思维方面的目标要求

会用所学模型分析常见的物理问题；能对相关问题和信息进行分析并得出结论，具有初步的科学推理能力；有利用证据对所研究的问题进行分析和解释的意识，能使用简单和直接的证据表达自己的观点，具有初步的科学论证能力；能独立思考，对相关信息、方案和结论提出自己的见解，具有质疑创新的意识。

科学思维是具有意识的人脑对自然界中事务（包括对象、过程、现象、事实等）的本质属性、内在规律性及自然界中事物间的联系和相互关系的间接的、概括的和能动的反映。① 根据科学思维的四个要素——模型建构、科学推理、科学论证、质疑创新，科学思维方面的目标要求主要包括四条：一是会用所学模型分析常见的物理问题，如利用匀速直线运动模型分析机械运动，利用光线模型分析光的传播规律，利用杠杆模型分析简单机械等，体会利用模型分析和解决实际问题所带来的方便，体会模型建构是科学思维的重要方法。这里考虑到初中学生的年龄特点和思维发展水平，没有对其建构模型提出更高的要求。二是结合课程内容学习科学思维方法，如控制变量法、转换法、比较法等，能对相关问题和信息进行分析和简单处理，归纳概括出结论，初步发展科学推理能力。三是有收集证据的意识，利用收集的证据对所研究的问题进行描述、分析和解释的意识，并使用简单和直接的证据表达自己的观点，初步发展的科学论证能力。四是能独立思考，对相关信息、方案和结论提出自己的见解，敢于质疑，提出新的方案，具有质疑创新的意识。

物理学科作为培养学生科学思维的重要载体，肩负着学生思维能力发展的重要任务。通过初中物理课程加强对学生科学思维的系统培养是非常必要的。科学思维的养成需要经历由浅入深、由简单到复杂的学习和积累过程。在义务教育阶段，基于学生的认知发展水平，要选择与学生发展相匹配的教学方式和教学内容，助推学生科学思维的快速发展。

---

① 胡卫平，林崇德. 青少年的科学思维能力研究［J］. 教育研究，2003（12）：19-23.

三、科学探究方面的目标要求

有科学探究的意识，能发现问题、提出问题，形成猜想与假设，具有初步的观察能力和提出问题的能力；能制订简单的科学探究方案，有控制实验条件的意识，会通过实践操作等方式收集信息，初步具有获取证据的能力；能分析、处理信息，得出结论，初步具有对科学探究过程和结果作出解释的能力；能书面或口头表述自己的观点，能自我反思和听取他人意见，具有与他人交流的能力。

科学探究是人们探索和了解自然、获得科学知识的主要方法，是提出科学问题，形成猜想和假设，获取和处理信息，基于证据得出结论并作出解释，以及对科学探究过程和结果进行交流、评估、反思的能力。以证据为基础，运用各种信息分析和逻辑推理得出结论，公开研究结果，接受质疑，不断更新和深入，是科学探究的主要特点。① 科学探究要培养学生的科学探究意识，认识到科学探究是一种科学研究方式和认识方式。根据科学探究的四个要素——问题、证据、解释、交流，科学探究方面的目标要求主要包括四条：一是能基于事实和生活中的现象发现问题，提出有探究价值的科学问题，形成猜想与假设，初步发展观察能力及提出问题的能力。二是基于前面提出的问题，为了解决问题，能制订简单的科学探究方案，有控制实验条件的意识，会通过实践操作等多种方式收集信息，初步发展获取证据的能力。三是对收集的信息进行分析和处理，得出结论，初步发展对科学探究过程和结果作出解释的能力。四是能用书面或口头等方式表述和发表自己的观点，能自我反思和听取他人意见，具有与他人交流的能力。

科学探究与课程内容的有机融合，使学生用科学探究的方法学习物理课程内容，经历与科学工作者进行的相似的探究过程，主动获取物理知识，领悟科学探究方法，发展科学探究能力，体验科学探究的乐趣。

四、科学态度与责任方面的目标要求

初步认识科学本质，体会物理学对人类认识深化及社会发展的推动作用；亲近自然，崇尚科学，乐于思考与实践，具有探索自然的好奇心和求知欲，有克服困难的信心和决心，能总结成功的经验，分析失败的原因，体验战胜困难、解决问题的喜悦，严谨认真，实事求

① 李春密，梁洁，蔡美洁. 中学生科学探究能力结构模型初探［J］. 课程·教材·教法，2004（6）：86-90.

是，善于跟他人分享与合作，不迷信权威，敢于提出并坚持基于证据的个人见解，勇于放弃或修正不正确的观点；能关注科学技术对自然环境、人类生活和社会发展的影响，遵守科学伦理，有保护环境、节约资源的意识，能在力所能及的范围内为社会的可持续发展作出贡献，具有实现中华民族伟大复兴的责任感与使命感。

科学态度与责任作为核心素养，所具有的内涵不仅是学生在物理课程学习过程中所领悟到的物理学科之于社会发展的意义，科学家从事科学研究所具备的精神与态度，科学、技术、社会、环境之间的复杂关系，以及处理社会性议题时应采取的理性态度与合理做法，同时，也表达了物理学科教学的最终目的是激发学生崇尚科学、积极探索的内在动力，从而培养出能担当中华民族伟大复兴的时代新人的深刻内涵。根据科学态度与责任的三个要素——科学本质观、科学态度、社会责任。科学态度与责任方面的目标要求主要包括三条：一是初步认识科学的本质，体会物理学引领着人类对自然奥秘的探索，深化着人类对自然界的认识，促进了人类生产生活方式的变革，人类社会发展过程所经历的历次科技革命，物理学在其中均发挥了扛鼎之力，为人类文明和社会进步作出了巨大贡献。二是培养学生亲近自然，崇尚科学，乐于思考与实践，发展探索自然的好奇心和求知欲，在科学活动和生活中，有克服困难的信心和决心，能实事求是，勇于创新，遵守科学道德规范，善于跟他人分享与合作，敢于提出并坚持个人见解，勇于放弃或修正不正确的观点，形成正确的科学态度。三是通过物理课程内容的学习，能关注科学技术对自然环境、人类生活和社会发展的影响，遵守科学伦理，有保护环境、节约资源、促进可持续发展的意识，能在力所能及的范围内对社会的可持续发展作出贡献，有将科学服务于人类的意识。义务教育物理课程要关注物理科技发展的历史和现状，通过中华优秀传统文化、革命文化和社会主义先进文化的教育内容，努力呈现经济、政治、文化、科技、社会、生态等发展的新成就、新成果，落实习近平新时代中国特色社会主义思想，有机融入社会主义核心价值观，充实培养学生社会责任感、创新精神、实践能力的相关内容，培养学生实现中华民族伟大复兴的责任感与使命感。

科学态度与责任，作为核心素养的精神内核贯穿物理学习始终，是当代青少年人生观、世界观和价值观的重要体现。例如，从学习水循环扩展到对环境保护重视，再引申到对人类命运共同体的关注，可以加深学生对科学、技术、社会、环境之间的复杂关系的理解；从我国古代在声、光、电、磁方面的技术发明到现代社会的科技成就，可以引发学生对科学发展之于社会进步的重大意义、学科价值与社会价值间相互转化的深度思考，从而激发出学生由衷的民族自豪感和爱国热情。科学态度与责任在让学生对学科内涵有深刻理解的同时，对科学本质观形成正确的认识。学生将其内化为更深层次的情感，必定会成为其行动的思想指引，激发出崇尚科学、积极探索的内在动力，在持之以恒、勇于奋斗的精神鼓舞下，成为以实现中华民族伟大复兴为己任的有理想、有本领、有担当的时代新人。

◎ 中篇　义务教育物理课程内容与学业质量

WULI

◎ 第六章
义务教育物理课程内容结构解读

义务教育物理课程承担着培养学生核心素养的责任，为学生全面发展奠定基础，使其今后能应对现代社会和未来发展的挑战。本章主要对义务教育物理课程内容结构进行解读，以便读者从整体上理解新课程。

第一节　义务教育物理课程内容主题的国际比较

课程目标的落实与课程内容的改革有关，世界各国在进行科学教育改革时都将课程内容的改革放在重要的位置。比较各个国家的科学课程标准发现，科学内容主题的设置具有一定的共性，皆注重纳入"物质""运动和相互作用""能量"三个主题涵盖的核心内容，强调科学课程的大概念、跨学科内容等。

一、以主题或大概念统领课程内容

对课程内容的一级主题进行比较和分析发现，日本、韩国、英国、美国、俄罗斯、法国、德国的课程内容主要是按照学科逻辑体系来组织的，新加坡、加拿大、新西兰是按照科学知识在社会生活中的实际呈现，采用不同主题来组织课程内容的；瑞典、芬兰则是将物理学科知识与社会生活相结合来组织课程内容的。

美国《新一代科学教育标准》强调，学科核心概念是所有学生在学习期间应该理解的主要科学学科中最重要的观念，并详细陈述了每个学生对学科核心概念下的每个子概念应达到的理解。"物理科学"包含"物质及其相互作用""运动和稳定性：力和相互作用""能量""波及其在信息传输技术中的应用"四个核心概念。"物质及其相互作用"包括"物质的结构和性质""化学反应""核过程"三个子概念；"运动和稳定性：力和相互作用"包括"力和运动""交互类型""在物理系统中的稳定性和不稳定性"三个子概念；"能量"包括"能量定义""能量守恒和能量转移""能量与力的关系""日常生活中的能源和化学过程"四个子概念；"波及其在信息传输技术中的应用"包括"波的属性""电磁辐射""信息技术与仪器"三个子概念。这些大概念也是学科核心概念，它们反映了学生在学习该学科后，应该理解的重要物理概念和规律。

加拿大在科学课程中提出了大概念。在其课程标准中，大概念描述了在每个年级层次上对应的基本概念。要加深对大概念的理解，就需要学生理解基本概念，培养探究和解决问题的技能，并将这些概念和技能与课堂之外的世界联系起来。加拿大科学课程内容分为"理解生命系统""了解结构和机制""理解物质和能量""了解地球和空间系统"四个主题，每个主题在不同年级有不同的子主题，每个子主题又对应相应的大概念。

德国初中阶段的物理课程内容包括十一个内容主题。内容 1：温度和热量，内容 2：电和磁，内容 3：声，内容 4：光，内容 5：光学，内容 6：星和宇宙，内容 7：运动、力和能量，内容 8：压力和浮力，内容 9：电力，内容 10：电离辐射和核能，内容 11：能源供应。这十一个内容主题可统整为四个大主题：能源、物质结构、相互作用、系统。

二、关于跨学科内容

分析比较各国课程标准中关于跨学科内容的处理，有以下结论：

在各国科学课程标准中，明确提出关于跨学科内容的国家有澳大利亚、美国、加拿大、法国。例如，美国、加拿大强调科学与工程的关联；法国涉及与音乐等学科的跨学科内容。

从详略程度上进行比较，澳大利亚仅简单提及科学课程应与英语等其他学科联系，法国对跨学科内容进行了一定的表述，加拿大则有较为具体的跨学科内容的处理。

法国的课程内容中提出了物理可以与其他几个学科一起使用的主题案例，如"艺术文化与创作"主题下，视觉艺术、音乐教育、地球科学与生命涉及声源、传播、速度等内容，视觉艺术、地球科学与生命、数学涉及光学幻觉、错视画、暗箱、彩色玻璃等光学内容。同样的主题还包括"生态转型与可持续发展""古代的语言和文化""科学、技术与社会"等内容。较为特别的是，法国跨学科内容中还有与古代的语言和文化主题相关的跨学科内容，包括与古代语言、历史、数学、技术有关的内容。

美国和加拿大两国均重视跨学科中的大概念以及科学与工程实践的结合。例如，美国科学教育主要有："科学和工程实践""跨学科概念""学科核心概念"三个维度。其中，跨学科概念适用于所有科学领域，表明和体现了在不同科学领域中统一的思维方式，不仅强调学科内容，还涉及跨学科的思维方式和实践能力，主要包括以下概念：模式，原因与结果，尺度、比例和数量，系统和系统模型，能量与物质，结构和功能，稳定性与变化。这些内容强调科学与工程的结合，期望通过实践或学科核心概念将传统科学内容与工程学相结合。

第二节　《课程标准（2011 年版）》课程内容主题的分析

根据调研结果可知，《课程标准（2011 年版）》在实施过程中存在一些问题，下面对与课程内容主题相关的调研进行进一步分析。

一、关于科学内容

《课程标准（2011 年版）》中的课程内容由科学探究和科学内容两部分组成。其中，科学内容包括"物质""运动和相互作用""能量"三大部分。调查结果表明，97.7%的教师认为，以"物质""运动和相互作用""能量"作为一级主题的分类是合理的，课程结构的设置得到了教师的充分肯定（见表6-1）。

表 6-1　课程结构合理性的调查数据

选项	非常合理	合理	基本合理	不够合理	很不合理	不知道
人数	677	853	167	22	14	3
占比	39.0%	49.1%	9.6%	1.3%	0.8%	0.2%

关于《课程标准（2011 年版）》所规定课程内容的难度方面，57.8%的教师认为内容难度适中，36.6%的教师认为难，4.9%的教师认为容易，0.7%的教师未作回答（见表6-2）。调查进一步问及建议增加或降低难度的内容，教师从与高中知识的衔接、培养学生的思维能力和实践能力的角度提出了建议。

表 6-2　课程内容难度的调查数据

选项	太难	较难	适中	较易	太易	不知道
人数	187	448	1003	78	8	12
占比	10.8%	25.8%	57.8%	4.5%	0.4%	0.7%

关于《课程标准（2011 年版）》所规定课程内容的容量方面，68.7%的教师认为内容容量适中，25.0%的教师认为多，5.7%的教师认为少，0.6%的教师未作回答（见表6-3）。从对具体增减知识点的调查结果看，教师们提出了不少建议增加的内容。这样的调查结果看似矛盾，却反映了教师们的真实想法。

表 6-3　课程内容容量的调查数据

选项	太多	较多	适中	较少	太少	不知道
人数	76	358	1193	73	26	10
占比	4.4%	20.6%	68.7%	4.2%	1.5%	0.6%

　　课程标准修订组通过进一步访谈，与一线教师深入交流课程内容的难度和容量问题，在交流中发现，教师对课程内容的认识并不统一，主要是由于思考的对象发生了变化，如当问及对"课程内容"的整体感受时，大家思考的对象不仅有《课程标准（2011 年版）》，还会考虑到所用教科书、教辅及考试等诸多方面；当问及具体内容条目的增减时，教师则更多考虑到学习知识的全面性、学科结构的完备性以及中考内容的难度等。

　　总体而言，教师对课程结构的合理性是认同的。关于课程内容的难度方面，教师认为偏难的内容，往往是与生产生活密切联系的探究内容，根据《课程标准（2011 年版）》的要求，这些内容在知识方面的要求为"了解"。偏难的原因是多方面的，教师难以把握该部分内容的探究难度，学生的已有知识基础、探究能力、学习方式，以及考试要求等多方面因素，都会导致学生的学习困难。因此有必要在课程标准中进一步明确这些方面的含义，帮助教师理解课程内容的设置，合理设计教学活动，科学进行学业评价，全面落实课程标准的要求。

二、关于科学探究式教学实施情况

　　关于《课程标准（2011 年版）》倡导的科学探究式教学的实施现状，51.9% 的教师认为科学探究式教学实施非常好，16.5% 的教师仅在公开课中采用，30.6% 的教师只是偶尔试试（见表 6-4）。

表 6-4　科学探究式教学实施情况的调查数据

选项	非常好	仅在公开课中采用	偶尔试试	不用	不知道
人数	901	286	531	9	9
占比	51.9%	16.5%	30.6%	0.5%	0.5%

　　关于学生对初中物理科学探究课的喜欢程度，喜欢探究课的学生为69.3%，一般喜欢的为 26.5%，不喜欢的为 3.8%（见表 6-5）。学生喜欢探究课的理由主要是：探究课很有趣，拓展知识，激发思维，满足好奇心。不喜欢探究课的理由主要是：觉得探究太难。

表 6-5 学生对初中物理科学探究课喜欢程度的调查数据

选项	很强	较强	一般	较弱	很弱	不知道
人数	524	679	460	40	26	7
占比	30.2%	39.1%	26.5%	2.3%	1.5%	0.4%

关于物理教师对科学探究活动的重视程度，75.0%的学生认为物理教师很重视，18.9%的学生认为一般重视，4.3%的学生认为不重视（见表6-6）。

表 6-6 物理教师对科学探究活动重视程度的调查数据

选项	很强	较强	一般	较弱	很弱	不知道
人数	653	649	328	45	30	31
占比	37.6%	37.4%	18.9%	2.6%	1.7%	1.8%

　　培养学生科学探究能力是义务教育物理课程的重要目标之一。调查显示，科学探究式教学在教学实践中受到多数教师的重视和多数学生的欢迎。物理教师对科学探究的重视程度与学生对科学探究课的喜欢程度存在关联。调查还发现，科学探究式教学的实施现状不理想，公开课中采用探究式教学比较多，日常教学中采用探究式教学比较少，教师在日常教学中偶尔采用科学探究式教学或不采用的占比近一半，教师对科学探究课的重视程度存在两极分化的情况。教师认为阻碍科学探究式教学顺利实施的因素主要有：课时的限制，课堂教学秩序不易维持，学生的基础知识和能力有限，教学进度受限，学校资源不足，条件不具备等。特别是在农村和偏远地区学校，教师由于自身水平、实验资源等因素的影响，课堂教学以讲解为主，只是偶尔采用科学探究教学方式。学生调查数据表明，由于探究课比较费时，考试不考，课堂主要是教师讲解和做题。喜欢探究课的学生认为，探究能满足好奇心、有趣、能培养动手能力，探究成功后有一种成就感，能感受到物理课程的魅力。对探究课的喜欢程度一般和较弱的学生认为，探究课对思维能力要求高，感觉难，探究得不到结果。总体上看，教师对开展科学探究式教学的认识、对学生科学探究能力的评价等是制约开展科学探究式教学的主要因素，诸多因素使得对学生科学探究能力的培养在物理教学中存在一定程度的缺失。因此，课程标准应关注科学探究在物理学习中的作用，倡导教学方式多样化，突出问题导向，强调真实问题情境，引导学生在不断探索的过程中解决物理问题，发展核心素养。

三、关于开展物理实验方面

　　关于《课程标准（2011年版）》对物理实验的要求，98.3%的教师认为是合理的（见表6-7）。教师认为，应将课程标准对物理实验的要求落到实处，通过实验加深学生对所学知识的理解和应用，增强学生的学习体验。教师还从实验类型多样性、丰富实验内容、改进实验考查机制等方面提出了一些建议：增加实验的探究性；增加科技小实验和生活小实验、小制作；适当增加一些课后小实验，培养学生的学习兴趣和动手能力；与其他学科整合大探究实验，让学生真正经历整个探究过程；实验的取材应贴近生活，便于开展实验。

表 6-7　物理实验要求合理性的调查数据

选项	非常合理	合理	基本合理	不够合理	很不合理	不知道
人数	632	901	173	21	3	6
占比	36.4%	51.9%	10.0%	1.2%	0.2%	0.3%

对学生的调查结果显示，64.6%的学生喜欢物理实验，认为物理实验可以提高动手能力，亲身体验、动手实践更有利于学习知识。关于教师经常采用的教学方式调查，采用实验教学方式的占比为 8.3%，说明学生物理实验在课堂教学中没有得到足够的重视。关于到实验室做实验的机会调查，38.8% 的学生认为机会较多，30.9% 的学生认为机会一般，29.7% 的学生认为机会很少，0.6% 的学生未作回答。

《课程标准（2011 年版）》对实验提出了明确要求，在"内容要求"中，凡是用"通过实验"这一措辞陈述的知识内容，都必须通过实验开展学习；在附录中列出 20 个学生必做实验，对学生实验提出了明确要求；鼓励教师通过各种途径开发实验课程资源，尽量创设条件开展实验教学，提高学生的实验能力。通过调查可以看出，课堂中采用实验教学方式的比例较低，难以发挥实验在物理教学中的重要作用。学生到实验室做实验的机会不多，学生实验的实施状况不理想，学生实验能力的培养存在缺失。一些偏远地区或乡村地区的学校，由于实验室数量不足、实验器材不足和质量存在问题等诸多客观条件对开展实验教学、学生实验造成一定影响，学生很少或基本没有机会去实验室做实验。针对实验资源不足的情况，有的教师会采用课堂演示实验代替学生实验。此外，学生喜欢的教学方式与教师采用的教学方式存在明显的差异。单纯的知识讲解，无法激发学生的学习兴趣，题海战术使得学生认为物理学习就是做题、应对考试，感觉物理学习没趣、没用。总体看来，课程标准应进一步突出物理实验在学生学习中的重要作用，通过明确的解释或引导，帮助教师理解物理实验的相关要求，合理开发和利用实验资源开展教学。

四、关于学生能力培养方面

通过对 10 省市 118 名高校物理学科教师的调研发现，关于《课程标准（2011 年版）》是否较好地体现了对学生各种能力的培养，61.0%的教师认为较好，23.7%的教师认为体现不够，1.7%的教师认为没有体现，13.6%的教师未作回答。高校教师认为，课程标准对学生能力培养有一定的要求，还需增强可操作性，加强物理实验技能训练，如记录数据、处理数据、列表或作图等基本实验技能。高校教师建议，应适当增加培养动手能力的实践活动，通过动手实验和社会实践，培养学生理论联系实际的能力和独立学习能力，还应通过学科融合，培养学生的创新精神与实践能力。从大学人才培养和适应未来社会发展的角度看，义务教育物理课程很重要，义务教育物理课程的学习对高中物理学习，乃至大学物理学习都非常重要。未来的科技兴国离不开物理，义务教育物理课程应培养学生客观求是的意识和基本的科学思维能力，这两者是人才培养的重点，也是使学生能够客观面对未来社会发展的重点。

事实上，《课程标准（2011 年版）》的课程结构设计关注了学生学习的基本需求，强调了义务教育物理课程的基础性和实践性，希望学生在学习科学内容的同时获得能力发展。从上面的调查结果可见，考试要求、学校课程资源、义务教育课程方案与课程标准的协调等是影响初中物理课程实施的重要因素。

第三节　《课程标准（2022 年版）》课程内容的整体设计

根据义务教育课程方案，义务教育物理课程应构建德智体美劳全面培养的课程体系，精选课程内容，注重培养学生的创新精神、实践能力和社会责任。本节首先说明《课程标准（2022 年版）》的课程内容框架，然后简要介绍课程内容设计原则和设计思路。

一、课程内容框架

义务教育物理课程以提升全体学生核心素养为目标，从课程基础性、实践性、发展性等方面提出了课程基本理念，从物理观念、科学思维、科学探究、科学态度与责任四个方面提出了义务教育物理课程的培养目标。

义务教育物理课程内容由"物质""运动和相互作用""能量""实验探究""跨学科实践"五个一级主题构成，旨在引导学生"格物致理""知行合一"，提升学生的核心素养。"物质""运动和相互作用""能量"主题侧重物理内容，不仅包含物理概念、规律，还包含物理探索过程、研究方法，以及科学态度与价值观等。实验探究是培养学生核心素养重要而有效的途径，被纳入"课程内容"。"实验探究"主题包含与物理内容相关的学生必做实验，包括测量类学生必做实验、探究类学生必做实验。"跨学科实践"体现了义务教育物理课程的综合性和实践性，落实核心素养导向的课程理念，被纳入"课程内容"。"跨学科实践"主题侧重物理学与日常生活、工程实践、社会发展等方面的跨学科联系。这三类主题相互关联、各有侧重。五个一级主题皆包含内容要求、学业要求及教学提示，内容要求含二级主题及活动建议，二级主题含三级主题及样例，活动建议列举了与二级主题相关的学习活动。所有三级主题皆为内容要求，样例是对相关三级主题的举例说明。所有样例与活动建议非硬性要求，具有一定的灵活性，能够帮助教师更好地理解和把握课程内容中相应主题的具体含义。

　　每个一级主题后增设了学业要求和教学提示。学业要求反映学生在该主题层面的具体表现性学习期望，明确学生学习该主题后在物理观念、科学思维、科学探究、科学态度与责任四个方面应达到的学业成就。教学提示围绕一级主题给出教学策略建议、情境素材（实验器材）建议，帮助教师明确教学设计的要点，提供与学习内容密切相关的学习情境素材，旨在引导教学方式和学习方式的转变。表6-8展示了义务教育物理课程内容框架。

表 6-8　义务教育物理课程内容框架

一级主题	二级主题
1. 物质	1.1　物质的形态和变化 1.2　物质的属性 1.3　物质的结构和物质世界的尺度
2. 运动和相互作用	2.1　多种多样的运动形式 2.2　机械运动和力 2.3　声和光 2.4　电和磁
3. 能量	3.1　能量、能量的转化和转移 3.2　机械能 3.3　内能 3.4　电磁能 3.5　能量守恒 3.6　能源与可持续发展
4. 实验探究	4.1　测量类学生必做实验 4.2　探究类学生必做实验
5. 跨学科实践	5.1　物理学与日常生活 5.2　物理学与工程实践 5.3　物理学与社会发展

二、课程内容设计原则

义务教育物理课程聚焦学生发展核心素养，培养学生适应未来发展的正确价值观、必备品格和关键能力。物理课程内容设计遵循以下原则。

（一）落实立德树人根本任务，体现物理课程的育人功能

2014年，教育部《关于全面深化课程改革　落实立德树人根本任务的意见》提出要深入回答"培养什么人""怎样培养人"的问题，要研究"各学段学生发展核心素养体系，明确学生应具备的适应终身发展和社会发展需要的必备品格和关键能力""打牢学生终身发展的基础，增加学生选择学习的机会，满足持续发展、个性发展需要"。义务教育物理课程标准修订组注重物理课程对立德树人根本任务的落实，切实将物理课程要培养的核心素养贯穿在物理课程的设计和实施中，提出核心素养是学科育人价值的集中体现，是学生通过学科学习而逐步形成的正确价值观、必备品格和关键能力。物理课程要培养的核心素养主要包含"物理观念""科学思维""实验探究""科学态度与责任"。物理课程基于核心素养架构义务教育物理课程内容，体现了物理课程的育人功能，坚持以德育为先，提升智育水平，弘扬创新精神，发展实践能力，确保学生德智体美劳全面发展。

（二）依据义务教育课程方案，合理设置初中物理课程结构

《义务教育课程方案（2022年版）》对各学科课程设置皆有规定。义务教育物理课程应遵循初中学生的认知规律及物理学科特点，把握学生身心发展阶段特征，设计循序渐进的课程内容；在打好共同基础的同时，兼顾地区、学校和学生的差异，增加课程选择性，提高课程适应性；加强正确价值观引导，重视必备品格和关键能力培育，凸显学生终身发展和适应社会进步所需要的核心素养。遵循学科逻辑，重视学习逻辑，以"大主题"构建课程内容，围绕素养培养，纲举目张，实现课程内容"少而精"；加强课程内容、社会生活与学生经验的联系，强化学科内知识整合以及跨学科实践；注重培养学生在真实情境中综合运用知识解决问题的能力，强化课程协同育人功能；增强课程与生产劳动、社会实践的结合，充分发挥实践的独特育人功能，加强做中学、用中学、创中学；注重培养学生的创新精神、实践能力和社会责任，为学生适应未来社会的学习与发展奠定基础。

修订后的初中物理课程结构注重落实促进学生核心素养养成和发展的课程目标，课程内容规定了面向全体初中学生的基本学习要求。

三、课程内容设计思路

面对经济、科技的发展和社会生活的变化，以及新时代对提高全体国民素质和人才培养质量的新要求，义务教育物理课程应在继承 20 多年改革实践成功经验的基础上，进行持续深化和改进。

（一）以核心素养为引领，构建物理课程结构及内容主题

在育人方式变革的系统性设计方面，此次课程标准修订集中体现为实现有理想、有本领、有担当的时代新人的培养目标。义务教育物理课程标准的修订工作，合理吸收了普通高中物理课程标准修订工作的经验，在顶层设计上突出了义务教育的定位，明确其基础性、综合性、成长性；紧紧抓住"素养导向"，在修订中注重落实核心素养，将物理观念、科学思维、科学探究、科学态度与责任四个方面的要求融入课程内容。课程内容的五个一级主题相互关联、各有侧重，体现了义务教育物理课程的基础性、实践性和综合性等特点。在内容设计中注重爱国主义教育、生态文明教育、环境教育、生命健康与安全教育、技术与工程教育等的渗透，注重将中华优秀传统文化、我国科技成就等有机融入物理课程，以此培养学生的文化自信，增强其保护环境、节约资源、推动可持续发展和实现中华民族伟大复兴的社会责任感。

（二）专设"实验探究"主题，凸显物理实验的育人功能

"实验探究"一级主题的设置继承了《课程标准（2011 年版）》注重实验探究的特点，使物理课程的实践性得到进一步加强。《课程标准（2011 年版）》仅在附录中罗列了 20 个学生必做实验（已比《课程标准（实验稿）》更重视物理实验要求），但没有解释或引导等。《课程标准（2022 年版）》新增的"实验探究"一级主题，含 21 个学生必做实验，分为测量类和探究类实验，不仅对这些学生必做实验提出实验要求，而且通过样例、活动建议等加以进一步引导和说明。这有利于更好地体现物理实验的育人功能。两种类型的实验在培养学生实验技能、科学探究能力方面发挥不同作用。鼓励有条件的学校在完成必做实验的基础上，充分开发和利用校内与校外课程资源，尽可能多地让学生动手做实验。此外，对学生实验能力的要求，不仅体现于"实验探究"主题，课程内容的三级主题中有一半以上的条目皆有实验要求（如通过实验认识力的作用是相互的，通过实验了解焦耳定律），与《课程标准（2011 年版）》相比，这类条目有所加强。

（三）新增"跨学科实践"主题，培养学生的综合实践能力

根据《义务教育课程方案（2022 年版）》的统一要求，各学科用不少于 10% 的课时设计跨学科主题学习活动。本次物理课程标准的修订新增"跨学科实践"一级主题，包含"物理学与日常生活""物理学与工程实践""物理学与社会发展"三个二级主题，每个二级主题含有若干三级主题，对学生的综合实践能力提出明确要求。"跨学科实践"主题与社会热点、低碳生活、健康生活、动手实践等密切相关，加强了物理学与能源、环境、信息技术等的联系，关注了人类面临的健康、能源、环境、材料、信息等重大问题，具有明显的跨学科性和实践性特点。同时，结合物理课程内容的特点，将科学、技术、工程与数学教育（STEM）等融入跨学科实践活动。"跨学科实践"主题的设计旨在发展学生跨学科应用知识的能力、分析和解决问题的综合能力、动手操作的实践能力，培养学生积极认真的学习态度和乐于实践、敢于创新的精神。跨学科实践主题的学习与物理课程内容有机融合，鼓励通过多种形式开展跨学科主题实践活动，根据不同主题的学习特点，采用讨论、探究、体验、合作交流等方式设计形式多样的活动，可以从课堂延伸到课外，从学校延伸到家庭、社会。

（四）注重课程的时代性，关注科技进步和社会发展需求

物理课程内容加强与自然、生活、科技发展、社会进步的联系，反映当代科学技术发展的重要成果和科学思想，同时关注物理学的技术应用带来的社会问题，推进工程与技术实践，培养学生社会参与意识和社会责任感。样例和活动建议中有机融入中华优秀传统文化教育、革命传统教育、爱国主义教育、劳动教育、生态文明教育、环境教育、国家安全教育、生命安全与健康教育等内容。例如，查阅资料，了解我国古代青铜器、铁器的制造技术及其对社会进步的推动作用；了解我国在载人航天及其他航天科技方面的新成就，体会我国航天人热爱祖国、为国争光的坚定信念和勇于登攀、敢于超越的进取精神；等等。

（五）其他方面的一些说明

从初中和高中物理课程内容的连续性来看，考虑到知识衔接和能力培养等方面，需要进行适当调整，做到初中知识体系与高中知识体系的合理衔接；在初中物理教学中加强渗透物理学分析问题、解决问题的思想与方法的要求；增加有利学生提高实践能力和紧密联系学生生活实际的内容。

细化条目，明确要求，增强可操作性，既有利于教学，也便于评价。例如，"探究并了解光的反射定律。通过实验，了解光的折射现象及其特点"，明确了对光的反射与光的折射的不同要求。

　　适当整合知识内容或降低要求，既达到"减负增效"的目的，又有利于促进学生全面发展。《课程标准（2022 年版）》整合了一些内容，例如，将原二级主题"新材料及其应用"整合到"跨学科实践"主题中，为教材编写和教师教学留下了发挥的空间；适当降低了要求，例如，将原三级条目"理解电功和电功率"条目调整为"了解电功和电功率"。

◎ 第七章
物质主题的内容解读

学生在小学科学课程学习中，对物质概念及一些物质的基本性质有了初步了解。在此基础上，学生将通过初中物理课程较系统和深入地学习物质及其属性的知识，更多地了解物质世界，初步形成物质观念，发展核心素养。

随着人类社会的发展，人类对物质的依赖、利用、消耗与日俱增，这与环境和可持续发展之间的矛盾越来越突出，已成为社会发展的焦点问题之一。同时，人们对物质世界的认识也更加深刻，发现和驾驭物质属性的能力逐渐增强，发现和研制了更多新材料，推动了科学、生产和社会的进步与发展。物质主题就是要带领学生通过对自然世界、生活实际的感性认知，建立科学、理性的物质观念，能从物理的视角去观察、研究、分析、解释、解决物质的基本问题，领略物质世界的神奇，体会科学、技术、社会、环境之间的关系，增强热爱科学、尊重自然、珍爱环境的意识。

物质主题划分为三个二级主题：物质的形态和变化，物质的属性，物质的结构和物质世界的尺度。"物质的形态和变化"使学生认识物质存在的三种基本状态及其特征，观察探究三种物态相互变化及变化过程中的基本规律，注重联系自然和学生的生活实际，尝试应用理论知识去分析、解释、解决实际问题。"物质的属性"通过实验，介绍不同物质有各自的物理属性，培养学生能探究和科学表达物质物理属性的能力，体会关于物质属性的研究对生产生活和科技进步的影响。"物质的结构和物质世界的尺度"使学生了解人类对物质结构的探索过程，初步建立物质世界从宏观到微观的认知逻辑，初步建构物质的知识体系。

总之，物质主题教学应尽可能与学生生活中接触的物质联系起来，让学生经历从具体到抽象、从宏观到微观、从特殊到普遍的认识过程，力求以学科知识为载体，着力于培养学生的物理观念、科学思维、科学探究、科学态度与责任等核心素养，使学生在深度学习中，增长知识，发展能力，培育素养。

第一节　物质的形态和变化

在"物质的形态和变化"这个二级主题下有四个三级主题，《课程标准（2022 年版）》提出相应的三级主题（具体内容要求）及样例，还针对二级主题提出了一些活动建议。

一、三级主题（具体内容要求）

1.1.1 能描述固态、液态和气态三种物态的基本特征，并列举自然界和日常生活中不同物态的物质及其应用。

这条标准分为两点。第一点要求学生在小学科学课程学习并认识三种物态的基础上，进一步了解三种物态的基本特征，能从宏观视角描述物质处于固态、液态和气态的基本特征，例如，从物质形态和体积的稳定性与流动性，来说明固体、液体、气体的特征。通过教学，学生知道固体的体积和形状通常情况下是固定的，既不会被外力作用而改变体积，也不具有流动性而改变形状；液体由于具有流动性，则没有一定的形状，一定质量的液体虽然形状不固定，但其体积是不变的；而一定质量的气体，其体积和形状都不固定。

第二点中，"列举"即要求学生能应用物态的知识去对照和判断自然界和日常生活中某些物质或物体属于什么状态，让学生经历对自然界和日常生活的观察、联想，以加深对三种物态的认知。"应用"则是引导学生去思考：在自然界和日常生活中，应用这些不同物态的物质或物体的基本特征可以解决什么问题？如注射器的针筒、针头，又如液压机、安全气囊等。促使学生深度思考，将所学知识——物态基本特征，与实际问题关联，培养学生的物理观念、科学思维等素养。

1.1.2 了解液体温度计的工作原理。会用常见温度计测量温度。能说出生活环境中常见的温度值，尝试对环境温度问题发表自己的见解。

这条标准分为四点。第一点"了解液体温度计的工作原理"，首先要求学生建立"温度"这一概念，再通过认识液体温度计，知道温度计的功能，进而了解液体温度计的工作原理。对于液体温度计的工作原理，教师要全面介绍和分析温度计的构造特点、内部液体特点、刻度线及摄氏温标等知识点，才能使学生真正了解温度计，才能帮助学生形成对温度计的结构化认识，而不是记住"热胀冷缩"这个结论性知识点。

第二点"会用常见温度计测量温度"，是对学生基本技能的要求，属独立操作水平。"会用"是指能正确使用，独立操作，这里包括正确认识"量程""最小分度值"，正确"估测""读数"等。常见温度计包括实验室常用液体温度计、液体体温表、电子体温表等。对于实验室常用液体温度计、液体体温表，要求学生除了解温度计的使用方法、测量范围并能正确操作外，还应能判断哪些是错误的操作，如不能将温度计放在火焰上测其温度，不能让温度计玻璃泡触碰非测量对象等。这一点虽是属于基本技能要求，但又不能仅限于技能的机械训练，要作适度深入，如为什么读液体温度计时视线要与液面平齐并与温度计垂直，为什么液体体温表设计成三棱柱的形状等。

第三点是"能说出生活环境中常见的温度值"。其中"能说出"是要求学生通过对温度的感知和温度值的表达，对冷热程度从感性认知上升到理性表达，具有较准确判断日常生活环境（或具体物体）的温度的基本能力，这也是基本常识方面的要求。例如，学生应知道人体的正常体温范围、最舒适的气温、开水的大约温度、常温值等。

第四点是"尝试对环境温度问题发表自己的见解"。讨论"环境温度问题"，就是引导学生关注人类环境保护，培养学生的社会责任感，落实科学态度与责任素养的培养。教师要善于创设不同的教学情境、运用不同的教学方式，组织学生开展讨论，以较好地培养学生的主动参与意识和思辨能力。把握好教学契机，适时实施适宜的教学活动，是教师应具备的基本素养。"发表自己的见解"要求教师通过创新教学方式，组织学生通过口头表达或书面表达的方式，发表对环境温度问题的见解，为培养学生的思辨能力、表达能力（语言、文字表达）、科学思维等创造契机。

1.1.3　经历物态变化的实验探究过程，知道物质的熔点、凝固点和沸点，了解物态变化过程中的吸热和放热现象。能运用物态变化知识说明自然界和生活中的有关现象。

这条标准分为三点。第一点是"经历物态变化的实验探究过程"。"经历"即指使学生能完整地经历"提出问题、设计实验与收集数据、分析和处理数据、解释数据和交流"等探究过程。教师要尽量创造条件，尽可能为学生动手实验（或观察演示实验）提供保障，使学生真正经历实验探究过程，这对培养学生核心素养至关重要。本条标准对此特别强调，是有其深刻用意的，请教师务必重视。

第二点"知道物质的熔点、凝固点和沸点，了解物态变化过程中的吸热和放热现象"，并非让学生机械地记住几个温度值、物态变化名称、吸热和放热条件，而是要求学生通过实验探究固体（晶体、非晶体）的熔化和凝固过程。观察水从加热到沸腾后的过程，认识物质的熔点、凝固点、沸点等；同时认识到物态变化需要满足一定条件（吸热或放热）。由此，对物态变化过程形成较全面而清晰的认知。

第三点是"能运用物态变化知识说明自然界和生活中的有关现象"。这部分主要指向使学生形成物理观念，如课程标准中的例2、例3，都要应用物态变化相关知识去分析、解释。例如，为什么在寒冷的冬季，玻璃窗户室内一侧会有许多水珠或冰花？为什么深秋早上树叶上的霜在太阳出来后便会"不翼而飞"？用煮沸法为什么能将糖水中的糖分离出来？为什么冰块在手中就会融化，而蜡烛在燃烧时才会变成液态？为什么铁锅可以用来熔化铝，而铝锅却不能用来熔化铁？宇宙飞船返回舱外壳材料和涂料应该具有什么特点？为什么自然界有些物质以固态、液态形式存在，而有的物质却以气态形式存在？等等。对这些问题的解释说明重在培养学生将所学知识应用于自然、生活实际的能力，着重培养学生的物理观念。教师要引导学生密切联系生活实例，应用所学知识去说明自然与生活中物态变化的诸多现象。

1.1.4　能运用物态变化知识，说明自然界中的水循环现象。了解我国和当地的水资源状况，有节约用水和保护环境的意识。

这条标准分为两点。第一点要求学生能用物态变化知识去说明自然界中水的固、液、气三种物态形式相互变化、不断循环的现象。这一点与上一条三级主题要求类似，但主要注重"自然界水的循环"。对此，学生应用物态变化的知识，结合一些天气现象，如雾、云、雨、雪、冰、霜、露的形成原因等，说明自然界中一些水循环现象。由于大气中的现象是很复杂的，这里只能作常识性介绍，对学生不宜要求过高。

第二点要求学生了解我国和当地的水资源状况，具有节约用水和保护环境的意识。要让学生知道，水是大自然赐给人类的宝贵资源，是人类生活的基础。导致严重水危机的主要原因是，随着社会的发展和人口的增长，人类过量使用水和水资源受到污染。学生应知道人类面临的水资源危机，以及水污染对人类造成的危害，由此，自觉养成珍惜水资源和节约用水的习惯。该条目融入了科学·技术·社会·环境（STSE）的观念，属于体验性目标的"认同"水平，应更多立足实践活动。例如，调查当地主要饮用水源、水质状况、储备量、供给矛盾，监测自家日用水量，有哪些节水措施。乡村地区的学生还可以调查当地农田的主要灌溉方式，撰写一份简单的调查报告，并对水资源的保护、灌溉技术改进、家庭节约用水等提出自己的见解。

二、活动建议

《课程标准（2022 年版）》对该主题提出了三条活动建议：

（1）调查学校或家庭的用水状况，设计一个用于学校或家庭的节水方案。

（2）调查当地水资源的利用和保护状况，并对当地水资源的利用和保护提出自己的见解。

（3）调查当地农田或城市绿化灌溉的主要方式，了解节水灌溉技术。

这三条活动建议均是与水有关的调查活动。首先，在活动方式上，课程标准倡导创新教学、作业方式，将常规的教学空间拓展到教室、学校之外，鼓励学生将物理（或其他学科）知识与生活实际紧密联系起来，主动应用所学知识去分析、解决实际问题。同时，作业方式也由单一的纸笔作业，增加了调查方案设计、实地调查和走访、收集证据、分析证据、交流协作、撰写调查报告等综合性强的作业形式。这样的作业形式能够极大地激发学生的学习动机，当然，这不仅对学生的物理观念、科学思维等素养上有一定要求，对学生的社会活动能力、自我管理能力、相互协作能力等方面也有一定要求。这些正是学生需要培养的能力。调查活动会涉及方方面面，不要以过高的标准去苛求初中学生，培养他们在这方面的意识和能力、激发他们的学习热情，才是设计这类活动的真实目的。因此，建议教师能积极响应并适时组织好这类活动。

课程标准设计调查当地水资源状况和学校、家庭、农田灌溉、城市绿化灌溉等用水状况，以及设计或改进保护水资源、节约用水方案，旨在培养学生的社会责任感和忧患意识。考虑到城乡学生各自所处环境不同，课程标准特别强调"调查当地农田或城市绿化灌溉的主要方式"。值得注意的是，调查活动最好以小组合作方式进行，教师在分组、活动方案、活动实施、报告撰写等方面要悉心指导。学校对于这类活动要建立相应管理机制，尤其在安全管理方面要制订具体要求，要考虑家庭、社会的支持与配合，以确保活动安全、有序进行。

第二节 物质的属性

"物质的属性"是帮助学生初步形成物质观念的重要内容，在这个二级主题下有四个三级主题。《课程标准（2022 年版）》提出相应的三级主题（具体内容要求）及样例，还针对二级主题提出了一些活动建议。

一、三级主题（ 具体内容要求 ）

1.2.1　通过实验，了解物质的一些物理属性，如弹性、磁性、导电性和导热性等，能用语言、文字或图表描述物质的物理属性。

这条标准分为两点。第一点"通过实验，了解物质的一些物理属性"，强调"通过实验"，既是为了凸显学科的研究特点，也是提醒教师，对物质物理属性的研究更要注重引导学生通过实验探究归纳出结论（如导体的电阻），避免采用单一的讲述、传授的方式，让学生记住结论。这也是《课程标准（2022年版）》重点强调的"落实课程育人价值"，要转变"将知识、技能的获得等同于学生发展的目标取向"。这里所说的"通过实验"，具体是学生自主实验还是教师演示实验，则要视条件而定。

第二点"能用语言、文字或图表描述物质的物理属性"，要求学生能用多种方式描述物质的物理属性。一是要求学生对知识的认知不只是对"符号"的记忆，而是对其内涵有一定深度的理解，如磁性的本质；二是使学生体会到物理的"语言"表述。

本条标准列举了四个样例，均是为教师提供教学参考。例 1、例 2 强调联系生活实际，并将物质的某一物理属性与具体的日常用品和生产工具关联起来。这既体现了课程理念，又强化了对学生物理观念的培养。例 3、例 4 则指向"比较差异"，引导学生自主完成知识的结构化，注重培养学生的归纳、总结能力。

1.2.2　知道质量的含义。会测量固体和液体的质量。

这条标准分为两点。第一点中"知道"属于了解层次，即要求学生对质量的概念有初步的认识，知道质量是物体的属性量，是表征物体含有某种物质多少的一个物理量。同时还要求学生知道，物体的质量不随着形状、状态及空间位置的变化而变化；知道可以用相应的数值和单位来表示这个物理量的大小，还要了解不同单位间的换算关系。

第二点要求学生能用测量质量的常用工具去测量固体和液体的质量，测量工具可以是托盘天平、物理天平或其他可以测量质量的工具。这是基本技能方面的要求，属于独立操作水平。该要求具有一定的灵活性，可以让有兴趣或有潜力的学生思考怎样测量质量小于天平最小称量值的轻质物体质量，如测量一张邮票的质量等。同时，还要培养学生对质量大小的估测和感知能力。

1.2.3　通过实验，理解密度。会测量固体和液体的密度。能解释生活中与密度有关的一些物理现象。

这条标准分为三点。第一点"通过实验，理解密度"，要求学生通过实验建立密度的概念。教师可以组织学生比较若干个不同体积、相同物质的物块（如大小不同的铁块）的质量与体积的比值，再与其他物质（如铝块）的质量与体积的比值比较，从而归纳得出不同物质的一种特殊性质，由此建立密度的概念。这一过程对学生理解密度十分关键。"理解密度"是要求学生对密度有较全面而深刻的认识和理解，无论是密度定义的建立、密度公式的形成、密度的单位及其换算，还是应用密度公式进行简单运算、应用密度知识分析和解释实际问题等，都是"理解"的范畴。同时，还要引导学生体验到，这种通过两个物理量的比值来定义另一个物理量的方法，是物理学常用的研究方法。密度这一概念的建立，对学生形成科学的物质观、体验物理研究方法、理解物理语言等具有重要意义，也是初中物理教学的难点之一。但需要提醒的是，"理解密度"不能演变成刷题训练或复杂的数字运算，重要的是，让学生体验到物理研究的一种重要方法，寻找到表征物质世界的一个重要物理量，认识到研究和应用物质特性的一种重要手段。

第二点要求学生能通过实验测量固体和液体的密度，是实验操作技能方面的要求，属于独立操作水平。学生通过动手实验，学会用适当的工具（如天平和量筒等）测物体的密度，建议让学生自己设计一种方案，测量家中的一些日用品的密度，如木块、肥皂、酱油、醋、食用油等。这样的活动取材容易，而且将物理知识与日常生活紧密联系起来，使学生知道，测量物质的密度，是除触觉、嗅觉、味觉、视觉等判断方法以外的鉴别物质的有效方法，同时也了解某些物理量不能直接测量，而可以利用物理公式间接测量的科学方法。

第三点要求学生将所学的密度知识与生产、生活中的实际问题紧密联系起来，能解释生活中与密度有关的一些物理现象。例如，为什么农民用盐水选种？冰为什么能浮于水面？人为什么能平躺在死海水面上悠闲地读书？从密度的角度解释下列材料选择方案：飞机的外壳选用铝材，眼镜镜片选用树脂材料，台灯底座要加铁块等。值得教师注意的是，这一点要求的目的是帮助学生初步建立密度观念，培养他们从密度的视角去思考和观察世界的物理观念。

1.2.4　了解关于物质属性的研究对生产生活和科技进步的影响。

本条标准是通过介绍人类在物质属性研究领域方面一些较为典型的案例，使学生了解物质属性研究的实际意义和所产生的社会价值，尤其关注物质的物理属性的研究成果及其应用对日常生活的改善、科学技术发展和社会进步等产生的影响。本条标准是培养学生物理观念、科学态度与责任素养，帮助学生初步形成物质观、拓宽视野、增强科技服务人类意识的学习内容。同时，还可以通过组织学生参观博物馆、科技馆，开展社会调查及小制作等活动，促进学生深度体验科技的魅力，激发学生学习兴趣，培养动手能力以及收集、处理信息的能力。

二、活动建议

《课程标准（2022 年版）》对该主题提出了三条活动建议：

（1）设计实验方案，比较砂锅、铁锅的导热性能。

（2）观察生活中的一些日常用品，了解它们分别应用了物质的哪些物理属性。

（3）查阅资料，了解我国古代青铜器、铁器的制造技术及其对社会进步的推动作用。

活动（1）（2）均是建议教师鼓励学生联系生活实际，去比较、观察不同物质的物理属性，从而对物质的属性有更全面而深刻的认识。活动（1）是采用实验方式，比较砂锅、铁锅的导热性，对象确定、比较属性确定，但需要学生独立设计实验方案，并进行实验、收集证据（记录数据、现象等）、分析讨论并得出结论等。这种家庭实验是对学习方式和作业形式的一种创新，建议教师积极尝试并做好相应指导，当然，在器皿或物质属性的选择上也可适当拓展。活动（2）则要求学生了解一些日常用品的构造及各部分采用不同物质的什么物理属性等。对一些学生不了解的物质的属性，要鼓励学生自己查询。

活动（3）是建议学生通过查阅资料等途径，了解我国古代在青铜器、铁器的制造技术方面的成就及其对社会进步的推动作用。这一内容在初中历史教材的"中国古代史"部分就有介绍，建议物理教师与历史教师进行跨学科融合备课，以更好地指导学生从历史的视角去全面认识、理解我国的古代文明，认识中华民族在应用科技推动人类社会进步方面作出的巨大贡献。

第三节　物质的结构和物质世界的尺度

"物质的结构和物质世界的尺度"是为了帮助学生从微观视角了解物质的构成，知道物质世界从微观到宏观构成的大致尺度，从而形成较完整的物质观念。在这个二级主题下有四个三级主题。《课程标准（2022 年版）》提出相应的三级主题（具体内容要求）及样例，还针对二级主题提出了一些活动建议。

一、三级主题（具体内容要求）

1.3.1　知道常见的物质是由分子、原子构成的。

本条标准属于"了解"水平，要求学生知道常见的物质是由分子、原子构成的，而分子又是由原子构成的。强调"常见的物质"，既是表达认识要求的范围，也是一种严谨的科学态度，因为人类对物质的认识是不断深入的，除由分子、原子构成的物质外，还有场、宇宙空间的暗物质，甚至可能还存在人类对物质构成认知的未知领域。因此，教学中应注意到这一点，但限于学生的认知水平，不宜过多地拓展，留待学生在今后的学习中逐步去认识。

教学中可以借助现代信息技术及实体模型、文字和语言描述原子、分子的模型。同时，建议教师引导学生从初中化学的视角认识分子和原子，这对增强学生跨学科意识、培养学生综合素养、丰富学生认知途径等都是有益的。

1.3.2 知道原子是由原子核和电子构成的，了解原子的核式结构模型。了解人类探索微观世界的大致历程，关注人类探索微观世界的新进展。

这条标准分为两点。第一点要求学生从微观视角去认知原子的结构，认识到原子并非组成物质的最小微粒，知道原子是由更小的原子核和核外电子组成的；要求学生了解原子核和核外电子构成原子核的空间关系、电性关系、质量关系，理解"核式"的本质，并能用绘图、文字或语言描述原子的核式结构模型。另外，要让学生意识到还有更小的微粒组成原子核，在人眼无法直接观察到的物质微观世界，还有许多人类未知的奥秘。教师可以组织学生观看相关视频资料，激发学生求知热情。

第二点要求学生了解人类探索微观世界的大致历程及经典案例，并关注新进展。例如，1897年汤姆孙通过阴极射线管实验发现了电子，20世纪初卢瑟福通过 α 粒子散射实验提出了原子核式结构模型，科学家相继发现了原子核内的质子和中子，到20世纪中叶又提出质子和中子都是由更小的夸克粒子组成的，等等。通过各种形式向学生展示丰富多彩的微观世界，使其感受探索的乐趣，领悟人类对微观世界的认识是永无止境的。

1.3.3 了解人类探索太阳系及宇宙的大致历程，知道人类对宇宙的探索将不断深入，关注人类探索宇宙的一些重大活动。

这条标准旨在引导学生从宏观视角初步了解宇宙的大千世界，开阔学生眼界，激发学生学习热情，增强学科融合意识。教师可通过一些具体的事例，让学生了解人类探索太阳系及宇宙的历程。例如，古人很早就依靠肉眼观察太空，认识宇宙；哥白尼通过观测与分析，向影响人们长达千年之久的"地心说"提出了挑战；牛顿在前人研究的基础上，提出了万有引力定律，为人类进一步探索宇宙奠定了坚实的理论基础。随着科学技术的发展，人造卫星发射成功，载人飞船进入太空，人类认识宇宙的希望和梦想将逐步实现，人类对宇宙的探索不断深入。

教师要让学生了解近代人类在探索宇宙历程中所做的艰苦努力、获得的巨大成就、经历的挫折与失败，学习科学家追求真理、勇于探索、不畏艰难的精神。尤其要关注我国在宇宙探索领域的重大事件和成就，如载人航天工程、探月工程、火星探测工程等。了解人类探索宇宙的一些重大事件，从而激发学生对科技的关注和热爱，以及学习科学和探索宇宙奥秘的热情。

1.3.4 了解物质世界的大致尺度。

人类认识物质世界的空间尺度，反映了人类科学探索的水平。本条标准是使学生在物质的形态和物质的属性基础上，从尺度视角来认知物质，以形成较完整的物质观念。因此，新版课程标准中新增加了例4"了解一些典型天体、粒子寿命的时间尺度"，提醒我们在关注物质空间尺度的同时，还要关注其时间尺度。在教材编写和教学中，可以根据课程标准给出的样例，引导学生按物体空间尺度大小的顺序排列一些从宏观到微观有代表的物体（如银河系、太阳系、地球、人、原子、原子核、夸克等），并设计图表，使学生初步了解物质世界尺度的数量级。

二、活动建议

《课程标准（2022 年版）》对该主题提出了三条活动建议：

（1）查阅资料，了解我国第一颗人造地球卫星"东方红一号"从研制到成功发射的历程，体会这一历史性突破对我国航天技术发展的重要意义。

（2）查阅资料，了解"中国天眼"在人类探索宇宙中的作用及我国科学家在建造"中国天眼"过程中的卓越贡献。

（3）查阅资料，了解"天问一号"在探索火星方面的进展及我国航天事业对人类探索宇宙的贡献。

这三条活动建议都是以宇宙探索为背景的科普类活动。活动主要以查阅资料的方式开展，学生在资料查阅过程中，对我国航天技术领域、宇宙探索领域的起步、发展、取得的成果形成较为全面的了解和认识，并从中感受到我国科技人员崇尚科学、追求真知、无私奉献、报效祖国的精神和情怀，学习他们不惧困难、敢于挑战的坚定信念，逐步形成正确的世界观、人生观和价值观，同时养成良好的学习习惯，掌握一定的学习方法。教师可以指导学生用表格、图像等方式，将我国航天、宇宙探索领域的主要成就、关键时间节点、代表性人物、事件等进行归类整理；也可以结合社团活动，在班级、学校举办科普讲座、成就展，既弘扬科学精神，增强民族自豪感，也能引导学生看到我们在一些领域与世界先进水平之间的差距，激发学生树立远大理想，立志为实现中华民族伟大复兴而努力学习。

第四节　学业要求和教学提示

针对物质主题，《课程标准（2022 年版）》不仅给出了详细的内容要求，还给出了相应的学业要求和教学提示。

一、物质主题的学业要求解读

"学业要求"是《课程标准（2022 年版）》的新增内容，旨在为教师和学生教到什么程度、学到什么程度提供较明确的参照标准，也为教师在实际教学中能较好地落实课程育人价值，促进学生全面发展提出基本要求。

物质主题的学业要求是指通过物质主题的学习后，学生在学业水平上要达到的基本要求。本主题既要帮助学生形成初步的物质观念，对物质世界的属性、变化、表征、结构等有初步认识，又要培养学生形成一定的物理观念、科学思维方式、科学探究能力和科学态度。《课程标准（2022 年版）》对物质主题提出了四个方面的学业要求。

（1）能描述固态、液态和气态的基本特征及在相互转化过程中的特点，能说出生活中常见的温度值，知道质量的含义，理解密度，能说出物质世界从宏观到微观的大致尺度；能根据这些知识解释有关自然现象，尝试运用这些知识解决日常生活中的有关问题，形成初步的物质观念。

本条学业要求表达了四个方面的内容：

第一，从物质状态及其变化的角度认识物质世界，能用语言、文字或图表的方式来描述不同物态的宏观特征（不要求学生从微观视角去描述三种状态特征），相互转化过程的名称、条件、规律等；对温度这一表征物质状态的重要物理量有较清晰的认识，包括定义、单位、不同温标等，会正确使用温度计测量温度，具有一定的温度估判能力，并知道一些常见的温度值（如水的沸点、凝固点、人的正常体温等）。

第二，能初步定量认知、表达物质世界：理解质量、密度概念建立的意义；认识物理学的一种研究方法——用两个物理量的比值来定义另一个物理量；会测量质量、密度，能根据质量、密度等物理量来分析、描述、计算解决相关问题。

第三，能从空间和时间的尺度视角认识物质世界。对物质世界的大致尺度有所了解，并能从宇宙天体到微观粒子按物体的空间尺度进行排序。

第四，在物理基础知识的建构中，能主动应用理论知识，去分析、解释和解决一些实际问题，而不仅仅停留在对物理概念文字表述的机械记忆层面，或孤立地、脱离实际地学习物理知识。

（2）知道建构模型是物理学研究的重要方法，了解原子的核式结构模型；能通过实验或实例，归纳总结物态变化过程中的吸、放热规律；在归纳或演绎中会引用证据，养成使用证据的习惯；能运用物质的弹性、磁性、导电性等知识，对一些说法进行质疑，发表自己的见解。

学生通过原子核式结构的学习，了解物理学建模的意义和方法，随着学习的深入，能应用简单的物理模型分析、解决简单物理问题。

学生通过实验探究归纳、总结物态变化的条件及过程中的吸、放热规律，不是仅仅机械地记忆单纯的结论性知识，而是要学会使用证据，养成使用证据进行分析、推理、论证的习惯。

从物质属性的角度认知物质世界，学生不但要了解物质的基本物理属性，还要能应用这些属性去分析、解释简单的实际问题，敢于质疑一些观点、论断，并能发表基于理论的自我见解，初步形成批判性思维、运用理论知识进行分析、判断、推理的能力和勇于表达自我观点的意识。

（3）在物理学习中，能发现并提出需要探究的物理问题，能根据已有经验作出有关猜想与假设；能制订简单的实验方案，会正确使用天平、温度计等实验器材，能按实验方案操作，获得实验数据；会用简单的物理图像描述数据，根据图像特点对实验结果作出解释；能撰写简单的实验报告。

学生通过这一主题的学习，进一步提升科学探究能力，进一步增强科学探究意识，进一步提高实验操作技能。

学生具有发现问题、提出问题，对问题进行猜想与假设的能力。学生对自然、生活、生产实际具有好奇心，以学科的独特眼光去观察、思考一些看似普遍和平常的现象，提出其中的物理学问题，并根据已有的经验、理论对问题的成因进行猜想和假设。

能根据问题探究的需要，设计简单的实验方案。这里的"简单"，是指方案的实验原理、实验器材、实验过程等均不复杂。能正确使用、操作一些简单的实验器材，如天平、温度计等测量工具的正确使用。能通过正确的实验过程获取实验数据（证据、信息等）。

能用数学函数图像表达物理规律。具有将相关物理量的实验数据，反应在坐标上，并描绘出物理图像的能力，同时还要对图像所反映的物理规律或实验结果进行陈述，对实验结果进行交流、解释。如研究晶体、非晶体的熔化过程，能描绘出物质温度随时间变化的图像，再对两个图像进行比较，总结出晶体、非晶体熔化过程中的各自特征。

能撰写简单的实验报告。这里的"简单"是指格式简单、内容简单、过程描述简单等，学生要能按照实验报告的基本格式、内容进行书写。

（4）能通过物态变化等实验，感受物理研究是建立在观察、实验和推理基础上的创造性工作；能在运用密度等知识解决实际问题的过程中获得成就感，具有学好物理的自信心；能用相关知识初步解释自然界的水循环等现象，具有关心和保护环境的意识，能初步体会构建人类命运共同体的重要意义。

在物态变化的相关实验与科学探究活动中，学生应感受物理研究的特点。这里用"感受"，是为了强调不是要学生去记住物理研究的特点，而是真实地体验到物理研究是在观察、实验探究基础上并结合逻辑推理展开的，是一项富有创造性的工作。这既是对学生的学业要求，也是对教师教学的要求。

学生在应用密度知识去解决实际问题的过程中获得成就感，这里既要求学生形成初步的物理观念，善于应用理论知识去解决实际问题，同时又要在解决问题中树立自信心。

学生应能解释自然现象中的云、露、雨、雾、霜、冰、雪等产生原因，分析自然界中水的往复循环现象。通过对全国及本地水资源的了解，学生应形成较强的环境保护、节约用水、爱护水资源的意识；同时，要有"地球村"意识，认识到地球是整个人类赖以生存的大家园，不同种族、不同肤色的人类，休戚与共，共同生活在地球家园之中，因此，关爱环境、保护环境、保护水资源是所有人的共同目标，初步体会构建人类命运共同体的重要意义。

二、物质主题的教学提示解读

教学提示是为教师在实施本主题教学时提供的指导性、参考性和建设性的意见。为了更好地实施物质主题的教学，《课程标准（2022年版）》在教学提示部分从教学策略和情境素材两个方面给出了较为具体的建议。其中有的是指令性要求，如"应注重联系生产生活实际""注重发展科学思维和科学探究能力"等，有的是参考性和建设性提示，如"引领学生……""引导学生……"等，以供教师在实际教学中把握和参考。

（一）教学策略建议

在物质主题教学中，应注重联系生产生活实际，体现"从生活走向物理，从物理走向社会"的课程理念，让学生感受物理学就在身边，体会物理学对科技发展和社会进步的推动作用。

① 树立教学的整体观，培养学生的物质观念。注重教学的整体设计，避免枯燥、碎片化的概念堆砌，引领学生从认识物质的基本形态和物理属性开始，逐步深入到了解物质的微观结构、基本特征和大致尺度等；从微观世界到宇宙天体，引导学生初步理解物质的内涵，认识物质世界的多样性，逐步形成物质观念。

对于物质主题的教学，建议教师从"物质的形态和变化""物质的属性""物质的结构与物质世界的尺度"三个方面整体设计教学。虽然不同版本教材在具体内容上的编排顺序可能不尽相同，但教师应始终保持整体教学观，从认知规律、知识逻辑关系的角度出发，明晰本主题的教学主线，防止知识的碎片化堆砌和对知识的过度"咀嚼"，注意引导学生从物质的形态、属性、结构及空间尺度三个维度去认知物质世界，帮助学生建构成体系的知识框架，并形成初步完整的物质观。同时，还要注意培养学生良好的认知习惯、物理观念、思维方法。因此，教学中教师不仅要关注学生物质观念的形成、知识的建构，还要重视科学探究、科学思维、物理观念素养的培养；要密切联系实际，创设丰富的真实情境，引导学生应用理论知识去分析、推理、解释、解决真实问题；引导学生从宏观视角认识物质的形态和变化，了解物质的主要物理属性开始，逐步深入到物质的微观结构去认知物质世界；引导学生从定性地了解物质的变化、属性，再到应用温度、质量、密度、尺度等物理量定量地描述物质世界。

② 强化实验探究，注重发展科学思维和科学探究能力。合理安排演示实验，如"低压沸腾"、碘的升华和凝华等，让学生在实验情境中提出探究问题。尤其在物态变化特点、规律的实验教学中，引导学生基于证据进行归纳、总结、解释及交流，促进学生科学思维和科学探究能力的发展。

这条教学提示着重强调，教学中要"强化实验探究，注重发展科学思维和科学探究能力"。教师在教学中强化实验探究，既要让学生体会到实验探究对物理学科的重要意义，又要着力培养学生科学思维、科学探究和科学态度等素养。教师要高度重视实验探究教学，正确认识实验探究教学的根本目的，端正实验探究的教学行为，真正改变"伪"实验、"背"实验等行为，充分发挥实验探究教学的育人功能。"合理安排演示实验"，提示教师要创新、开发演示实验，根据不同实验内容的特点，设计适合突出不同实验探究要素的项目，以便在具体的演示实验中，着重培养学生的某个或某几个实验探究要素。

③ 丰富教学活动，培养学生的科学态度和社会责任感。开展各类教学活动，如举办"密度、物态变化与生产生活的联系""温室效应与环境保护"等主题小论坛，让学生在思辨与交流中成长，开阔学生视野，激发学生学习兴趣。引导学生在社会调查、课外阅读中，观察和认识物质世界，如组织学生调查当地的水资源状况，增强学生的环境保护意识，使其感受物理学在解决社会问题、推动社会发展中的作用，培养学生致力学习科学技术、立志造福人类的责任感与使命感。

本条教学提示主要是建议教师打开教学思路，将教学空间从课堂延伸到课外，将教学资源从教材拓展到课外读物、自然与生活实际；将教学活动在传统的听课、练习、考试等活动上，加入小论坛、实情调查、撰写报告等活动；将学习活动的角色从被动听课的学生演变为"论道者""研究员"等。通过组织形式丰富、内容多样的教学活动，开阔学生视野，激发学生学习兴趣。教师要引导学生认识到，物理学知识的学习价值绝不是由考试成绩来体现的，而是在学习中提升品格、增长智慧、发展素养、孕育志向。因为物质主题与环境问题，尤其是水资源问题关联密切，提示教师充分发挥课程的育人价值，通过课堂教学和课外活动培养学生重视生态环境、保护水资源、节约用水的意识，激励学生树立努力学习物理知识、立志用知识造福人类的志向。

（二）情境素材建议

无论是从课程性质还是从课程理念、课程目标来看，物理课程实施都应该注重科学探究，突出问题导向，强调真实问题情境，引导学生不断探索，提高分析问题、解决问题的实践本领和科学思维能力，发展核心素养。情境素材建议，就是为教师在教学实践中践行"从生活走向物理，从物理走向社会"的课程理念，提供较为典型的情境素材，旨在强化教师在真实情境中，引导学生解决真实问题的意识。

物质主题与自然现象、生产生活密切相关。《课程标准（2022年版）》侧重提出了与物态变化、物质密度、古代科技等相关的常见情境素材建议。需要说明的是，这些素材并非标准或确定选项，在此只是作为提示和参考。

① 与物态变化相关的素材：自然界中的雨、露、霜、雾、冰、雪等现象，都是由于水的物态发生变化而形成的；将装有酒精的密封塑料袋先后放在热水和冷水中，能观察到明显的汽化和液化现象；夏天从冰箱冷藏柜拿出的饮料罐表面会出现水珠，从冷冻柜取出的物品表面会结霜；吐鲁番的坎儿井能有效减少水的蒸发；给汽车水箱加注防冻液，以防冬天水箱结冰。

情境素材列举的雨、露、霜、雾、冰、雪等自然现象，都是由于水的物态发生变化而形成。水的循环过程，涵盖了所有物态变化形式，从目前人类对太阳系各行星的研究结论可见，只有地球上存在这样看似平常却十分奇妙的自然现象。用好自然现象中的雨、露、霜、雾、冰、雪等素材，既能引导学生密切联系实际，应用理论知识去分析、解释自然现象，又有利于增强学生对保护地球环境和水资源的意识。后面分别从创新实验、日常生活现象及应用理论知识解决实际问题的典型案例等角度，列举了4个情境素材，以供教学参考。

② 与物质密度相关的素材：影视剧拍摄中倒塌的楼房、滚落的石块等道具通常是用泡沫塑料制作的，这利用了泡沫塑料密度小的特点，可避免对演员造成伤害；体育竞赛中的铅球，则是用密度大的材料制成的，这能使相同质量的球体积更小；运用密度知识可鉴别身边的一些物质。

引入质量、密度等物理量是引导学生从定量关系上来认识物质，建立全面的物质观。密度这一概念的建立是教学难点，教学中需要根据"从生活走向物理"的课程理念，以实际情境、真实问题为切入点，例如，如何利用感官区分酒精和水？能否利用感官准确鉴别金戒指的真伪或含金量？激发学生的好奇心、求知欲，并为后续的教学打下基础。建立了密度概念，明晰了密度在表征物质特性中的作用，理解了密度定义及定义式后，就要落实"从物理走向社会"的课程理念，引导学生应用密度知识去分析、解释、解决实际问题。因此，列举的用泡沫塑料制作成影视剧中的石块道具、体育竞赛中的铅球等素材，都是利用不同物质密度的不同特点去解决实际问题的，这些情境素材体现了物质知识的应用价值。

③ 与古代科技相关的素材：冶铁技术的出现，为人类大规模制造工具、机械提供了材料支持，使人类文明向前迈出了一大步；我国古人利用天然材料加工制成了纸张、火药，利用磁性材料的特性制成了指南针。

我国古代应用物态变化规律的冶铁、铸铜技术，对人类文明发展具有重要贡献，是人类文明发展史浓墨重彩的一笔。建议教师查阅相关历史资料（如三星堆青铜面具等），丰富教学内容，拓宽教学视野。同时，这些素材更是增强学生的文化自信，培养学生热爱中华文化的良好素材。素材中提出的"我国古人利用天然材料加工制成了纸张、火药，利用磁性材料的特性制成了指南针"是我国四大发明中的三项，这些技术都非常巧妙地应用了物质的相关知识来解决实际问题，这些无疑是人类文明史上的伟大科技发明。

最后，建议教师在实际教学中注意收集、创新、整理一些具有时代性、典型性的情境素材，也可以建立自己的素材库，按照内容类别、形式（图、文、视频、实物等）、类别进行保存。丰富的情境素材能使教学产生意想不到的效果。

◎ 第八章
运动和相互作用主题的内容解读

运动和相互作用主题的课程内容涉及较多的物理概念和规律，与生产生活密切相关。这部分内容的设计旨在引导学生从物理学视角认识运动和相互作用，了解身边的运动形式及相互作用，了解声、光、电、磁的含义，能用运动和相互作用的知识解释生活现象，初步形成运动和相互作用观，发展推理论证能力及交流合作能力。同时，引导学生了解我国古代和现代的相关科技成就，体会中华民族的智慧，培养学生的科学态度和振兴中华的使命感与责任感。

运动和相互作用主题中包含四个二级主题：多种多样的运动形式，机械运动和力，声和光，电和磁。下面依次解读这四个二级主题。

第一节　多种多样的运动形式

在"多种多样的运动形式"这个二级主题下有三个三级主题，《课程标准（2022 年版）》提出相应的三级主题（具体内容要求）及样例，还针对二级主题提出了一些活动建议。

一、三级主题（具体内容要求）

2.1.1　知道机械运动，举例说明机械运动的相对性。

本条标准要求学生知道机械运动。机械运动是与学生生活联系最紧密的运动形式，也是初步形成运动观的重要基础。学生在小学科学的学习和日常生活中，已经对常见的机械运动有所认识，但小学科学未要求科学、准确地描述机械运动。因此，这部分的教学要重视学生的生活和学习经验，通过与学生生活密切相关的实例，引导学生把对机械运动的认识从感性上升到理性，建立"参照物""静止""运动"等物理概念，能举例说明机械运动的相对性。同时还要注意克服生活中形成的前概念对学习的影响。

2.1.2　知道自然界和生活中简单的热现象。了解分子热运动的主要特点，知道分子动理论的基本观点。

本条标准要求学生了解分子热运动的一些核心概念和分子动理论的基本观

点。例如，观察扩散现象，能用分子动理论的观点加以说明。有条件的学校可以借助 VR 技术（虚拟现实技术）等手段，结合一些简单的、与生活密切联系的热现象，让学生了解宏观的热现象背后的微观运动，了解分子热运动的主要特点，建立物质是由大量分子构成的，分子在永不停息地运动等概念。让学生了解人类探索微观世界的科学方法、科学态度和科学精神。

2.1.3　举例说明自然界存在多种多样的运动形式。知道物质在不停地运动。

本条标准的学习对培养学生形成正确的运动观十分重要。物理课程的学习应该始终贯穿自然界存在多种多样的运动，且运动永不停息的观念。

二、活动建议

《课程标准（2022 年版）》对该主题提出了三条活动建议：

（1）观察生活中的机械运动现象，说明机械运动的相对性。

（2）利用常见物品设计实验方案，说明组成物质的微粒在不停地运动。

（3）以神舟九号载人飞船与天宫一号目标飞行器成功交会对接为例，讨论机械运动的相对性。

活动（1）和活动（2）在教学实践中都可以采用课堂上小组合作设计方案并进行课堂展示的形式。活动（3）可以让学生在课前收集资料，在课堂上展示；或者播放神舟九号载人飞船与天宫一号目标飞行器成功交会对接的视频，让学生讨论机械运动的相对性。活动（1）在学生知道机械运动概念的基础上，能够解释生活中所观察到的现象。活动（2）通过设计实验，可形象直观地让学生深度认识微观世界的运动。活动（3）让学生了解中国科技成就的同时，能提升学生的民族自豪感，并使学生对机械运动的相对性有更深入的了解。

第二节　机械运动和力

在"机械运动和力"这个二级主题下有九个三级主题，《课程标准（2022年版）》提出相应的三级主题（具体内容要求）及样例，还针对二级主题提出了一些活动建议。

一、三级主题（具体内容要求）

2.2.1　会选用适当的工具测量长度和时间，会根据生活经验估测长度和时间。

本条标准有两点要求。第一点要求学生会选用适当的工具测量长度和时间。时间和长度的测量是物理学和生产生活中最常用、最基本的测量。学生通过学习知道长度和时间的国际单位、常用单位及其换算。测量时，学生应会选用适当的工具并掌握操作规范。知道刻度尺的零刻度线、量程和分度值，会使用刻度尺测量长度。这里说的"选用适当的工具"，对于长度测量来说，指的是合适的量程和最小分度，如米尺、皮尺等，不要求使用游标卡尺、千分尺；对于时间测量来说，包括常用的钟表、体育运动和实验室用的停表等。知道用测量工具测量物理量时误差是不可避免的。

第二点要求学生会根据生活经验估测长度和时间。长度和时间的估测是一种很重要的生活技能，其重要性常被忽略，这里对估测提出了明确的要求。例如，可以引导学生利用自身的尺度（如步长）估测教室的长度、利用脉搏估测时间。又如，可让学生了解我国古代测量长度和时间的工具，感受古人解决问题的智慧。

2.2.2　能用速度描述物体运动的快慢，并能进行简单计算。会测量物体运动的速度。

本条标准有两点要求。第一点要求学生能用速度描述物体运动的快慢，并能进行简单计算。速度是物理学的一个重要概念。通过学习，学生不仅要能定性判断物体运动的快慢，还要能用速度描述物体运动的快慢。

第二点要求学生用实验测量物体运动速度，测量的是平均速度，测量原理要用到速度的计算公式。初中物理学习的速度是平均速度，并不要求考虑物体运动的瞬时速度。

2.2.3　通过常见事例或实验，了解重力、弹力和摩擦力，认识力的作用效果。探究并了解滑动摩擦力大小与哪些因素有关。

本条标准有两点要求。第一点要求学生通过常见事例或实验，认识力的物理意义。例如，通过实验，认识力可以改变物体运动的方向和快慢，也可改变物体的形状。能识别力现象中的施力物体和受力物体，知道力的作用是相互的。通过常见事例或实验，了解重力、弹力和摩擦力并认识力的作用效果。教学中，教师应重视学生的体验，通过列举实例或演示实验，为学生认识和理解力及其作用效果提供感性材料。

第二点要求通过实验探究进行滑动摩擦力的教学，定性探究滑动摩擦力大小与压力、接触面粗糙程度的关系。在此过程中，教师要注意引导学生应用控制变量法研究问题。

2.2.4　能用示意图描述力。会测量力的大小。了解同一直线上的二力合成。知道二力平衡条件。

本条标准有四点要求。第一点要求学生知道影响力的作用效果的因素——大小、方向和作用点，能用示意图描述力的三要素；并要求学生会看、会画示意图，知道箭头的方向表示力的方向，箭头或箭尾表示力的作用点，同一张图上带有箭头的线段越长表示力越大。作图时不要求线段的长度与力的大小严格成比例。例如，分析静止在水平桌面上杯子的受力情况。

第二点要求学生会测量力的大小，指的是会使用弹簧测力计测量力的大小。弹簧测力计是中学实验常用的测力计。要通过动手操作使学生掌握弹簧测力计的使用方法。

第三点关于力的合成，只要求同一直线上的二力合成。

第四点要求学生知道二力平衡条件，即二力大小相等，方向相反，作用在同一直线上，并作用在同一物体上。

2.2.5　通过实验和科学推理，认识牛顿第一定律。能运用物体的惯性解释自然界和生活中的有关现象。

本条标准有两点要求。第一点要求学生通过实验初步研究运动与力的关系。例如，观察和分析速度相同的小车在不同粗糙程度的平面上行驶的距离，推理得到"如果接触面光滑，小车将保持沿直线方向一直运动下去"的结论，即一切物体在不受外力作用时，原来静止的物体总会保持静止状态；原来运动的物体总会保持匀速直线运动状态。本条标准要求学生了解伽利略在探究与物体惯性有关问题时采用的思想实验的方法，体会科学推理在科学研究中的作用。

第二点要求学生能运用物体的惯性解释自然界和生活中的有关现象。惯性是物体的一个重要属性，生活中许多现象都与惯性有关。对于惯性，不仅要求学生知道什么是惯性，还要求学生能用惯性解释一些常见的现象。例如，用惯性解释当汽车急刹车、转弯时，车内可能发生的现象，讨论系安全带等保护措施的必要性。

2.2.6　知道简单机械。探究并了解杠杆的平衡条件。

本条标准有两点要求。第一点要求学生知道简单机械。这里所说的简单机械具有一定的开放性，主要包括杠杆和滑轮等，它们是生产、生活中常用的机械，也是较复杂机械的基本单元。要求学生知道一些简单机械的构造特点和工作原理。

第二点要求学生探究并了解杠杆的平衡条件，了解杠杆的分类。

2.2.7　通过实验，理解压强。知道增大和减小压强的方法，并了解其在生产生活中的应用。

本条标准有两点要求。第一点要求学生通过实验理解压强概念，并能利用压强公式定量分析简单的、与压强有关的问题。

第二点要求学生知道增大和减小压强的方法，并应用于生产生活实践中。注重学生的学习兴趣和学习经验，例如，鼓励学生估测脚底面积、人的重力，估测自己站立时对地面的压强，尝试采用间接测量的方法进行压强的估测。

2.2.8　探究并了解液体压强与哪些因素有关。知道大气压强及其与人类生活的关系。了解流体压强与流速的关系及其在生产生活中的应用。

本条标准有三点要求。第一点要求学生探究并了解液体压强与哪些因素有关。液体压强是一个比较抽象的物理量，它与液体的深度和密度有关。教学中要求学生通过实验探究了解液体压强与哪些因素有关，不应过于强调复杂的计算。

第二点要求学生知道大气压强及其与人类生活的关系。对于大气压强，教师应强调大气压强与人类生活密切相关，并创设情境，让学生在许多问题情境中认识大气压强。

第三点要求学生定性了解流体的压强与流速的关系。教学的重点应放在运用压强与流速的关系定性分析并解释生活中的一些现象。例如，让学生解释为什么铁路站台上设置安全线？

2.2.9　通过实验，认识浮力。探究并了解浮力大小与哪些因素有关。知道阿基米德原理，能运用物体的浮沉条件说明生产生活中的有关现象。

本条标准有三点要求。第一点要求学生通过实验认识浮力。浮力是比较抽象的物理量，也是学习难点。

第二点要求学生探究并了解浮力大小与哪些因素有关。教师应注意让学生在实验探究中使用控制变量法，了解浮力与物体排开液体的体积、液体密度有关，并将所学知识运用到生活中。

第三点对阿基米德原理的要求是定位在"知道"的水平，要求学生能运用物体的浮沉条件解释生产生活中的一些现象。例如，了解潜水艇的浮沉原理。关于浮力的教学要注意不能随意拔高，不要求进行复杂的浮力计算。

二、活动建议

《课程标准（2022 年版）》对该主题提出了四条活动建议：

（1）查阅资料，了解我国高速列车的运行速度，以及铁路交通的发展进程。

（2）查阅资料，了解中国空间站在太空中飞行的速度大小。

（3）查阅资料，了解我国"奋斗者"号载人潜水器的深潜信息，讨论影响其所受液体压强和浮力大小的因素。

（4）查阅资料，了解我国长江三峡水利枢纽工程中船闸是怎样利用连通器特点让轮船通行的。

这四项活动在教学实践中都可以让学生查阅资料，在课堂上讨论、交流、展示。通过活动可以促进学生深入了解速度、液体压强、浮力等知识，同时还可以培养学生的爱国情怀，增强学生的社会责任感与使命感。

第三节　声　和　光

在"声和光"这个二级主题下有六个三级主题，《课程标准（2022 年版）》提出相应的三级主题（具体内容要求）及样例，还针对二级主题提出了一些活动建议。

一、三级主题（具体内容要求）

2.3.1　通过实验，认识声的产生和传播条件。

本条标准要求学生认识声的产生和传播条件。声的产生和传播比较抽象，可通过一些简单、形象直观的实验，例如，在鼓面上放碎纸屑，敲击鼓面，观察纸屑的运动；敲击音叉，观察与其接触的物体的运动，让学生了解实验中将微小变化放大的方法。又如，将发声器放入玻璃罩中，逐渐抽出罩内空气，会听到发声器发出的声音逐渐变小，让学生分析导致该现象的原因。

2.3.2　了解声音的特性。了解现代技术中声学知识的一些应用。知道噪声的危害及控制方法。

本条标准有三点要求。第一点要求学生了解声音的特性。乐音的特征包括音调、响度和音色。教学时，应通过实验及具体实例帮助学生了解音调、响度和音色的概念和物理意义，了解如何改变声音的音调、响度和音色。

第二点要求学生关注声学知识在生产生活中的运用。教学时，可以向学生介绍一些现代技术中与学生生活密切相关的一些声学知识。例如，让学生了解超声波在生产生活和科学研究等方面的应用，如超声雷达、金属探伤、医学检查等。

第三点要求学生知道噪声的危害及控制方法。例如，举例说明用怎样的方法可减弱生活环境中的噪声，知道噪声的危害。

2.3.3　探究并了解光的反射定律。通过实验，了解光的折射现象及其特点。

本条标准有两点要求。第一点要求学生通过实验探究了解光的反射定律。例如，通过光束射在平面镜上反射的现象，直观地认识入射光线、反射光线、法线的位置关系，定量探究光的反射定律。

第二点对折射规律的要求则是定性了解折射现象及其特点，不要求了解折射公式。例如，通过光束从空气射入水（或玻璃）中的实验，了解光的折射现象及其特点。

2.3.4　探究并了解平面镜成像时像与物的关系。知道平面镜成像的特点及应用。

本条标准有两点要求。第一点要求学生通过实验探究，归纳、总结出平面镜成像时像与物的关系，培养观察和收集数据能力以及团队合作精神。对于"弯曲镜子"成像特点及工作原理不作要求。

第二点要求学生知道平面镜所成的像是虚像，像和物体到镜面的距离都相等，像与物体大小相等；知道平面镜在生产生活中的应用。

2.3.5　了解凸透镜对光的会聚作用和凹透镜对光的发散作用。探究并了解凸透镜成像的规律。了解凸透镜成像规律的应用。

本条标准有两点要求。第一点要求学生了解凸透镜对光的会聚作用和凹透镜对光的发散作用。为了加深学生对凸透镜能够会聚平行光的理解，可以让学生做凸透镜对光的会聚作用的实验，同时探讨粗测凸透镜的焦距的方法，这对后面的探究是很有必要的。而对于凹透镜，只要求学生了解凹透镜对光的发散作用。

第二点要求学生探究并了解凸透镜成像的规律。对于凸透镜，除了会聚作用外，还要学习它的成像规律。学生通过实验探究学习凸透镜的成像规律，并了解这个规律在实际中的应用。凸透镜成像的规律属于"了解"的水平。教学中应让学生认识成像规律，定性地知道像的大小、正倒、虚实。

第三点要求学生知道凸透镜成像规律在生产生活中有大量的应用。例如，让学生了解凸透镜成像规律在放大镜、照相机中的应用；了解人眼成像的原理，了解近视眼和远视眼的成因与矫正方法。

2.3.6　通过实验，了解白光的组成和不同色光混合的现象。

本条标准要求通过实验了解白光的组成，知道不同色光混合的现象。例如，通过演示实验，让学生观察红、绿、蓝三束光照射在白墙上重叠部分的颜色。

二、活动建议

《课程标准（2022 年版）》对该主题提出了四条活动建议：

（1）查阅资料，了解我国古建筑应用声学知识的案例。

（2）调查社区或工地噪声污染的情况和已采取的控制措施，提出进一步控制噪声的建议。

（3）用凸透镜制作简易望远镜，用其观察远处的景物。

（4）调查社区或城市光污染的情况，提出改进建议。

活动（1），关于古建筑应用声学知识的案例，可以让学生撰写小论文，并展示分享。活动（3），学生用凸透镜制作的简易望远镜，可以在班级活动中展出，并由学生介绍制作过程及原理。活动（2）和活动（4），让学生调查社区或城市噪声、光污染的情况，提出改进建议，并在课堂上进行展示。

以上四条活动建议，有助于学生关注科学技术对自然环境、人类生活的影响，形成减少污染、保护环境、促进可持续发展的意识。

第四节　电　和　磁

在"电和磁"这个二级主题下有六个三级主题，《课程标准（2022 年版）》提出相应的三级主题（具体内容要求）及样例，还针对二级主题提出了一些活动建议。

一、三级主题（具体内容要求）

2.4.1　观察摩擦起电现象，了解静电现象。了解生产生活中关于静电防止和利用的技术。

本条标准有两点要求。第一点要求通过观察，让学生动手实验，观察、分析静电现象。对静电现象的微观机理没有要求。

第二点要求教学中要注意结合实例，让学生了解生产生活中关于静电防止和利用的技术。例如，查阅资料，了解静电防止和利用的常用方法。要注意把握难度，不宜深挖。

2.4.2　通过实验，认识磁场。知道地磁场。

本条标准有两点要求。第一点要求学生通过实验，认识磁场。磁场是电磁学中的一个比较抽象的概念，因此教学中可以结合学校的实际条件，用一些生动直观的实验让学生认识磁场，建立磁场的概念。

第二点要求学生知道地磁场及磁极的分布情况；知道地理北极的极性与小磁针 N 极是相反的。例如，查阅资料，了解我国古代指南针的发明对人类社会发展的贡献。

2.4.3　通过实验，了解电流周围存在磁场。探究并了解通电螺线管外部磁场的方向。了解电磁铁在生产生活中的应用。

本条标准有三点要求。第一点要求学生通过实验，了解电流周围存在磁场。教学中可以介绍奥斯特发现电流磁效应的历史意义。

第二点要求用实验探究的方法了解通电螺线管外部磁场方向，不必深究磁感线分布和螺线管内部磁场的情况。

第三点要求结合具体实例了解电磁铁在生产生活中的应用。

2.4.4　通过实验，了解通电导线在磁场中会受到力的作用，并知道力的方向与哪些因素有关。

本条标准要求通过实验了解通电导线在磁场中的受力情况，教学中注意渗透科学研究的方法。引导学生充分讨论，分析实验现象，知道力的方向与磁场、电流方向的关系。不要求根据"左手定则"判断安培力的方向。

2.4.5　探究并了解导体在磁场中运动时产生感应电流的条件。了解电磁感应在生产生活中的应用。

本条标准有两点要求。第一点要求学生通过实验探究，了解导体在磁场中运动时产生感应电流的条件，一是闭合回路，二是导体切割磁感线。

第二点要求学生了解电磁感应现象的应用对人类生活和社会发展起着巨大的促进作用。教师应让学生更多地了解物理学与生产生活的关系，了解物理学与社会发展的关系。例如，让学生了解发电机的工作原理。

2.4.6　知道电磁波。知道电磁波在真空中的传播速度。知道波长、频率和波速。了解电磁波的应用及其对人类生活和社会发展的影响。

本条标准有四点要求。第一点要求学生知道电磁波，明确伽马射线、X射线、紫外线、可见光、红外线、微波和无线电波都是电磁波。

第二点要求学生知道电磁波在真空中的传播速度，强调电磁波的速度等于光速。

第三点要求学生知道波长、频率和波速的概念。例如，了解广播电台节目的发射频率和波长。

第四点要求学生了解电磁波的应用及其对人类生活和社会发展的影响。教学时，可以开设相关主题讨论，让学生通过上网收集材料，了解现代信息记录及传播的多样性。例如，了解电磁波在通信中的应用，如移动通信和卫星通信等。

二、活动建议

《课程标准（2022年版）》对该主题提出了四条活动建议：

（1）利用磁体和缝衣针制作指南针，验证同名磁极相互排斥、异名磁极相互吸引。

（2）查阅资料，了解我国北斗卫星导航系统的作用和优势，讨论电磁波在卫星通信技术中的应用。

（3）查阅资料，了解我国磁悬浮列车的发展状况，讨论电磁技术在其中的应用。

活动（1）可以让学生在课堂上以小组为单位，设计并完成利用磁体和缝衣针制作指南针的实验。活动（2）和活动（3）可以让学生查阅资料，在课堂上讨论、交流、展示。以上四条活动建议有助于学生学习我国古人的探索精神，培养爱国情怀，关注科技发展动态，增强社会责任感与使命感。

第五节 学业要求和教学提示

针对运动和相互作用主题，《课程标准（2022年版）》不仅给出了详细的内容要求，还给出了相应的学业要求和教学提示。

一、 运动和相互作用主题的学业要求解读

《课程标准（2022年版）》对运动和相互作用主题从物理观念、科学思维、科学探究、科学态度与责任四个方面提出了学业要求。

（1）了解机械运动、分子热运动、声和光、电和磁，了解重力、弹力、摩擦力，通过牛顿第一定律和力的作用效果，认识机械运动和力的关系；能用这些知识解释自然界的有关现象，解决日常生活中的有关问题，形成初步的运动和相互作用观念。

这段学业要求简要说明了运动与力的关系是物理学研究问题的一条主线，初中物理的力、热、电磁、光、原子和原子核等知识均蕴藏着力的思想，让学生认识牛顿第一定律，力是使物体运动的原因，以及运动与力的关系是物理教学的重要目标之一。学业要求明确了学生在完成运动和相互作用主题学习后需要达到的学业成就表现，比如能用这些知识解释自然界的有关现象，初步解决日常生活中的有关问题，具有初步的运动和相互作用观念等。

（2）知道匀速直线运动、杠杆、光线等物理模型；能运用运动和力、声和光、电和磁的一些规律分析简单问题，并获得结论；能在解释自然现象和解决实际问题时引用证据，具有使用科学证据的意识；能根据运动和相互作用的知识，指出交流中有关说法的不当之处，并能提出自己的见解。

这段学业要求简要说明了通过运动和相互作用主题的学习，学生在模型建构、科学推理、科学论证、质疑创新等科学思维方面应达到的成就表现。例如，在模型建构方面，知道匀速直线运动、杠杆、光线等物理模型；在质疑创新方面，能根据运动与相互作用的知识，指出交流信息中有关说法的不当之处，并能提出自己的见解。

（3）能基于观察和实验，提出与运动和力、声和光、电和磁等现象有关的科学探究问题，并作出有依据的猜想与假设；在关于杠杆、浮力、光的反射、平面镜成像、凸透镜成像、通电螺线管等科学探究中，能制订初步的实验方案；能正确使用弹簧测力计、刻度尺等相关器材获取实验数据；能通过对数据的比较与分析，发现数据的特点，进行初步的因果判断，得出实验结论；能表述实验过程和结果，撰写实验报告。

这段学业要求简要说明了通过运动和相互作用主题的学习，学生在问题、证据、解释、交流等科学探究方面应达到的成就表现。例如，在证据方面，能制订初步的实验方案；能正确使用弹簧测力计、刻度尺等相关实验器材获取实验数据。

（4）知道物理学是对相关自然现象的描述与解释，物理学研究需要观察、实验和推理，体会物理学对人类生活和社会发展的影响；具有对运动和力、声和光、电和磁等知识的学习兴趣和严谨认真、实事求是的科学态度；关心我国古代和现代科技成就，为中华民族的科技成就感到自豪，逐步养成实现中华民族伟大复兴的责任感与使命感。

这段学业要求简要说明了通过运动和相互作用主题的学习，学生在科学本质观、科学态度与社会责任等维度应达到的成就表现。例如，通过体会物理学对人类生活和社会发展的影响，增强学习物理学的动力，认识科学本质；能在物理学习中，具有对力、热、光、电等知识的学习兴趣和严谨认真、实事求是的科学态度；有关心我国古代和现代科技成就的意识，能为中华民族的科技成就感到自豪，逐步养成实现中华民族伟大复兴的责任感与使命感等。

二、 运动和相互作用主题的教学提示解读

为了更好地实施运动和相互作用主题的教学，《课程标准（2022 年版）》在教学提示部分从教学策略和情境素材两个方面给出了较为具体的建议。

（一）教学策略建议

在运动和相互作用主题的教学中，建议从学生的已有经验和认知水平出发，设计多种形式学习活动，重视物理概念的建构过程，促进学生对抽象概念的理解，引导学生在问题解决中提升能力，发展核心素养。

① 联系生产生活实际创设学习情境。例如：在建立机械运动概念时，建议创设学生熟悉的情境，启发并引导学生对真实情境中的物理问题进行思维加工，概括它们的共同特征等；在声和光、电和磁部分，建议结合生活中的实际情境，进入相关内容的学习。

运动和相互作用主题的知识内容与学生实际生活联系紧密，因此，教学中应注重内容贴近学生生活，关注学习生长点，以具体事实、鲜活案例、生活经验和基本概念等引导学生进行理性思考，贯彻"从生活走向物理，从物理走向社会"的课程理念。运动和相互作用主题有些概念本身比较抽象，例如惯性的概念，教学中可以通过讨论"汽车急刹车、转弯时，车内可能发生的现象，以及系安全带等保护措施的必要性"等实际问题，把抽象的物理概念与实际生活应用相联系，让学生更能理解惯性及学习惯性的意义，提高学生分析问题、解决问题的能力。

② 渗透科学研究方法，培养学生的科学思维。例如：通过实验引导学生认识光线等物理模型，体会物理模型的重要作用。引导学生通过实验寻找证据，归纳总结出一般性的规律，鼓励学生勇于质疑，敢于表达自己的观点。

"运动和相互作用"主题涉及多种物理研究方法，在教学中，应注重渗透科学研究方法，培养学生的科学思维。例如，在学习光现象时，让学生体会光

线不是真实存在的，是为了研究问题的方便而引入的抽象模型；建立杠杆的概念时，体会杠杆是一种抽象出其本质要素的模型，感悟突出主要因素、忽略次要因素的科学抽象方法，感受物理模型在研究问题中的重要性。在学习声音的产生条件时，通过将系在细线上的乒乓球靠近音叉，乒乓球被弹开，说明声音是由物体振动产生的，在此实验中，将音叉的微小振动放大显示出来，运用到了微小量放大和转换的思想。了解伽利略在探究与物体惯性有关问题时采用的思想实验，体会科学推理在科学研究中的作用。

③ 注重问题导向，合理设计探究活动。在探究力的作用效果、牛顿第一定律、压强大小的影响因素、声音的产生和传播条件、光的传播规律、电和磁的相互作用等学习活动中，注重发挥学生的积极性和主动性，给学生留出恰当的时间和空间，鼓励学生发现问题、提出问题，通过科学方法收集证据、得出结论；引导学生解释得出结论的理由，并对探究过程和结果进行评估、反思与交流。

"运动和相互作用"主题涉及多个实验，教学中要注重发展科学思维和科学探究能力。注重问题导向，合理设计探究活动，如组织学生探究电流跟电压、电阻的关系，让学生经历科学探究全过程。在探究过程中，让学生体会控制变量法的应用，通过图像法处理实验数据，得出欧姆定律，理解多次测量的目的，经历从实验数据到归纳出物理规律的过程，体会用数学图像处理物理问题的方法。让学生经历完整的科学探究过程，引导学生基于证据进行归纳、总结、解释及交流，促进学生科学思维和科学探究能力的发展。在探究阻力对物体运动的影响时，引导学生在实验、观察、思考、讨论的基础上，经过科学推理得出牛顿第一定律，感受在实验的基础上进行科学推理的研究方法，体验科学实验与科学想象、科学推理方法的结合，发展学生的想象力和分析概括能力，培养良好的思维品质。

④ 充分利用科学史料，培养学生的科学态度与社会责任感。建议将我国的相关科技成就引入课堂，如通过分析和讨论孔明灯、司南等与中华优秀传统文化有关的素材和5G技术、北斗卫星导航系统、高速动车组列车、"奋斗者"号载人潜水器等我国现代化建设新成就，培养学生的爱国情怀，提升学生的民族自豪感和实现中华民族伟大复兴的使命感。还可通过项目式学习，开展制作小型电动机、小型发电机等项目活动，让学生体会法拉第等科学家所取得的成就及其对社会发展的贡献。

运动和相互作用主题的教学要遵循初中学生身心发展规律，注重时代性，充分利用科学史料，加强与生产生活、社会发展及科技进步的联系，凸显我国科技成就，引导学生增强文化自信，树立科技强国的远大理想，培养学生的科学态度与社会责任感。例如，在学生学习简单磁现象时，教师可以将我国的相关科技成就引入课堂，如指南针、磁悬浮列车等，培养学生的爱国情怀，提升学生的民族自豪感和实现中华民族伟大复兴的使命感。在学习电磁感应现象时，还可通过项目式学习，开展小型电动机、小型发电机等项目活动，让学生体会法拉第等科学家所取得的成就及其对社会发展的贡献。通过设计丰富的实践活动，注重跨学科教学，提高学生分析问题、解决问题以及动手实践能力，落实核心素养的培养。

（二）情境素材的建议

运动和相互作用主题与生产生活实际密切相关。《课程标准（2022 年版）》侧重提出了与运动、力及其作用效果、声和光、电和磁相关的常见情境素材建议。

① 与运动相关的素材：从星系、天体的运动，到汽车、火车的运动，再到分子的运动等都是运动的例证；介绍伽利略、牛顿等科学家的事迹，让学生感受科学家研究问题的方法和严谨认真、实事求是的科学态度。

《课程标准（2022 年版）》在教学提示中所给素材可供教学时参考，实际教学中还可以根据需要开发拓展更多的情境素材。例如，让学生知道对运动的研究可以囊括天体系统的运动、宏观物体的机械运动、微观粒子的热运动等形式。可利用素材：星系、天体的运动，汽车、火车的运动、分子的运动等。教师要重视引导学生查阅资料，课堂上可以让学生介绍科学家的事迹，感受科学家科学探索的历程，学习研究问题的方法和严谨认真、实事求是的科学态度。

② 与力及其作用效果相关的素材：利用弹簧测力计感受和测量力，利用撬棒、剪刀等分析杠杆的特点，利用气球演示力的作用效果，利用砖块的不同侧面演示压力的作用效果，利用液体压强计测量不同密度的液体内部不同深度处的压强，利用自制潜水艇等研究物体的浮沉条件。

力及其作用效果相关的素材比较多，教师可利用这部分素材让学生亲身感受物理与生活的紧密联系。例如，学习杠杆时，可通过展示一些生活中常见的杠杆图示，或者把真实的撬棒搬进课堂，也可以将剪刀、开瓶器等生活中常见的杠杆用泡沫塑料制作成放大版的模型，演示杠杆的工作过程，让学生明确杠杆中的几个概念。还可介绍我国古代劳动人民在对杠杆的研究和应用实例，激发学生对中华民族科技成就的自豪感，学习古人研究问题的方法。

③ 与声和光相关的素材：通过分析声带振动、鼓面振动等现象归纳声音产生的原因，利用"土电话"、真空罩等研究声音的传播条件，利用吉他、钢琴

等乐器分析声音的特性；讨论分析"楼台倒影入池塘""潭清疑水浅"等诗句所反映的光学原理，讨论分析放大镜的成像原理和近视眼镜矫正视力的原理。

声音产生的原因及传播条件，可通过简单、形象直观的实验归纳得出。例如，让学生用橡皮筋、直尺做实验，观察并思考：能听到声音吗？橡皮筋、直尺处于什么状态？当它们停止振动时，还能听到声音吗？要让学生自己进行实验，通过观察和体验建立声音的产生和振动之间的联系。对于微小的，不易观察的振动现象，探究时要引导学生使用转换法借助小纸屑、泡沫塑料颗粒等来观察发声体的振动。

④ 与电和磁相关的素材：通过摩擦过的塑料梳子吸引轻小物体或水流等现象演示静电作用，利用小磁针探究磁体和通电导线周围的磁场，分析电动机和发电机模型等，让学生认识电磁的应用，体会物理学发展对社会进步的推动作用。

摩擦起电是学生熟悉的电现象之一，但电荷比较抽象，学生要在实验的基础上通过分析推理来了解静电现象。例如，让学生动手动脑，通过实验探究，认识到自己文具盒里的尺子、圆珠笔等物体摩擦后能吸引纸屑，教师演示通过摩擦过的塑料梳子能够吸引水流，从而抽象出物体带"电"的概念。让学生观察摩擦起电现象的同时，会用推理的方法研究物理问题。

◎ 第九章
能量主题的内容解读

　　"能量"这部分内容具有综合性、跨学科性及社会性等特点。能量涉及范围很广,大到宏观宇宙,小到微观粒子,因此能量不仅与物理这一门学科有关,还与地理、生物学和化学等学科有关,在这部分课程内容的教学中应注重物理与其他学科的联系,培养学生跨学科应用知识的能力。能量守恒定律是自然界最普遍、最重要的基本定律之一,是人们认识自然界的重要工具。人类对风能、水能等能量的利用都是通过能量转化实现的,因此能量的学习与生产生活及社会发展密切相关,具有社会性。将能量纳入课程内容的一级主题体现了从生活走向物理,从物理走向社会的课程理念,引导学生从物理学视角认识能量,帮助学生在物理观念、科学思维、科学探究、科学态度与责任方面形成正确价值观、必备品格和关键能力,促进学生核心素养的养成和发展。

　　能量主题划分为六个二级主题:能量、能量的转化和转移,机械能,内能,电磁能,能量守恒,能源与可持续发展。下面依次解读这六个二级主题。

第一节　能量、能量的转化和转移

　　在"能量、能量的转化和转移"这个二级主题下有三个三级主题,《课程标准(2022年版)》提出相应的三级主题(具体内容要求)及样例,还针对二级主题提出了一些活动建议。

一、三级主题(具体内容要求)

　　3.1.1　了解能量及其存在的不同形式。能描述不同形式的能量和生产生活的联系。

　　这条标准要求学生对能量及其存在的不同形式有所了解,同时,明确指出学生在"能做什么"上的行为表现是能描述不同形式的能量与生产生活的联系,例如,能列举几种与生活密切相关的能量。在教学实践中,教师可以从与生活生产相关的水能、风能、电能等的利用出发,灵活选用多种教学方式,帮助学生逐步形成能量观念,注重能量在不同学科中的体现,培养学生跨学科综合应用所学知识解决实际问题的能力。引导学生认识能量与生产生活的联系，突出"科学态度与责任"素养，培养学生为可持续发展作贡献，以及将科学服务于人类的使命感。

3.1.2　通过实验，认识能量可以从一个物体转移到其他物体，不同形式的能量可以相互转化。

这条标准具体包括了两项要求。一是通过实验，认识能量可以从一个物体转移到其他物体；二是通过实验，认识不同形式的能量可以相互转化。教学实践中，教师可以通过一些直观的、与生活密切相关的实验，或者列举生活中能量转移和转化的实例，例如，电风扇通电转动后将电能转化为机械能，风力电机发电将机械能转化为电能等，帮助学生感受能量可以从一个物体转移到其他物体，并且认识到不同形式的能量是可以相互转化的。教学中要注重与生产生活的联系，使学生通过实验的进一步分析，深刻认识能量的本质。

3.1.3　结合实例，认识功的概念。知道做功的过程就是能量转化或转移的过程。

这条标准包含"结合实例，认识功的概念""知道做功的过程就是能量转化或转移的过程"两项要求。第二项要求是对第一项要求的进一步认识，因此教学实践中要求学生结合实例来认识功的概念，从常见的现象中体会物理学中功的含义。例如，让学生分析打台球、电灯发光、电铃发声等各种事例和现象中的能量转移和转化，从而让学生知道做功的过程就是能量转化或转移的过程，培养学生科学推理、认识物质本质属性的能力。

二、活动建议

《课程标准（2022 年版）》对该主题提出了两条活动建议：

（1）列举太阳能在地球上转化为其他形式能量的实例。

（2）讨论人在滑滑梯过程中能量转化的情况。

这两项活动在教学实践中都可以让学生在课堂上以小组讨论或课堂展示的形式进行。活动（1）让学生进一步了解不同形式的能量，活动（2）可以使学生进一步理解生活中能量转化的过程和本质。

第二节　机　械　能

在"机械能"这个二级主题下有四个三级主题，《课程标准（2022 年版）》提出相应的三级主题（具体内容要求）及样例，还针对二级主题提出了一些活动建议。

一、三级主题（具体内容要求）

3.2.1　知道动能、势能和机械能。通过实验，了解动能和势能的相互转化。举例说明机械能和其他形式能量的相互转化。

这条标准包含"知道动能、势能和机械能""通过实验，了解动能和势能的相互转化""举例说明机械能和其他形式能量的相互转化"三项要求。动能、势能和机械能比较抽象，在教学实践中可以通过列举生活中的实例创设情境，如学生熟悉的荡秋千、抛篮球等，帮助学生理解这些概念，可以进一步分析荡秋千过程、滚摆实验等过程中动能与势能、机械能和其他形式的能是怎么样相互转化的。又如，这条标准下的样例"分析《天工开物》中汲水装置工作时能量的相互转化"，启发我们在教学实践中可以引导学生在理解知识的同时，感受古代人民的聪明智慧，增强文化自信和民族自豪感，实现对学生核心素养的培养。

3.2.2　知道机械功和功率。用生活中的实例说明机械功和功率的含义。

这条标准包含"知道机械功和功率""用生活中的实例说明机械功和功率的含义"两项要求。机械功和功率同样是抽象的概念，因此在教学实践中应通过列举实际生活中做功的例子，让学生了解机械功和机械功率的物理意义、公式、单位以及做机械功的两个必要因素，并能进行机械功、功率的简单计算。用生活中的实例说明机械功和功率的含义，体现出从生活走向物理的课程理念，注重课程内容的社会性，在教学时应通过通俗易懂的案例促进学生对机械功和功率的认识，提升学生核心素养。

3.2.3　知道机械效率。了解提高机械效率的意义和途径。

这条标准包含"知道机械效率""了解提高机械效率的意义和途径"两项要求。机械效率与我们的生活息息相关，因此在教学实践中通过对机械做功的实例分析，如让学生测量某种简单机械的机械效率，帮助学生了解有用功和额外功，知道机械效率的物理意义、定义式，能进行简单的计算，知道能量的利用存在效率问题，100%的能量利用只是一种理想情况，知道提高机械效率的实际意义和途径，有合理改进机械、提高机械效率的意识，增强将科学服务于人类的责任感。在这部分内容的教学中可以突出对"物理观念"和"科学态度与责任"素养的培养。

3.2.4　能说出人类使用的一些机械。了解机械的使用对社会发展的作用。

这条标准包含"能说出人类使用的一些机械""了解机械的使用对社会发展的作用"两项要求。教学实践中可以要求学生通过查阅资料找出人类使用的一些机械有哪些，并了解这些机械的使用对社会发展的作用。这部分内容的教学可以有意识地进行跨学科渗透，突出"物理观念"和"科学态度与责任"素养，使学生关注科学技术的新进展和新思想，有将科学服务于人类的使命感与责任感。

二、活动建议

《课程标准（2022 年版）》对该主题提出了两条活动建议：

（1）查阅资料，了解人类利用机械的大致历程，并与同学进行交流。

（2）查阅资料，了解我国古代水磨、水碓等机械，写一篇弘扬中华优秀传统文化的调查报告。

这两项活动在教学实践中都可以让学生在课后到图书馆查阅图书或上网查找有关信息，并将获得的信息在课堂上进行交流。了解人类使用机械的历程，了解机械的使用对社会发展的作用，并组织学生讨论机械的使用对社会发展的作用、给生活带来的便利等，体验科学、技术和社会的关系，增强创新的意识，发展学生爱科学、爱祖国的情感。在实施活动建议的过程中，应注意学习的方式，锻炼学生的科学表达及观点展示能力，注重"科学态度与责任"素养的培养。

第三节　内　　能

在"内能"这个二级主题下有三个三级主题，《课程标准（2022 年版）》提出相应的三级主题（具体内容要求）及样例，还针对二级主题提出了一些活动建议。

一、三级主题（具体内容要求）

3.3.1　了解内能和热量。从能量转化的角度认识燃料的热值。

这条标准包括两项要求。一是"了解内能和热量"，教学中可通过实验和生活中的实例让学生了解内能和热量。通过实例让学生了解内能是能量的一种重要形式，与人们的生活紧密相关。二是"从能量转化的角度认识燃料的热值"，人类利用燃料是把燃料储存的化学能转化为内能、光能等，学生通过这部分内容的学习，可以从能量转化的角度认识燃料的热值，知道不同燃料的热值不同，知道燃料是人类利用的重要能源，提升保护环境、节约能源的意识。

3.3.2 通过实验，了解比热容。能运用比热容说明简单的自然现象。

比热容是较为抽象的概念，在教学实践中应通过比较质量相同的不同物质升高相同的温度吸收的热量不同，引入比热容的概念，在实验中发展学生"科学探究"素养。教学中可以引导学生运用比热容的概念去解释说明生活中的常见实例和简单的自然现象，例如，能运用比热容说明为什么沙漠中的昼夜温差比海边的大，提升学生利用物理知识解释自然现象、解决实际问题的能力。

3.3.3 了解热机的工作原理。知道内能的利用在人类社会发展史中的重要意义。

这条标准包含"了解热机工作原理""知道内能的利用在人类社会发展史中的重要意义"两项要求。在教学实践中可以通过演示实验，如加热橡胶塞封闭的试管，观察实验现象，分析实验过程中的能量转化现象，进而让学生了解蒸汽机的基本原理。样例"了解热机对社会发展所起的作用和对环境的影响"，提示我们可以通过网络资料展示内燃机、汽轮机、喷气发动机等热机的工作原理及其对社会发展所起的作用和对环境的影响，引导学生关心科技发展，体会节约能源与可持续发展的重要性。在这部分内容的教学中可突出对"科学态度与责任"素养的培养。

二、活动建议

《课程标准（2022年版）》对该主题提出了两项活动建议：

（1）调查当地近年来炊事、取暖、交通等方面燃料结构的变化，从经济与环保的角度开展讨论。

（2）燃料的种类很多，如木柴、煤、汽油、酒精、天然气等，查阅资料并比较相同质量的不同燃料完全燃烧时放出热量的多少。

在教学实践中，可以让学生课下运用网络资料查询当地近年来各领域燃料结构的变化。教师在课堂上组织讨论，注重学生科学态度与责任素养的培养，锻炼学生的语言表达能力。让学生查阅资料，讨论相同质量的不同燃料在完全燃烧时放出的能量，注重培养学生节约能源和可持续发展意识。活动组织过程中注意引导学生对清洁能源的思考，以及可持续发展意识的培养。

第四节　电　磁　能

在"电磁能"这个二级主题下有七个三级主题，《课程标准（2022 年版）》提出相应的三级主题（具体内容要求）及样例，还针对二级主题提出了一些活动建议。

一、三级主题（具体内容要求）

3.4.1　从能量转化的角度认识电源和用电器的作用。

电源和用电器都是日常生活中广泛使用的，是能量转化的具体应用。为了让学生从能量转化的角度认识电源和用电器的作用，在教学实践中教师可以引导学生分析说明生活实例中的能量转化情况，例如，引导学生定性说明电热水壶工作时电能转化为内能，电风扇工作时电能转化为机械能，电源是提供电能的装置，用电器是消耗电能的装置，它将电能转化为其他形式的能。

3.4.2　知道电压、电流和电阻。探究电流与电压、电阻的关系，理解欧姆定律。

这条标准包括"知道电压、电流和电阻""探究电流与电压、电阻的关系""理解欧姆定律"三项要求。电压、电流和电阻这些概念较为抽象，学生对这些概念的认识是逐步深入的过程，教学实践中可用类比等方法引入，通过实验让学生了解相关概念的含义。探究电流与电压、电阻的关系时，可以采用分组实验的教学形式，让学生体验和经历科学探究的过程，独立得出电流与电压、电阻的关系，学习科学探究方法，发展初步的科学探究能力，形成尊重事实、探究真理的科学态度。通过探索物理现象，揭示隐藏其中的物理规律，并将其应用于生产生活实际，培养学生良好的思维习惯和初步的科学实践能力。通过实验教学，使学生初步掌握控制变量的方法、数据分析与处理的方法，有对信息的有效性作出判断的意识，有初步的数据处理能力。学习从实验中归纳简单的科学规律，以及尊重实验事实的科学态度。

3.4.3　会使用电流表和电压表。

这条标准要求学生会使用电流表测量电流和会使用电压表测量电压。在教学中，教师可以指导学生自己动手操作电流表和电压表，学会将电流表和电压表正确地连入电路，学会正确地读数，从而学会正确使用电流表和电压表。在教学形式上，可以多进行一些实际操作和读数练习，通过学生实验活动、实例分析，让学生感受到电表在生产、生活中的广泛应用。

3.4.4　会看、会画简单的电路图。会连接简单的串联电路和并联电路。能说出生产生活中采用简单串联电路或并联电路的实例。探究并了解串联电路和并联电路中电流、电压的特点。

这条标准中，第一项和第二项"会看、会画简单的电路图""会连接简单的串联电路和并联电路"属于实验能力方面的要求。教师可以采用举例画图或操作讲解的形式，引导学生了解电路的各个组成部分及其作用，知道常见的电路符号并能画出它们，会根据简单的实际电路画出它的电路图，能根据文字叙述的要求设计，画出它的电路图。例如，让学生运用串联电路和并联电路知识，设计一个开关控制多个小灯泡的电路。第三项"能说出生产生活中采用简单串联或并联电路的实例"，要求学生了解串联和并联电路的特点，能举例说明生活和生产中应用简单串联或并联电路的实例。教师要从实际生活出发，如可以提问学生教室里的各种用电器是怎样连接的等问题。第四项"探究并了解串联和并联电路中电流、电压的特点"涉及学生必做实验，教学中应通过实验探究串、并联电路的电流和电压特点，培养学生的科学思维和科学探究能力。

3.4.5　结合实例，了解电功和电功率。知道用电器的额定功率和实际功率。

这条标准包括"结合实例，了解电功和电功率""知道用电器的额定功率和实际功率"两项要求。这里对电功和电功率的认知水平要求是"了解"。因此，在教学中不宜过分拔高认知水平，教师应多强调物理知识与生产、生活的联系。例如，可以从能量转化的角度列举实例引入电功概念，通过让学生课下调查常见用电器的铭牌，比较它们的电功率等活动让学生进一步了解电功率的现实意义。

3.4.6　通过实验，了解焦耳定律。能用焦耳定律说明生产生活中的有关现象。

这条标准包括"通过实验，了解焦耳定律""能用焦耳定律说明生产生活中的有关现象"两项要求。在教学实践中，教师要让学生了解焦耳定律的公式，以及各物理量之间的关系，并能进行简单的计算。通过实验探究焦耳定律，在实验过程中注重学生控制变量的应用和科学探究能力的培养，还要评价学生是否能应用焦耳定律解释生活中的一些常见现象。例如，引导学生思考"导线与白炽灯串联在一起的，通过它们的电流是一样的，为什么相同的时间内，灯丝比导线更热？"等问题，加深学生对焦耳定律的认识。在这部分内容的教学中可以突出对"科学探究""科学思维"等素养的培养。

3.4.7　了解家庭电路的组成。有安全用电和节约用电的意识。

家庭电路与我们的生活息息相关，让学生了解家庭电路的组成，养成安全用电和节约用电的意识有重要意义。教学中，教师应引导学生了解家庭电路的组成和连接方式，知道电路中的总电流随用电器功率的增大而增大，知道总电流过大的原因、危害，知道怎样进行家庭电路的保护，知道安全用电常识等。可以通过用电器能耗的实例讨论，结合对能源危机的认识，增强学生节约用电的意识。通过向学生介绍我国家庭用电的电压、频率以及安全用电常识，培养学生在家庭用电中养成保护自己和他人的安全意识。在这部分内容的教学中可以突出对"物理观念""科学态度与责任"等素养的培养。

二、活动建议

《课程标准（2022 年版）》对该主题提出了两条活动建议：

（1）学读家用电能表，根据读数计算用电量。

（2）调查当地人均用电量的变化，讨论它与当地经济发展的关系。

在教学实践中，可以让学生通过拍照的形式把家用电能表记录下来，在课堂上互相读出电能表读数，并根据读数计算电量。可以在课后通过调查当地人均用电量的变化情况，举办讨论会，培养学生"科学态度与责任"素养。在活动实施前，教师可以先在课堂上给学生讲解清楚电能表的原理和使用方法、计算方式，有助于学生根据电能表计算用电量活动的顺利进行。另外，在调查当地人均用电量的变化时，应注意引导学生联系当地的经济发展，培养学生可持续发展的意识。

第五节　能量守恒

在"能量守恒"这个二级主题下有三个三级主题，《课程标准（2022 年版）》提出相应的三级主题（具体内容要求）及样例，还针对二级主题提出了一些活动建议。

一、三级主题（具体内容要求）

3.5.1　知道能量守恒定律。列举日常生活中能量守恒的实例。有用能量转化与守恒的观点分析问题的意识。

这条标准包括三项要求。能量守恒定律是物理学中最普遍的基本定律之一，教学实践中可以引导学生从能量转化的角度出发分析生活中的常见实例，例如，分析荡秋千停止用力时秋千会越荡越低的原因，或辩论是否可以造出永动机等，进而使学生明白能量不会凭空产生也不会凭空消失，只能从一种形式转化为另一种形式，或者从一个物体转移到另一个物体，加深学生对能量守恒定律的理解，从而养成用能量转化与守恒的观点分析问题的意识。

3.5.2　从能量转化和转移的角度认识效率。

这条标准要求从能量的转化和转移的角度认识效率。教学实践可以通过列举生产生活中的一些常见实例，组织一些相关的调查和讨论活动，例如，调查当地主要炉灶的能量利用效率，查阅资料或访问农机、汽车维修等专业人员，了解内燃机中燃料燃烧所释放热量的去向，讨论提高效率的可能途径，引导学生分析能量在转化和转移过程中的损耗，从而进一步认识效率的内涵，认识提高效率的意义，提升"科学态度与责任"素养。

3.5.3　列举能量转化和转移具有方向性的常见实例。

这条内容在学生的行为表现上提出了具体明确的要求，要求学生可以列举能量转化和转移有方向性的常见实例。教师在教学实践中可以多结合生活中的实例，如电暖气供暖过程中能量的转化和转移具有方向性，引导学生进行实例分析，体现从生活走向物理的课程理念，培养学生节约能源与可持续发展的意识。在这部分内容的教学中可以突出对"物理观念""科学态度与责任"等素养的培养。

二、活动建议

《课程标准（2022 年版）》对该主题提出了两条活动建议：

（1）查阅资料或访问农机、汽车维修等专业人员，了解内燃机中燃料燃烧所释放热量的去向，讨论提高效率的可能途径。

（2）调查当地主要炉灶的能量利用效率，写出调查报告。

在教学实践中，可以让学生课前查询资料或实施调查，课堂上讨论，课后完成调查报告。教学中要充分运用生活中与物理知识相关的实例，体现从生活走向物理的课程理念。活动中对农机、汽车维修等专业人员的访问有利于提高学生语言表达和沟通能力，课堂上的讨论、分析、论证等活动可以培养学生科学思维和科学探究能力，有利于学科间渗透，培养学生跨学科综合实践能力。

第六节 能源与可持续发展

在"能源与可持续发展"这个二级主题下有三个三级主题,《课程标准（2022 年版）》提出相应的三级主题（具体内容要求）及样例，还针对二级主题提出了一些活动建议。

一、三级主题（具体内容要求）

3.6.1 列举常见的不可再生能源和可再生能源。

这条标准与《课程标准（2011 年版）》相同，要求列举常见的不可再生能源和可再生能源，此要求旨在让学生了解不可再生能源和可再生能源，知道人类所面临的能源危机，使学生有一种紧迫感、责任感，激励学生能在个人力所能及的范围内对可持续发展有所贡献。教学中可以通过各种活动，例如，让学生对当地能源的利用和节能等情况进行调查，并提出自己的建议，通过小型报告会等形式，让学生充分发表见解，引导学生自己收集有关的资料，认识煤、石油、天然气等作为当今人类利用的主要能源，储量有限，而且开发利用后不可再生。从而认识到人类所面临的能源危机和开发新能源的挑战。培养学生有合理利用能源和节约能源的意识。

3.6.2 知道核能的特点和核能利用可能带来的问题。

这条标准聚焦核能，要求学生知道核能的特点和核能利用可能带来的问题。人类在利用核能的同时也面临着诸如核废料的处理、核泄漏等问题。在教学实践中应引导学生了解核能的获得方式、核电站、核能开发的新进展、核能的优点和可能带来的问题等具体事实，对核能的开发和利用形成科学认识。通过收集资料讨论了解处理核废料的常用办法，培养学生可持续发展和环境保护的意识，实现"科学态度与责任"素养的培养。

3.6.3 从能源开发与利用的角度体会可持续发展的重要性。

关于能源开发利用与可持续发展的问题，不仅要求学生能够意识到，更要求学生能够体会到能源利用与可持续发展很重要。在教学中可以通过举办讨论会的方式或观看有关的录像、科教电影等，了解太阳能、风能、氢能等能源的开发对可持续发展的意义，加强学生对能源保护的意识，树立科学的世界观，有将科学服务于人类的使命感与责任感，体现从物理走向社会的基本课程理念。

二、活动建议

《课程标准（2022年版）》对该主题提出了四条活动建议：

（1）查阅资料，举办小型讨论会，讨论能源利用带来的环境影响，如大气污染、酸雨、温室效应等，探讨可采取的应对措施。

（2）查阅资料，了解我国新能源汽车的发展概况。

（3）了解有关提倡低碳生活的信息，调查当地使用的主要能源及其对当地经济和环境的影响，提出开发当地可再生能源的建议。

（4）查阅资料，了解受控核聚变（人造太阳）的研究进展，了解我国在这方面的研究成就。

这部分活动建议充分体现了物理学与日常生活、工程实践、社会发展的联系，是进行跨学科实践活动的合适素材。在教学实践中，教师要引导学生充分发挥互联网的正向功能，课前查阅与能源、环境相关的资料，课堂上通过报告会等形式进行展示交流。通过跨学科实践活动，加强学生对能源保护的意识，树立科学的世界观，有将科学服务于人类的使命感与责任感，体现从物理走向社会的基本课程理念。

第七节　学业要求和教学提示

针对"能量"主题，《课程标准（2022年版）》不仅给出了详细的内容要求，还给出了相应的学业要求和教学提示。

一、能量主题的学业要求解读

《课程标准（2022年版）》对能量主题从物理观念、科学探究、科学思维、科学态度与责任四个方面提出了学业要求。

（1）能列举能量转化和转移的实例，知道能量在转化和转移过程中是守恒的，认识机械功、热量、电功、热值等是与能量转化或转移密切相关的物理量，知道它们的含义；能用能量转化与守恒的观点解释常见的自然现象，解决日常生活中的有关问题，形成初步的能量观念。

能量的转化与守恒是物理学的一条主线，初中物理课程中的力、热、电磁、光、原子和原子核等知识均蕴含着能的转化与守恒的思想。要求学生初步形成正确的能量观是物理教学的重要目标之一。该段学业要求明确了学生在完成能量主题的学习后，在初步形成能量观念方面需要达到的学业成就表现，例如，能用能量相关概念和规律解释常见的自然现象，解决日常生活中的有关问题等。

（2）知道能量的利用存在效率问题，100%的能量利用率只是一种理想情况；能用能量转化与守恒的规律对有关具体问题进行科学推理，并形成结论；在对能量问题进行推理时，能从信息中寻找证据并作出说明；具有根据能量守恒的观点对一些不当说法进行质疑的意识。

该段学业要求简要说明了通过能量主题的学习，学生在模型建构、科学推理、科学论证、质疑创新等科学思维方面应达到的成就表现。例如在质疑创新方面，具有根据能量守恒的观点对一些不当说法进行质疑的意识。

（3）能通过观察周围事物，发现并提出关于能量的问题，能根据已有知识对问题作出猜想与假设；能根据控制变量法制订简单的探究方案，会正确使用电压表、电流表测量基本的电学量，正确读取和记录实验数据，并排除简单的实验故障；能用表格、图像等多种方式展示实验数据，并通过分析和处理数据得出实验结论；能撰写实验报告，书面或口头表述科学探究的过程和结果。

该段学业要求简要说明了通过能量主题的学习，学生在问题、证据、解释、交流等科学探究方面应达到的成就表现，例如在问题方面，能观察周围事物，发现并提出关于能量的问题，能根据已有知识对问题作出猜想和假设。

（4）能从热机对社会发展所产生影响的角度，体会科技进步对人类和社会发展的推动作用；能从能量转化的角度认识提高效率的重大意义，增强学习物理学的动力；能从能量的转化和转移具有一定方向性的角度，体会节约能源与可持续发展的重要性。

该段学业要求简要说明了通过能量主题的学习，学生在科学态度与责任维度应达到的成就表现，能从热机对社会发展所产生影响的角度，体会科技进步对人类和社会发展的推动作用；能从能量转化的角度认识提高效率的重大意义，增强学习物理学的动力；能从能量的转化和转移具有一定的方向性的角度，体会节约能源与可持续发展的重要性等。

学业要求是教学与评价的基础，教师可以运用学业要求来规范教学目标、教学过程、教学评价和学生作业与试题命制，用学业要求来指导和改进自己的教学。能量主题的学业要求以能量相关知识为依托，以核心素养为依据，提出了学生学习本主题之后需要达到的学业成就表现。因此，在能量主题的教学中，教师要着重把握核心素养内涵，通过多种评价方式全面综合评价学生在能量主题学习之后的学业成就表现，注重学生核心素养各维度的培养。

二、能量主题的教学提示解读

为了更好地实施能量主题的教学，《课程标准（2022 年版）》在教学提示部分从教学策略和情境素材两个方面给出了较为具体的建议。

（一）教学策略建议

在能量主题教学中，建议结合学生的认知特点，循序渐进地引导学生学习能量主题的相关内容，从能量守恒、能量转化和转移的方向性等角度，让学生了解环境保护、可持续发展的重要性，启发学生在力所能及的范围内践行低碳生活。

① 灵活选用教学方式，帮助学生逐步形成能量观念。例如：通过情境创设、实验探究等，引导学生认识机械能、内能、电磁能等能量的不同存在形式；通过科学探究、课堂讨论，引导学生理解太阳能在地球上是怎样转化成其他形式能量的，体会能量转化和守恒的思想，逐步形成能量观念。

能量有多种不同的存在形式，在能量主题的教学中，教师应根据实际内容灵活选用教学方式。例如，教师展示荡秋千视频，通过情境创设，引导学生分析秋千摆动的过程中动能与势能的相互转化。为了让学生进一步认识动能与势能的相互转化，还可以采用实验探究的方法，引导学生合理猜想假设，设计实验方案并进行试验验证得出结论。还可以通过课堂讨论、实验演示等方式实施这部分内容的教学。教学方式有很多，教学有法但无定法，教师对不同内容要选择合适的教学方法，引导并帮助学生逐步形成能量观念。

② 理论联系实际，提高学生分析问题、解决问题的能力。例如：通过解决生产生活中的具体问题，使学生了解功、功率、电功、电功率及焦耳定律等知识，形成将物理知识与生产生活相联系的意识；在用能量守恒定律等解决问题的过程中，引导学生领悟从守恒的角度分析、解决问题的方法，提高分析、解决实际问题的能力。

能量主题的知识内容与学生实际生活联系紧密；因此，教学中应注重理论联系实际，贯彻"从生活走向物理，从物理走向社会"的课程理念。能量主题有些概念本身比较抽象，如比热容的概念，教学中可以通过讨论"为什么夏季白天海滩上的沙子热得烫脚，但海水却非常凉爽？"等实际问题，把抽象的物理概念与实际生活应用相联系，让学生更能理解学习比热容的意义，提高学生分析问题、解决问题的能力。

③ 重视探究教学，提高学生的科学探究能力。例如：通过探究电流与电压、电阻的关系等实验，引导学生明确实验目的，运用控制变量等方法制订简单的探究方案，学会分析和处理实验数据，正确表述科学探究的过程和结果，提高科学探究能力。

重视科学探究教学，首先要对探究教学有一个正确的认识，探究教学是培养学生核心素养必不可少的环节，教学中教师要正确认识探究教学，明确科学探究的目的，处理好各个探究要素的关系，合理设计探究教学活动。教学中不仅要注重探究结果，更要注重有效的探究过程，例如，通过探究电流与电压、电阻的关系等实验，引导学生运用控制变量等方法制订简单的探究方案，学会分析和处理实验数据，最后正确表述科学探究的过程和结果，提高科学探究能力。

④ 设计丰富的实践活动，提高学生的共通性素养。通过调查研究活动，启发学生关注科学、技术、社会、环境之间的关系，引导学生认识环境保护的重要性，认同人与自然和谐共生的理念。例如：通过查阅资料等，了解核能的特点和处理核废料的常用方法，讨论核能利用可能带来的问题；调查当地太阳能的利用情况，估算太阳能的转化效率；调查家庭或学校可能存在的安全用电隐患，提高安全用电的意识。通过设计制作等活动，引导学生加深对节约能源与促进可持续发展的认识，提高节能意识，践行低碳生活，促进其科学态度与责任感的养成。

物理学是自然科学领域的一门基础学科，与其他学科密切相关，有着丰富的实践基础。在能量主题教学时，教师不仅要引导学生理解能量的相关知识，更要引导学生将知识应用于实际问题的解决。教学实施过程中，教师可以设计丰富的实践活动，注重跨学科教学，提高学生分析问题、解决问题以及动手实践能力，落实核心素养的培养。

（二）情境素材建议

教学过程中需要通过情境创设引导学生学习相关知识内容。能量主题内容跨度大，层次多，教学活动丰富，情境素材的取材范围较广，可来源于自然现象、物理实验、学史故事、日常生活和社会热点等。《课程标准（2022年版）》侧重提出了与能量转化和转移，机械能、内能和电磁能，能量守恒与可持续发展相关的情境素材建议。

① 与能量转化和转移相关的素材：讨论和分析水轮机带动发电机发电、电风扇通电后扇叶转动、加热试管中的水后橡胶塞从管口弹出、金属丝通电后发热等过程中能量的转化和转移情况。

《课程标准（2022 年版）》在教学提示中所给素材可供我们教学时参考，实际教学中我们还可以根据需要开发拓展更多的情境素材。例如，水轮机带动发电机发电的素材，教学过程中教师可以让学生讨论分析水轮机带动发电机发电过程中水的机械能转化为电能，还可以接着让学生讨论电动机带动水泵抽水的过程中电能转化为水的机械能，体现了能量之间的相互转化。选取与能量转化和转移相关的素材时应注意与学生日常生活相联系，用图片、视频或课堂演示实验等多种方式呈现，促进学生对能量转化和转移相关知识的理解。

② 与机械能、内能和电磁能相关的素材：用荡秋千的过程定性说明动能和势能的转化情况；展示常见机械的铭牌，比较它们的功率；分析为什么通常沿海地区昼夜温差较小，而沙漠地区昼夜温差较大；展示家用电能表，通过电能表计算用电量。

荡秋千是学生熟悉的生活情境，教学中可以用荡秋千的过程定性说明动能和势能的转化情况。素材的选择要尽量贴近学生生活，素材的呈现要尽量具体生动，用图片、视频等形式具象描述，有效地将学生带入情境，调动学生的学习兴趣。例如，在呈现荡秋千素材时，可以通过视频情境呈现荡秋千的过程，有趣的视频可以激发学生兴趣，借此引导学生分析荡秋千过程中人的动能与势能的相互转化情况。

③ 与能量守恒与可持续发展相关的素材：讨论和分析中国古代的一些机械，列举不同历史时期人类利用的主要能源。

能量守恒的观念是能量观念的重要组成部分，对培养学生可持续发展的意识具有重要的意义。例如，可以让学生分组讨论和分析简单的永动机设计方案，说明永动机为什么是不可能造成的；讨论和分析中国古代的一些机械，列举不同历史时期人类利用的主要能源；收集有关可持续发展以及全球环境问题等资料，举行小型交流报告会，在讨论交流过程中培养学生保护环境、节约能源与可持续发展的意识，发展"科学态度与责任"等素养。

◎ 第十章
实验探究主题的内容解读

实验探究主题包含测量类和探究类学生必做实验，它们相互关联、各有侧重，即测量类实验也可能会包含探究的要素，而探究类实验也需要测量。

实验探究不仅是物理教学的重要内容，也是重要的教学方式和手段，可以有效培养学生的各项探究能力，包括发现问题和提出问题的能力，动手操作及收集、分析和处理数据的能力，解释数据的能力、表达和交流的能力等，这些能力不能仅通过讲授的方式习得，需要学生亲自动手操作，经历完整的实验探究过程，因而只能在实验中有计划、有目的地培养。①

实验探究是学生学会学习与合作的重要途径。实验是一种经验认知方式，而中学生对事物的认识方式以感性认识为主，这决定了中学物理教学需要以实验为基础，实验可以引导学生从观察和测量的结果来认识物理现象和物理过程，找出物理现象的特征以及产生这一现象的条件，加深对所学知识的信任度与理解力。此外，实验中的诸多环节都需要发挥集体的力量，学生需要主动与他人合作，做到能够倾听并尊重他人意见，形成团队意识。小组内部的合作能够集思广益，优化实验方案，还能够共同完成操作，提高实验效率。小组间的合作能够获取更多的实验思路与数据，进一步扩大合作的范围。这些经验能够让学生认识到任何成功的实验探究都离不开交流与合作，体会到合作的必要性，形成团队合作意识，并学会与他人进行有效的合作。

实验探究还能有效地培养学生的科学态度与科学精神。实验探究需要学生尊重实验结果与事实，杜绝编造和修改实验数据，教师也能够在其中进行言传身教，在潜移默化中影响、熏陶学生。这些具体的行为能够逐步培养学生认真对待实验、实事求是、不迷信权威的科学态度，促使学生形成主动理解、尊重事实、严谨认真、不怕困难、敢于创新的优良品质，习得爱护仪器、遵守纪律、团结友爱、勤俭节约的良好作风。

第一节　测量类学生必做实验

测量类实验是指应用各种基本实验仪表和量具对物理量进行测量的过程，

---

① 李春密. 中学物理实验教学研究［M］. 北京：北京师范大学出版社，2018.

其主要目的在于帮助学生学习物理量的测量方法、学会使用测量工具和正确的读数方法。

测量类实验以测量物理量和物理常数为主，主要目的是帮助学生理解物理概念及物理量的意义，应用物理规律，训练基本实验技能，并学会各种物理测量方法。[①] 物理测量方法是以物理理论为依据，以实验技术为手段，以实验装置为工具，进行科学研究、取得所需结果的方法，是理论联系实际的桥梁和纽带。

《课程标准（2022 年版）》规定：初中物理共有 9 个必做的测量类实验，其中有 6 个直接测量实验和 3 个间接测量实验。下面分别对这 9 个测量类学生必做实验进行解读。

一、用托盘天平测量物体的质量

（一）实验目的与原理

本实验的目的是用托盘天平测量小木块和杯中水的质量。托盘天平相当于一个等臂杠杆，托盘天平平衡时，放在天平左盘内的物体施加的压力应等于放在天平右盘内的砝码施加的压力。所以，放在天平左盘内的待测物体的质量就等于放在天平右盘内的已知砝码的质量。实际测量时，若砝码施加的压力与物体施加的压力不完全相等，则需要移动游码，改变游码施加的压力使天平平衡。

（二）实验装置与操作说明

1. 测量小木块的质量

通常使用托盘天平及配套砝码来完成本实验，托盘天平的结构如图 10-1 所示。实验前观察托盘天平，观察量程、分度值。观察待测物体，估测物体的质量。

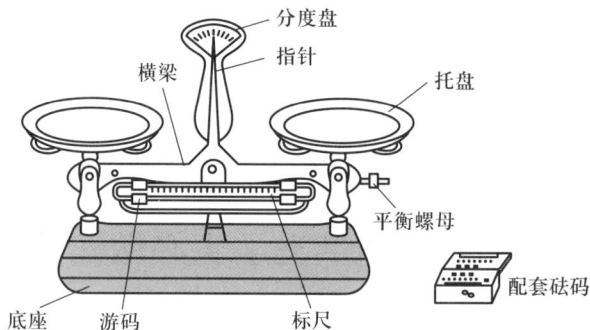

图 10-1　托盘天平的结构

---

① 郭玉英. 中学物理教学设计［M］. 北京：高等教育出版社，2016.

将托盘天平放在水平台上，用镊子将游码调回零刻度线，观察托盘天平的指针是否指在分度盘中央。若指针未指在分度盘中央，则按照"左偏右调、右偏左调"的方法调节托盘天平的平衡螺母，直到指针指到分度盘中央或左右偏转相同的刻度。

将待测物体轻放在托盘天平左盘中，根据物体的估测质量从大到小依次向右盘中添加砝码。若添加砝码后指针指向刻度盘左侧，则说明物体质量仍大于砝码总质量，继续添加砝码；若添加砝码后指针指向刻度盘右侧，则说明物体质量小于砝码总质量，此时取下该砝码，更换为更小的砝码继续实验；若添加完最小的砝码后天平仍不平衡，则用镊子调节游码至天平平衡。

记录结果，右盘中砝码质量与游码示数之和，即为小木块的质量。

2. 测量杯中水的质量

通常使用托盘天平及配套砝码来完成本实验。

先测量并记录空杯的质量，在杯中加入水后，测量杯和水的总质量，总质量减空杯的质量即为水的质量。实验过程中应避免杯中水洒出而对实验结果产生影响。

二、测量固体和液体的密度

（一）实验目的与原理

本实验的目的是用天平和量筒等分别测量盐水和不规则形状小石块的密度。要测量盐水和小石块的密度ρ，根据密度公式$\rho = \dfrac{m}{V}$，需要测量其质量m和体积V。盐水和小石块的质量m可以用天平直接测量；盐水的体积V可以用量筒直接测量，小石块的体积V可以用量筒采用"排水法"进行测量。

（二）实验装置与操作说明

盐水和小石块的质量常用托盘天平进行测量，也可用电子天平测量质量，以使实验更加便捷。盐水的体积可直接用量筒测量，而小石块的体积，则需要在量筒中用排水法进行测量（如图10-2）。小石块放入前，盐水的体积V_1应适量，既要保证小石块放入后能完全浸没在盐水中，又要保证小石块和盐水的总体积V_2不能超过量筒的量程。

测量盐水密度实验中，为减小误差，应考虑测量顺序的合理性。测量盐水质量和体积时，由于液体会有残留问题，因此无论是从量筒倒出盐水，还是从杯中倒出盐水，倒完以后需要再次对有残留液体的容器进行测量和读数。

测量小石块密度实验中，为减小实验误差，应先测量小石块的质量，后测

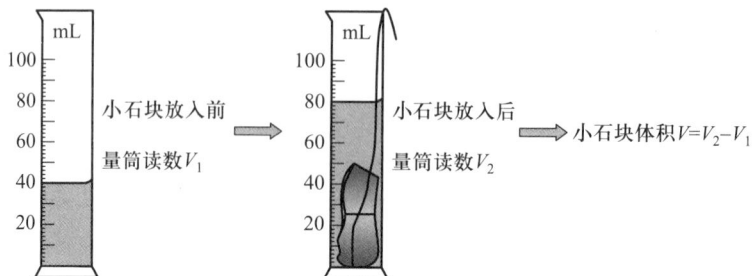

图 10-2　排水法测量小石块体积

量其体积。若石块较大，放不进量筒，可用补水法测量其体积（如图 10-3）。由于石块从杯中取出时沾有液体，会造成实验误差，可优化实验，选用天平测量补水的质量，进而算出石块的体积（如图 10-4）。

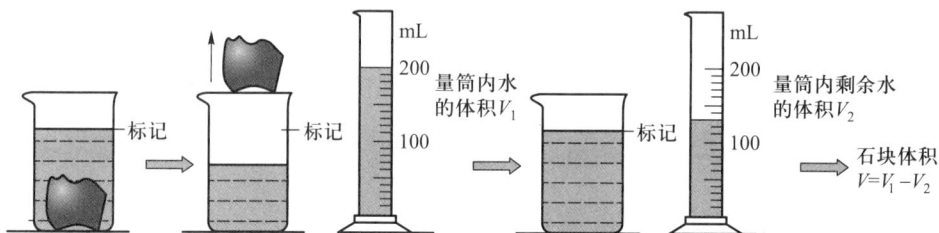

图 10-3　补水法测量小石块体积

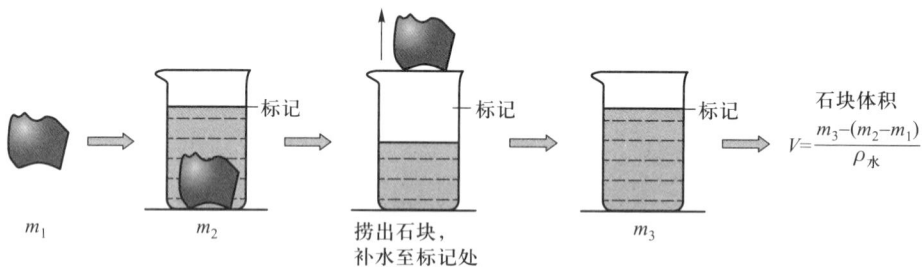

图 10-4　优化补水法实验

三、用常见温度计测量温度

（一）实验目的与原理

本实验的目的是用实验室温度计测量水的温度，用体温计测量人体体温。实验室温度计和体温计均为液体温度计，随着温度的变化，玻璃泡中所包含的液体便膨胀或收缩，玻璃细管中的液柱就会上升或下降，从液柱的变化就可以知道温度的变化。在与外界温度相同时，温度计内的液体不再进行吸热或者放热，不再进行热胀冷缩，其液柱所处高度就可以反映外界温度。其原理中蕴含了"转换法"的思想。

（二）实验装置与操作说明

初中物理实验常见的液体温度计有两种：一是实验室温度计，二是体温计。体温计的玻璃泡前面有一个细弯管，它的作用是让玻璃泡内的水银在温度升高时能自动进入刻度直管内，但是温度降低不能自动回到玻璃泡内，方便测量体温时读数。从横截面看，体温计的形状形成一个凸透镜，刻度在一倍焦距以内，形成放大的功能，便于看清极细水银柱所对应的刻度。

测量水的温度前，先观察实验室温度计的量程和分度值，估计水的温度。测量水的温度时，温度计的玻璃泡要充分浸没在水中，不接触容器底部和侧壁，待示数稳定后读数。读数时温度计不能离开被测液体。

用体温计测量人体的体温前，需要先甩一甩体温计，使体温计内的水银回到玻璃泡中。测量时，体温计与被测人体充分接触，并停留 3~5 分钟。体温计可以离开被测物体读数。

四、用刻度尺测量长度，用表测量时间

（一）实验目的与原理

本实验的目的是用刻度尺测量物理教科书的长和宽，利用停表测量自己脉搏跳动 10 次所用的时间。根据物理教科书的尺寸，选用量程为 0~30cm、分度值 0.1cm 的刻度尺作为测量工具。普通人脉搏跳动 10 次所用的时间在 6~10s 之间，用停表进行测量。

（二）实验装置与操作说明

测量前要观察刻度尺的量程、零刻度线、分度值，测量时刻度尺有刻度的一边要紧贴被测物体，读数时视线要和尺面垂直，估读到分度值的下一位，并记下数值和单位，多次测量取平均值作为最后的测量结果。学习停表的使用方法，测量自己脉搏跳动 10 次所用的时间时，应从上一次脉搏跳动结束后马上开始计时，第 10 次脉搏跳动结束时立刻停止计时，记下数值和单位。若是测量静息状态下脉搏跳动 10 次的时间，应多次测量取平均值作为最后的测量结果，每次测量前秒表要清零。

五、测量物体运动的速度

（一）实验目的与原理

本实验的目的是用秒表和刻度尺，测量小球运动某段距离的速度。初中阶段研究较多的是理想的匀速直线运动，不要求研究瞬时速度，因此，本实验中测量的是平均速度。实验的原理是速度公式 $v = \dfrac{s}{t}$。将整段路程分成上半程和下半程两段，分别测量上半程、下半程、全程对应的路程和通过时间，计算出各段的平均速度，得到物体运动的变化情况。

除此以外，还有光电门、频闪照相（或视频拍摄）等方法，可以作为拓展材料使用。

（二）实验装置与操作说明

本实验中选择的物体通常是小球或小车，为了让物体运动起来，通常是从斜面顶端由静止释放物体，研究物体沿斜面向下运动过程中不同段的平均速度，实验装置如图 10-5 所示。测量工具有刻度尺和秒表。本实验中，路程的测量要注意刻度尺的使用规则，读数时要估读，以及多次测量求平均值从而减小误差。要注意不是测量整段斜面长度，而是测量小车的出发点到终点即"头到头"或"尾到尾"的距离。时间的测量要特别注意时间很短，斜面的坡度不可太大，可以采用在对应位置放置障碍物（如金属片），以撞击障碍物为信号停止计时来获得通过时间。下半程时间较短，且在物体运动中不容易把握开始计时的时刻，应用全程的时间减去上半程时间来获得。实验中，应调整斜面到适当角度并保持稳定，避免小车意外掉落砸伤人或摔坏。

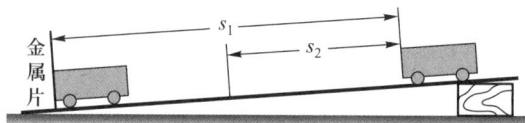

图 10-5　测量小车平均速度的实验装置

六、用弹簧测力计测量力

（一）实验目的与原理

本实验的目的是用手拉动弹簧测力计，分别体验 1 N、2 N、4 N 力的大小，并测量一本物理教科书所受的重力。实验的原理是：在弹簧的弹性限度内，弹簧测力计所受拉力与伸长量成正比。在使用弹簧测力计时要观察弹簧测力计的量程和分度值，知道所测力需要与弹簧轴线方向一致，在所测力的方向上对弹簧测力计进行调零。如测重力时，应手提上方拉环，让弹簧测力计自然下垂进行测量。

（二）实验装置与操作说明

实验室通常所用器材有量程为 0～5 N 或 0～2 N 的弹簧测力计，所对应分度值也不同，应根据教学设计选择合适量程的弹簧测力计，如测量一本物理教科书所受的重力时应选择 0～5 N 的弹簧测力计。注意弹簧测力计的使用不能超出量程，以免器材损坏。

物理教科书无法直接挂在弹簧测力计的挂钩上，因此学生实验时，可以先将弹簧测力计竖直提起，在挂钩上悬挂一个塑料袋后调零，再将物理教科书放入塑料袋中，测得的示数即为一本物理教科书所受的重力。

七、用电流表测量电流

（一）实验目的与原理

本实验的目的是用实验室指针式电流表，测量直流电路中的电流。电流表通常与待测元件串联连接，其表头主要由永久磁体、极靴、宝石轴承、轴尖、游丝和动圈组成。当通入动圈的被测电流产生磁场，并与永久磁体相互作用，使与动圈相连的指针一起偏转，直到转动力矩与游丝的反作用力矩平衡为止，偏转角度的大小与被测的量值成正比例，因而可以在刻度盘上画出均匀的刻度。

（二）实验装置与操作说明

本实验为学生提供电流表、电池、导线、小灯泡、开关等实验器材。实验过程中要提醒学生进行规范的实验操作，如对电流表"校零"。需要让学生自己设计实验电路图，并根据电路图连接实物图。在正式测量之前，要用"试触法"判断开关闭合的瞬间，指针的偏转是否在最大测量值之内。学生在测量过程中，需要选择合适量程的电流表，要注意记录数据，为后面测量串、并联电路中的电流做铺垫。教师可以引导学生改变电流表在电路中的位置进行测量，观察两次测量的电流值大小。

八、用电压表测量电压

（一）实验目的与原理

本实验的目的是用实验室指针式电压表，测量直流电路中的电压。电压表的原理与电流表大致相同，通常由电流表串联一电阻改装而成，使其可以通过更大的电流，并可根据对应偏转角度的电流值计算出电压值。电压表通常与待测元件并联使用。

（二）实验装置与操作说明

本实验为学生提供电压表、电池、导线、小灯泡、开关等实验器材。实验过程中，同样要提醒学生进行规范的实验操作，如对电压表"校零"。需要让学生自己设计实验电路图，并根据电路图连接实物图。在正式测量之前，要用"试触法"判断开关闭合的瞬间，指针的偏转是否在最大测量值之内。学生在测量过程中，分别测量电源两端的电压和灯泡两端的电压，比较两次电压值是否相等，思考为什么会出现这样的测量结果。实验完成后，教师可以引导学生将电压表的使用与电流表的使用进行对比。

九、用电流表和电压表测量电阻

（一）实验目的与原理

本实验的目的是用电流表、电压表、滑动变阻器等，通过伏安法测量小灯泡正常发光时的电阻。用电压表测出小灯泡两端的电压 U，用电流表测出通过小灯泡的电流 I，然后利用欧姆定律 $I = \dfrac{U}{R}$ 推导出公式 $R = \dfrac{U}{I}$，求出小灯泡的电阻值 R。

（二）实验装置与操作说明

伏安法测电阻的电路图如图 10-6 所示。该实验虽然是测量实验，但是教师也可以引导学生经历一个比较完整的探究过程：设计实验、动手实验、记录数据、分析数据、得出结论。即学生根据实验原理，设计实验电路图和实验数据记录表，在设计的基础上连接电路、动手实验，记录实验数据，最后求出小灯泡的电阻值。

该实验在实施过程中教师可以结合学生的实际情况分为几个层次来进行教

学。第一个层次是只要用伏安法测出一组数据，求出小灯泡的电阻值即可。第二个层次是可以通过调节滑动变阻器，分别测量小灯泡在不同电压下的电阻值，将数据绘制成图像，引导学生观察图像，分析小灯泡的电阻值有何特点。第三个层次是多次测量未知定值电阻，将数据绘制成图像，引导学生观察图像特点，可与小灯泡的电阻值图像进行对比分析。

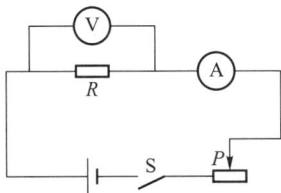

图 10-6　伏安法测电阻的电路图

第二节　探究类学生必做实验

　　物理探究类实验是指在结果未知的情况下，在教师引导和学生配合下，学生围绕某个问题通过实验设计、实验操作、分析综合，得出结论并对结果进行交流的一种实验类型。[①] 科学探究主要包括问题、证据、解释、交流等要素。

　　探究类实验需要教师创设贴近学生生活的实验情境，唤起学生在探究前的认知以及具备的能力，通过实验探究过程，在原有认知与能力的基础上修正、建构出新的认知能力结构，从而形成对物理概念、规律及其相互之间关系的意义理解。同时，学生在情境中获得的实验探究方法以及实验安全规范等内容，也会转化为在日常生活中应用其解决问题的观念和能力，帮助学生解决日常生活中的问题。

　　探究过程总会遇到各种突发的故障与问题，这就需要教师引导学生观察异常现象和故障现象的部位、过程、特征等来逐步缩小查找范围，通过反复试探性操作和调整来解决故障。[②] 通过这一活动，学生可以意识到探究过程会受到各种外因或内因的影响。同时，通过实验活动及误差分析，学生不仅可以学习各种实验方法，如控制变量法、类比法等，也可以深入认识实验原理，从而为建立理想化模型、改进实验设计提供实验基础。另外，实验数据分析以及合作讨论，还有助于学生形成质疑反思的意识，为培养创新意识和能力提供思想基础。

　　探究过程中，具备"发现问题、提出问题的意识"是培养学生质疑能力的

①　阎金铎，郭玉英．中学物理新课程教学概论［M］．2版．北京：北京师范大学出版社，2018.
②　李春密．中学物理实验教学研究［M］．北京：北京师范大学出版社，2018.

基础，而质疑能力又是创新能力不可或缺的组成部分。因此，在实验探究中培养学生的问题意识非常重要。同时，质疑也意味着深度参与，有助于提高课堂有效性。对于"设计实验方案"，首先需要依靠问题和猜想确定实验目的，再根据实验目的选择实验原理，设计实验步骤和方案，其后根据实验原理、实验步骤选择仪器，按照保证安全和减小误差原则选择仪器规格，从而正确使用已学实验器材收集数据。另外，也要注重实验后的结论解释以及交流合作。结论解释是锻炼学生论证能力的重要方式，学生通过运用证据和逻辑推理等方式形成对实验的解释，并以此为依据与他人交流，从而获得对物理内容的正确理解。交流合作一方面可以调动学生的探究积极性，另一方面也可以培养学生合作、反思的能力。

让学生经历类似于科学工作者研究的过程，有助于学生认识到科学研究的普遍方法以及科学知识的创造性等科学本质。同时，探究活动也可以激发学生学习兴趣和学习积极性，有助于学生形成严谨、认真、实事求是的科学态度。另外，在贴近学生生活的情境中解决问题也可以引导学生关注社会、生活，培养学生的社会责任感。

《课程标准（2022 年版）》规定：初中物理共有 12 个必做的探究类实验。下面分别对这 12 个探究类学生必做实验进行解读。

一、探究水在沸腾前后温度变化的特点

（一）实验目的与原理

本实验的目的是观察水从加热至沸腾后一段时间的过程中水温变化的特点，感知水的沸腾是一种表面和内部同时发生的剧烈汽化现象，沸腾过程要吸热，该过程中水的温度不变。本实验需要观察和记录，随着加热时间的增加，水的状态和温度的变化。所以需要记录时间和温度两个物理量，绘制 T-t 图像，进而分析相应的规律。

（二）实验探究过程说明

本实验可以给学生较大的空间，为学生提供铁架台、温度计、隔板、烧杯、石棉网、酒精灯等仪器，实验装置如图 10-7 所示，让学生自主分析论证，从而得到结论。

提出问题：水沸腾前后的温度分别如何变化？如何观察水沸腾时气泡的变化情况？基于研究问题，明确实验中应观察和记录的对象。

收集证据：实验活动中，观察沸腾前和沸腾时的实验现象的区别，一边计时，一边读出温度计的示数并记录在表格中。将观察到的现象用语言描述出

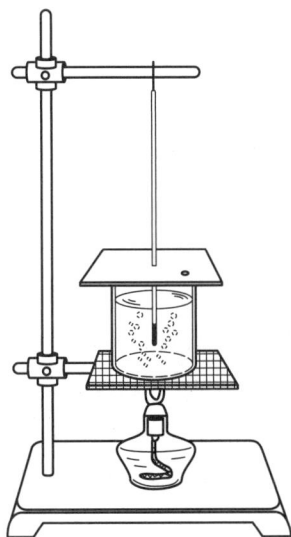

图 10-7 测量水的温度的实验装置

来，在方格纸上标出各个时刻记录的温度。用平滑的曲线把这些点连接起来，进一步得到水沸腾前后的温度变化图像。收集的具体实验数据，即证据。让学生体会到科学的结论来自对证据的收集和分析。

解释证据：将水沸腾前后的温度变化图像分阶段进行解释和说明，明确两段过程中水温度的变化和状态的变化，得到沸点。基于证据分析相关现象或原因，得出合理的结论。

交流评估：学生表述实验发现，评估实验过程中的实验现象，提出改进的措施。例如，引导学生思考"如何既节约能源又节省时间"，学生经过讨论，归纳出一些有效措施：加盖子，选择温度较高的水，减少到合适的水量。继续讨论"水沸腾后移去酒精灯，沸腾是否会继续"，共同探讨沸腾的条件。对实验中遇到的问题，可以通过交流与评价的方式达成共识。

二、 探究滑动摩擦力大小与哪些因素有关

（一）实验目的与原理

本实验的目的是探究影响滑动摩擦力大小的因素。当物体与粗糙斜面相互挤压、并有相对运动时，二者之间存在滑动摩擦力。若用弹簧测力计对物体施加外力，使物体处于匀速直线运动的状态，则由二力平衡可得，此时物体所受外力大小与滑动摩擦力大小相等，从而间接测量物体所受的滑动摩擦力。分别改变物体间压力、物体表面粗糙程度等多个因素，即可探究滑动摩擦力大小与

哪些因素有关。

（二）实验探究过程说明

建议使用弹簧测力计、平板、细绳、长方形物块、砝码、棉布、毛巾等来完成本实验。

提出问题：影响滑动摩擦力大小的因素有哪些？

收集证据：在平板上放置一物块，用细绳连接弹簧测力计和长方形物块，拉动弹簧测力计使物块近似作匀速直线运动，弹簧测力计显示读数即为物体所受滑动摩擦力。在物块上添加不同数量的砝码，即可探究滑动摩擦力大小与物体间压力的关系；在平板上铺棉布、毛巾等，即可探究滑动摩擦力大小与物体表面粗糙程度的关系。还可以改变其他因素，如接触面积、运动速度等，探究其他因素是否会影响滑动摩擦力大小。

解释证据：若改变某一要素使得滑动摩擦力大小改变，即可认为该因素是影响滑动摩擦力大小的因素。经过探究，学生可以发现，滑动摩擦力大小与物体间压力、物体表面粗糙程度两个因素有关。

交流评估：学生可以分别完成不同因素的探究实验，并相互交流，得到更完善的结论。也可以讨论如何优化实验，例如，如何使物体运动速度保持恒定，如何更好地读取弹簧测力计示数等。

三、探究液体压强与哪些因素有关

（一）实验目的与原理

本实验的目的是通过实验探究，运用科学思想定性掌握影响液体内部压强大小的因素。液体内部存在压强，液体压强的大小可能与多种因素有关，需要利用控制变量的方式研究液体压强与某一因素的关系。利用如图 10-8 所示的实验装置，通过微小压强计的 U 形管两侧液面高度差的变化判断液体压强的大小。

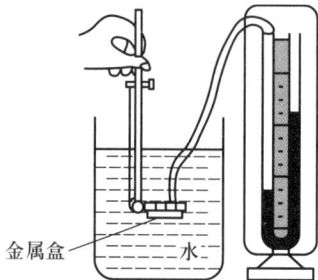

金属盒　　水

图 10-8　测量液体压强的实验装置

（二）实验探究过程说明

"液体压强影响因素实验"是在感知液体压强存在之后，对液体内部压强特点的探究。其中对学生控制变量以及转换的科学方法的培养尤为重要，侧重培养学生的科学思维。建议使用水、盐水、压强计等来完成本实验。

提出问题：液体压强大小与哪些因素有关呢？学生可能会提出液体深度、液体密度、液体体积等猜想。

收集证据：要想获得证据，就需要思考如何获取，进而设计探究的方案。首先，明确如何感知液体内部压强大小的变化，从之前的实验经验，迁移到本实验中。接着，通过橡皮膜的形变程度，再到观察 U 形管两侧液面高度差，实现观察对象的转换，达到优化观察效果的目的。然后，设计探究实验，分别探究液体密度和液体深度对液体压强大小是否有影响，同时考虑控制变量的必要性，以及如何实现。最后，设计表格获取数据。

解释证据：基于得到的结论可以对生活中存在的现象进行解释。例如，潜水时，越往下潜，人体感受到的压迫感越强，强化液体深度对液体压强的影响。引入物理学史，在课堂上重演帕斯卡裂桶实验，增加课堂的趣味性，让学生感受物理的思想传承。

交流评估：针对课堂学生实验过程中出现的实验现象不理想情况进行交流讨论。例如，当压强计的探头浸入液体时，U 形管的两侧液面高度差没有发生变化。也可以进一步提出问题"液体压强的大小与液体的质量是否有关""液体压强的大小与液体的高度是否有关"。给学生更多思考和应用的空间，让学生应用所学到的科学方法和科学思维解决新的情境问题，并且能运用科学语言与他人交流和沟通，表达自己的想法。

四、探究浮力大小与哪些因素有关

（一）实验目的与原理

本实验的目的是用水、弹簧测力计等，探究金属物品所受浮力与哪些因素有关。金属块在液体中会受到竖直向上的浮力作用，在液体中静止时，所受浮力与弹簧拉力的合力与重力平衡，即 $F_{浮} = G - F$。本实验利用如图 10-9 所示的实验装置，需测量金属块受到的重力，以及不同情况下在液体中静止时弹簧测力计提供的拉力，探究影响浮力大小的因素。

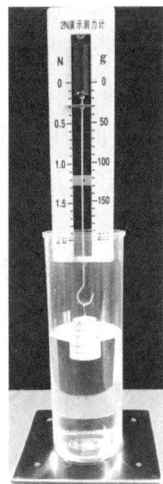

图 10-9　测量浮力的实验装置

（二）实验探究过程说明

建议使用水、盐水、金属块、弹簧测力计等完成本实验。

提出问题：物体所受的浮力大小与哪些因素有关？继而提出以下两个问题。

（1）浮力是否与物体浸在液体中的体积有关？

（2）浮力是否与液体的密度有关？

收集证据：

（1）浮力是否与物体浸在液体中的体积有关？

沿竖直方向用弹簧测力计吊着圆柱形金属块，分别使金属块的一部分浸入量筒的水中、完全浸没在水中，测出金属块排开水的体积 $V_{排}$，记录弹簧测力计的示数。利用 $F_{浮}=G-F$，分别计算出两次的浮力 $F_{浮}$，并记录。

（2）浮力是否与液体的密度有关？

沿竖直方向用弹簧测力计吊着圆柱形金属块，使金属块分别浸没在水、盐水中，记录弹簧测力计的示数。利用 $F_{浮}=G-F$，分别计算出两次的浮力 $F_{浮}$，并记录。

解释证据：

（1）浮力是否与物体浸在液体中的体积有关？

当物体浸在液体中的体积改变时，物体所受浮力也发生了改变。归纳实验结论：浮力与物体浸在液体中的体积有关。

（2）浮力是否与液体的密度有关？

当物体排开液体的密度改变时，物体所受浮力也发生了改变。归纳实验结论：浮力与物体排开液体的密度有关。

交流评估：本实验只探究浮力与物体浸在液体中的体积和液体的密度是否有关，所以可进行两次实验。此实验还可拓展为探究浮力是否与浸在液体中的体积成正比，是否与液体的密度成正比，此时，自变量至少要改变六次。测量固体（如圆柱或棱柱）浸在液体中的体积时，可以在柱体的外表面上标上长度刻度，竖直浸入液体中，根据液面到达的刻度即可知柱体浸入液体中的体积。也可以用相同固体（如钢珠）系成一串，逐渐浸入液体中，浸入液体中固体的个数之比就等于浸入液体中固体的体积之比。教师可根据本学校的实验条件组织学生进行探究。

五、探究杠杆的平衡条件

（一）实验目的与原理

本实验的目的是用两端附有平衡螺母的带刻度的杠杆、铁架台和钩码，探究杠杆平衡时动力、动力臂与阻力、阻力臂之间的定量关系。杠杆在水平位置平衡时，杠杆两侧受到的作用力 F 等于各自钩码所受的重力 G，挂钩码位置到支点的距离等于力臂 L。本实验需记录不同的平衡状态下杠杆两端受到的作用力与对应的力臂长度，探究杠杆的平衡条件。

（二）实验探究过程说明

建议使用杠杆、支架、钩码、弹簧测力计、刻度尺、细线等器材来完成本实验。

提出问题：如果动力跟动力臂的乘积等于阻力跟阻力臂的乘积，则杠杆能平衡吗？

收集证据：用弹簧测力计测出钩码的重力 G，杠杆两侧受到的作用力 F 等于各自钩码所受的重力 G。杠杆在各次实验中水平位置平衡时，分别记录相应的动力 F_1 和动力臂 L_1、阻力 F_2 和阻力臂 L_2 的数据（如图 10-10）。

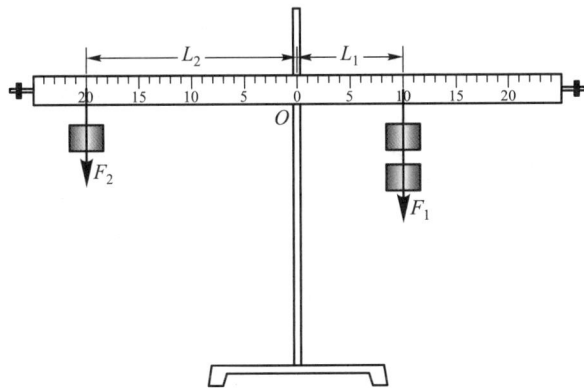

图 10-10 探究杠杆的平衡条件的实验装置

解释证据：实验结果表明，当杠杆平衡时，力臂越长，需要的力越小；力臂越短，需要的力越大。二者之间很可能是反比关系。在此基础上进一步分析当杠杆平衡时，动力跟动力臂的乘积与阻力跟阻力臂的乘积之间是否存在某种关系。最终得出动力跟动力臂的乘积等于阻力跟阻力臂的乘积，则杠杆平衡。

交流评估：在探究杠杆平衡条件时，可分成三个层次来完成。

第一个层次：杠杆平衡时，如果保持阻力和阻力臂不变，那么动力和动力臂满足什么关系。

第二个层次：探究杠杆平衡时，动力 F_1 和动力臂 L_1 的比例系数 k 与阻力 F_2 和阻力臂 L_2 的关系。

第三个层次：如果动力跟动力臂的乘积等于阻力跟阻力臂的乘积，则杠杆平衡。这个层次的问题就是判断，当阻力和阻力臂不再一定（即变化）时结论是否成立。取数据时要注意代表性，阻力、阻力臂、动力、动力臂要变化，要有同侧的情况，也要有异侧的情况。

六、探究光的反射定律

（一）实验目的与原理

本实验的目的是用激光笔、平面镜、白纸板、可折叠光屏及量角器等探究光的反射规律。由于光线是较为抽象的物理概念，学生应把主要精力用于猜想反射光线位置、反射光线和入射光线可能存在的位置关系。在确定反射光线、入射光线和法线的位置关系后，进一步进行观察，记录不同情况下反射角与入射角的大小，然后通过分析和论证，验证猜想，并得出光的反射定律。

（二）实验探究过程说明

建议使用激光笔、平面镜、光屏及量角器等器材完成本实验。

提出问题：如何找到反射光线的位置，光的反射角与入射角之间有怎样的关系？

收集证据：将平面镜放在水平桌面上，将白纸板垂直放在平面镜上，将激光笔出光口靠在白纸板上，以一定的角度，让光线入射到平面镜上，注意激光笔摆放位置，要能够在白板上看到光线的痕迹。用铅笔在白纸板上标记出入射光线、反射光线、法线、入射点、反射点的位置（如图 10-11）。改变入射角度，重复实验多次，用量角器分别测量出每次实验的入射角和反射角的大小。

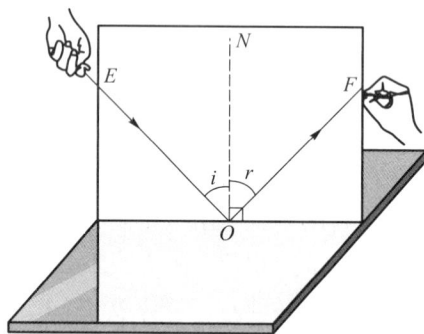

图 10-11　记录入射角和反射角

解释证据：通过记录实验现象与分析表格中数据得出结论，总结出入射光线、反射光线、法线的位置关系与光的反射规律。学生能够发现，入射光线、反射光线与法线位于同一平面内，反射光线与法线的夹角总是和入射光线与法线的夹角相等。

交流评估：学生讨论，若光垂直入射到平面镜上，入射角、反射角各为多少? 光的传播方向是否发生改变? 若一束光沿某一方向入射到平面镜上被反射后, 再沿反射光线的方向入射, 那么这束光会沿什么方向反射出去?

七、探究平面镜成像的特点

(一) 实验目的与原理

本实验的目的是用蜡烛、平板玻璃、直角三角尺等, 探究平面镜成像时, 像与物的大小、位置、虚实关系。平面镜成像时, 像的位置与物的位置关于镜面对称, 大小相等, 且成虚像。探究平面镜成像时像与物的关系是光学实验中相对较复杂的一项实验内容。实验操作的难点在于让学生找准物体在平面镜中所成像的位置、像与物的大小关系、像的虚实, 这三点也是学生认识平面镜成像特点的关键。

(二) 实验探究过程说明

建议使用完全相同的蜡烛 (或其他物品)、平板玻璃、刻度尺、白纸等, 探究平面镜成像时, 像与物的大小、位置、虚实等特点。

提出问题: 平面镜成像的规律是怎样的? 具体来说, 如何探究平面镜成像规律? 为什么选用平板玻璃为反射面, 而不选用平面镜? 为什么准备了两根一模一样的蜡烛? 实验中的白纸、直角三角尺有什么作用?

收集证据: 如图 10-12 所示, 将白纸平铺在水平桌面上, 再将平板玻璃放竖立放在白纸上。沿着平板玻璃再白纸上画一条直线, 记录平板玻璃的位置。将一支点燃的蜡烛放在平板玻璃前面, 并用铅笔记录位置。这时可以观察到平板玻璃后面的像。再拿另一根外形相同但没有点燃的蜡烛放在平板玻璃后面, 移动蜡烛, 直到它与点燃蜡烛的成像看上去完全重合。记录它的位置。改变蜡烛的位置, 重复实验。实验结束后, 连接像与物位置之间的线, 测量二者的距离。

图 10-12　探究平面镜成像的实验装置

解释证据：通过记录实验现象与分析表格中数据得出结论，总结平面镜中所成像的位置、像与物的大小关系、像的虚实等成像规律。学生发现，平面镜所成像的位置与物的位置关于镜面对称，大小相等，且成像位置没有实际光线汇聚。

交流评估：小组间讨论实验结论及实验中遇到的问题，针对问题讨论进一步解决的方案。例如，实验过程中，学生可能会观察到两个不重合的像，分别是平板玻璃前后面反射形成的，可以通过在平板玻璃上贴半反半透膜解决这个问题；为更准确地测量"物像等距"，可以将白纸换成坐标纸；可以用其他物体代替蜡烛进行实验，或者采用在纸上写字或字母的形式进行实验探究，能够更好地验证物像之间的关系。

八、探究凸透镜成像的规律

（一）实验目的与原理

本实验的目的是用蜡烛（或 LED 灯珠）、光具座、光屏等，探究凸透镜成像时，像的虚实、正倒、大小、位置跟物距的关系。学生在进行实验前虽然已经学习过相关透镜的知识内容，但是对本次凸透镜成像特点的探究，将凸透镜成像特点与物距和焦距相联系会较为困难。

（二）实验探究过程说明

建议使用蜡烛（或 LED 灯珠）、光具座、光屏等器材完成本实验。

提出问题：以生活中的实例进行问题引入，如放大镜是一个凸透镜、日常生活中大家经常使用的照相机、上课时用的投影仪里面都有凸透镜。它们都是利用凸透镜进行物体成像的。它们成像有什么不同呢？照相机成像比真实物体小，投影仪成像比真实物体大。照相机和投影仪所成的像是倒立的，而放大镜所成的像是正立的。引导学生思考凸透镜成像的虚实、正倒、大小、位置跟什么有关。

收集证据：烛焰、凸透镜和光屏的中心在同一高度时成像效果最好。如图 10-13 所示，将凸透镜固定在光具座上，将蜡烛由凸透镜一侧由远及近地放置，用眼睛与光屏依次寻找像，并记录像的虚实、正倒、大小、像距等。如焦距为 10 cm 的凸透镜，可以从距凸透镜 30 cm 的位置开始移动蜡烛，依次采集 25 cm、20 cm、15 cm、10 cm、5 cm 位置的信息，也可以采用字母屏幕替换蜡烛进行实验。

解释证据：通过实验现象记录与表格中数据的分析得出结论，总结出凸透镜成像规律——当物距小于一倍焦距时，在物的同侧成正立、放大的虚像，像

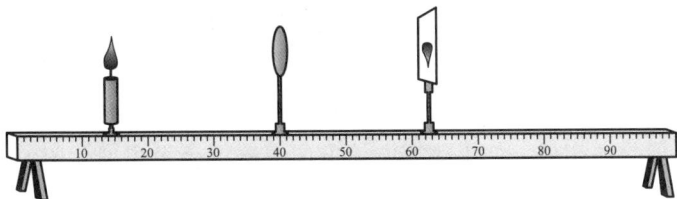

图 10-13　探究凸透镜成像规律的实验装置

距随物距增大而增大；当物距等于一倍焦距时，不成像，成平行光射出；当物距介于一倍、二倍焦距之间时，在物的异侧成倒立、放大的实像，像距随物距增大而减小；当物距等于二倍焦距时，在物的异侧、二倍焦距位置成倒立、等大的实像；当物距大于二倍焦距时，在物的异侧成倒立、缩小的实像，像距随物距增大而减小。

交流评估：各小组进行实验结果交流与讨论，分享实验结果，讨论实验中遇到的问题和解决方案。实验过程中，可以为不同实验小组配发不同焦距的凸透镜，促进组间的交流。

九、探究通电螺线管外部磁场的方向

（一）实验目的与原理

本实验的目的是用小磁针、通电螺线管等，探究通电螺线管外部磁场的方向。本实验需要学生运用磁场方向的规定和条形磁体外部磁场的特点等知识，通过探究实验并观察实验现象，与之前学习的不同形状的磁体周围的磁场进行比较，得出通电螺线管外部磁场的方向。

物理中规定小磁针在磁场中自由旋转后 N 极的指向为该处的磁场方向，根据排布的小磁针 N 极方向确定通电螺线管外部的磁场方向。

（二）实验探究过程说明

建议使用铁屑、螺线管、铁芯、学生电源、小磁针等器材来完成本实验。

提出问题：通电螺线管外部磁场的方向是怎样的？

收集证据：闭合开关，让螺线管通电，观察周围小磁针静止时 N 极的指向。

解释证据：由于通电螺线管周围产生磁场，而小磁针在磁场中受到力的作用而发生偏转，因为周围磁场方向不同，小磁针受力方向不同，所以 N 极偏转方向不同。反之，根据小磁针的偏转就可以判断磁场的方向，得到通电螺线管的磁场分布（如图 10-14）。

交流评估：如何更好地反映通电螺线管周围磁场的分布及方向？得出整个通电螺线管周围的磁场方向，并与之前学习的不同形状的磁体周围的磁场方向进行比较。学生可以讨论并设计方案，比如使用更多的小磁针或撒铁屑等，最后得出与条形磁体相似。如果改变电流方向，磁场会发生变化吗？学生可以进一步探究。

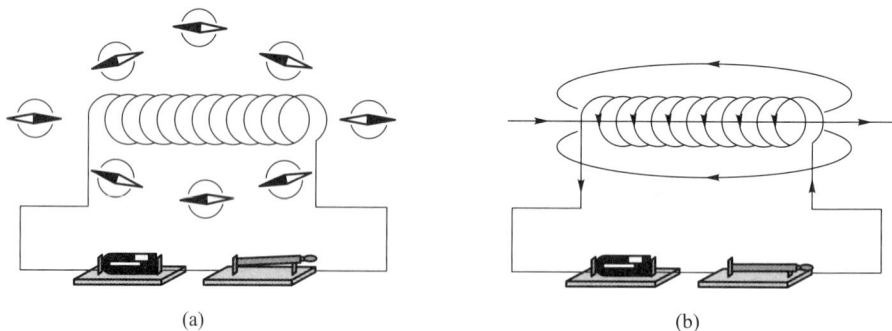

(a)   (b)

图 10-14　通电螺线管的磁场分布

十、探究导体在磁场中运动时产生感应电流的条件

（一）实验目的与原理

本实验的目的是用矩形线圈、磁体、灵敏电流计等探究产生感应电流的条件。学生通过多次探究、尝试如何让灵敏电流计发生偏转，通过对比探究导体在磁场中运动产生感应电流的条件。

闭合电路中的一部分导体在磁场中作切割磁感线运动，导体中产生感应电流，从能量角度看，产生感应电流的过程中机械能转化为电能。

（二）实验探究过程说明

建议使用矩形线圈、磁体、灵敏电流计、导线等器材完成本实验。

提出问题：导体在磁场中运动时产生感应电流需要什么条件？

收集证据：闭合开关，让矩形线圈在磁场中运动，改变运动方向，观察电流计指针是否发生偏转，不发生偏转时，矩形线圈如何运动。

解释证据：整个电路是闭合的，当矩形线圈在磁场中作切割磁感线运动时，就会产生感应电流。

交流评估：在探究过程中，电流计的指针在零刻度线左右摆动，说明电流方向发生变化，这是什么原因，并进一步设计实验判断电流方向与导体切割磁感线方向的关系以及如何改变产生感应电流的大小。

十一、探究串联电路和并联电路中电流、电压的特点

（一）实验目的与原理

本实验的目的是探究串联电路和并联电路中电流、电压的特点。纯电阻的串联电路中，电流处处相等，电压按电阻大小分配，电压之和为总电压；并联电路中，每条支路的电压相等，电流按电阻大小的倒数分配，电流之和为干路电流。可以将小灯泡分别串联、并联在电路中，使用电流表、电压表分别测量电路中各个位置的电流、电压，进一步探究规律。

（二）实验探究过程说明

建议使用干电池、两个小灯泡、导线、开关、电流表、电压表等器材完成本实验。

提出问题：串联电路和并联电路中，电流和电压的特点分别是怎样的？

收集证据：按如图 10-15 所示的两个电路图连接电路。串联电路中，分别测量两灯泡、电源两端的电压与 A、B、C 三点的电流；并联电路中，分别测量两灯泡、电源两端的电压与干路、各支路的电流。

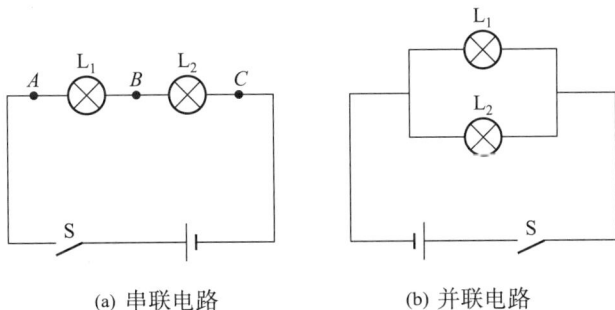

(a) 串联电路   (b) 并联电路

图 10-15　串联电路和并联电路

解释证据：分析同一电路中测得的各个电流值、电压值之间的关系，判断其是否具有相等、和差等关系。如分析串联电路中 A、B、C 三点的电流，可以发现其大小相等。

交流评估：学生可以分别完成不同电路、不同物理量的探究实验，并相互交流，得到更完善的结论。也可以讨论更复杂的情况，如混联电路中电流、电压的关系等问题。

十二、探究电流与电压、电阻的关系

（一）实验目的与原理

本实验的目的是用电压表、电流表、滑动变阻器等，测量小灯泡的电阻。通过本实验，学生应当能够熟练使用电流表和电压表测量电路中的电流和电压；会用滑动变阻器改变部分电路两端的电压；通过实验科学探究，收集实验数据，经过科学思维、分析归纳、演绎推导，得出实验规律。

学生通过学习知道，电路中电压变化可能会导致电流的变化，电阻的变化可能会导致电压、电流同时变化，所以，研究电流与电压的定量关系，就要保证电阻不变；研究电流与电阻的关系，就要保证电阻两端的电压不变。因此本实验采用控制变量法探究电流与电压、电阻的关系。研究导体中的电流与导体两端电压的定量关系，就要设定电阻一定的条件下，去探究导体中的电流随两端电压的变化情况；研究电流与电阻的定量关系，就要设定电压一定的条件下，去探究导体中的电流随电阻的变化情况。实验时采集多组关于电流和电压、电流和电阻的实验数据，可以通过绘制 I-U 和 I-R 图像求得电流与电压、电流与电阻之间的关系，分析归纳数据，演绎推导出实验规律。

（二）实验探究过程说明

建议使用干电池、导线、开关、电流表、电压、定值电阻等器材来完成本实验。

提出问题：电流与电压、电阻的关系是怎样的？具体来说，如何探究电流与电压、电阻的关系？当电压一定时，电流与电阻的关系是怎样的？当电阻一定时，电流与电压的关系是怎样的？如何设计电路？

收集证据：测量前，学生应会设计正确的闭合电路；能够熟练按照电路图连接实物；会调节电源；会调节滑动变阻器；会调节定位螺丝，使电流表、电压表的指针指到电流、电压零刻度线处；会查看电流表、电压表量程选择是否合理。

需要说明的是，《课程标准（2022 年版）》没有限定器材和要求学生绘制图像。除了使用常规的器材外，还可以采用其他器材以及模拟仿真，开发学生的创新思维，培养学生创新能力；在绘制图像方面，教学中也可以引入GeoGebra 等绘图软件，对实验数据进行处理和呈现。

在测量数据时：（1）保持电阻不变，测量电阻两端电压 U 和电流 I，记下数值；通过移动滑动变阻器，改变电阻 R 两端电压，重复三次以上，记下多组数据。（2）保持电压 U 不变，测量电流 I，记下阻值 R 和对应的电流值；移动滑动变阻器，重复三次以上，记下多组数据。

解释证据：处理实验数据时，将每组数据都记录到图表中，用 $I-U$ 和 $I-R$ 图像进行分析，得到在电阻一定时，导体中的电流与导体两端的电压成正比；在电压一定时，导体中的电流与导体的电阻成反比的实验结论。

交流评估：学生分组讨论实验中遇到的问题，尝试汇报实验步骤、分析过程与探究结果。学有余力的学生可以进一步查阅资料，了解电阻箱的原理，使用电阻箱代替定值电阻 R，简化实验操作，并采用此方式连接电路进行实验。

第三节　学业要求和教学提示

实验探究对发展学生核心素养具有重要的作用，为了帮助教师更好地开展和组织学生必做实验，下面就"实验探究"主题学业要求和教学提示分别进行解读。

一、实验探究主题的学业要求解读

实验探究主题从物理课程要培养的核心素养的四个方面给出了学业要求。

在物理观念方面，强调"能通过物理实验建构物理概念，深化对物理规律的认识，领悟其内涵及相互联系"。例如，在测量物体运动的速度的实验中，学生可以通过"用秒表和刻度尺，测量小球通过某段距离的速度"来间接地获得小球的速度，通过具体情境深化学生对速度与时间和距离关系的认识，实现对物理规律的深度学习。同时，还强调"有将实验探究方法及安全操作规范等运用于解决日常问题的意识，能根据所学知识和说明书等解决现实中的简单问题"。为此，教师首先需要引导学生了解实验仪器的基本原理、功能、量程、操作规范等。在教师的指导下学生需要亲自动手操作，注意实验安全规范，感悟物理实验方法，最终形成用其解决日常问题的意识。需要注意的是，教师所创设的测量实验情境需要与学生日常生活相联系，帮助学生实现从生活走向物理，从物理走向社会的过程。

在科学思维方面，引导学生"知道科学探究会受到各种因素的影响，在实验中能关注主要因素，忽略次要因素"。例如，在探究导体在磁场中运动时产生感应电流的条件的实验中，要求学生使用控制变量法，分别探究运动方向、磁场强弱、电流大小等因素对感应电流的影响；记录导体在磁场中的运动时，能准确建立磁场模型；能基于对实验现象的科学推理，得出导体在磁场中运动时产生感应电流的条件，对实验现象的合理性进行判断，对实验进行反思，提出改进建议。

在科学探究方面，强调培养学生的问题意识，会设计实验方案，能根据实验收集数据，对收集的证据进行解释，并与他人交流，能撰写简单的实验报告。在前面的探究类实验中，对探究过程从提出问题、收集证据、解释证据、交流评估四个环节进行了比较详细的解读。因此，在实验探究中，要注重实验观察能力、实验操作能力、实验思维能力、实验设计能力，以及合作与交流能力，特别是科学探究能力的培养。

在科学态度与责任方面，让学生体会实验探究对物理研究和学习的重要价值，亲自动手实验，激发学习兴趣。在实验探究过程中，通过正确操作实验仪器以及准确读数，不仅可以锻炼学生严谨认真、实事求是的实验态度，还可以培养学生正确获得实验数据、爱护实验仪器、安全操作的良好习惯。同时培养学生节约资源、保护环境的行为及责任感。

下面就每个学生必做实验的学业要求进行比较详细的说明。

（一）"用托盘天平测量物体的质量"的学业要求

本实验的重点是让学生学习托盘天平的使用与读数方法。具体学业要求如下：

（1）学习并了解托盘天平的基本原理、功能、量程、分度值、操作规范等，形成运用托盘天平测量物体质量的意识；通过测量物体质量形成对质量概念的感性认识，了解质量的物理意义。

（2）在测量物体质量的实验中，学习灵活运用累积法与取样法，测量微小物体或较大物体的质量；通过测量液体质量学会间接测量的方法。

（3）学习如何正确操作托盘天平测量物体的质量，以及正确读数，在实验前能够对天平进行调零，能按合适的顺序增减砝码、调整游码；能用表格等方式全面、准确地记录实验数据。

（4）学习托盘天平使用的注意事项以保护测量工具，避免弄湿、污染或损坏天平，养成规范操作实验仪器的良好习惯；如实记录实验数据，不编造、修改，形成严谨认真的科学态度。

（二）"测量固体和液体的密度"的学业要求

本实验的重点是让学生学习测量固体、液体密度的方法，学习量筒的使用与读数方法。具体学业要求如下：

（1）学习量筒的使用方法、单位标度、量程、读数规范等，学会用排水法测量固体的体积；知道密度的物理意义，通过实验测量对不同物体密度形成直观的了解与认识。

（2）学习用排水法测量固体体积，通过质量与体积之比求密度及其蕴含的间接测量的方法；基于科学推理，思考使蜡块完全浸入液体的方法。

（3）能设计测量盐水、小石块密度的实验方案，规范操作托盘天平、量筒采集实验数据；能考虑到液体转移时的残留对实验结果造成的影响，合理处理实验数据得出物体密度。

（4）能严谨认真地记录和处理实验数据，养成实事求是的科学态度；在实验过程中养成规范操作实验仪器的良好习惯，避免液体污染实验环境。

（三）"用常见温度计测量温度"的学业要求

本实验的重点是让学生学习常用温度计的使用与读数方法，学会测量常见固体、液体的温度。具体要求如下：

（1）学习常见温度计功能、量程、分度值、操作方式和读数方法，知道温度计利用液体热胀冷缩工作的基本原理，能测量常见固体、液体的温度；通过实验对生活中常见物体的温度形成直观认识，了解温度的物理意义。

（2）了解温度计利用转化法测量温度的原理，以及将液体封存进细玻璃管中蕴含的放大法思想；认识到温度测量的实质是比较；能基于科学推理，在测量液体温度实验中合理选择放置温度计的位置。

（3）学习如何正确操作温度计，合理选择放置温度计的位置，测量常见固体、液体的温度，如人体的温度、水的温度等，以及正确读数，用表格等方式全面、准确地记录实验数据。

（4）了解温度计使用过程中的注意事项，并做好安全防范措施，防止温度计破损导致的危害，养成良好的实验操作习惯。学习如实记录实验数据，培养严谨的物理学科实验素养。

（四）"用刻度尺测量长度，用表测量时间"的学业要求

本实验的重点是让学生学习刻度尺和秒表的使用与读数方法。具体学业要求如下：

（1）学习常见刻度尺和秒表的使用原理、功能、量程、分度值以及精确度；形成使用刻度尺和秒表测量长度、时间的意识；通过实验形成基本的长度、时间概念，能够对长度、时间进行简单估算。

（2）学习直接比较法，即采用同类计量标准进行比较的方法；学习多次测量取平均值以减小误差的方式；学习灵活运用累积法测量较短时间的方法。

（3）学习使用刻度尺和秒表的正确方法以及正确读数，完成常见物体的长度测量、常见生活场景的时间测量，并对实验数据进行正确记录，对结果进行正确描述和解释。

（4）学习如实记录实验数据，养成严谨认真的实验态度，不捏造、篡改实验数据，遵守仪器的使用规则，对待实验认真仔细，形成良好实验习惯，能将物理知识迁移到生活中。

（五）"测量物体运动的速度"的学业要求

本实验的重点是让学生学习测量物体平均速度的方法，学会计算物理运动的平均速度。具体学业要求如下：

（1）知道测量速度的方法，进一步学习正确使用刻度尺与秒表的方法；认识速度的物理意义。

（2）学会灵活运用间接测量法的方法测量小球运动的平均速度，构建测量平均速度的物理模型；学习运用斜面"冲淡"重力影响的思想。

（3）能够设计测量小球通过某段距离的平均速度的实验方案，选取适当的实验器材，准确记录小球运动的距离和时间，能够计算出小球运动的平均速度；能够根据实验需要，合理调整斜面的倾角，提高实验精度。

（4）注意实验操作安全以及规范性，养成规范实验步骤的良好习惯，防止小球从斜面掉落伤人；保证数据的真实、准确和完整，形成认真严谨的实验态度。

（六）"用弹簧测力计测量力"的学业要求

本实验的重点是让学生学习弹簧测力计的使用与读数方法。具体学业要求如下：

（1）学习弹簧测力计的基本原理、构造、功能、量度范围、操作要求、使用规范等，认识到弹簧弹力随弹簧伸长量增大而增大及其应用价值，形成运用弹簧测力计测量力的意识；通过实验形成对生活中常见力的大小的感性认识。

（2）学习运用转化法，利用物体对弹簧测力计的拉力间接测量物体的重力；能够基于科学推理，思考如何将不同形状的物体与弹簧测力计连接而不影响测量结果，并能判断弹簧测力计外壳对测量结果的影响。

（3）能够正确操作弹簧测力计测量力的大小，并能注意选择合适量程与分度值的弹簧测力计，知道正确的调零方法，知道所测力的方向应与弹簧轴线方向一致，并准确读数。

（4）学习弹簧测力计使用的注意事项以保护测量工具，避免由于超量程测量和操作不当导致弹簧损坏，养成规范操作实验仪器的良好习惯；通过实验培养认识和感知抽象世界的兴趣，以及严谨认真的科学态度。

（七）"用电流表测量电流"的学业要求

本实验的重点是让学生学会用电流表测量电流，学习指针式电流表的使用与读数方法，并应用其测量电路中的电流。具体学业要求如下：

（1）学习指针式电流表的量程、分度值、接线方法、读数规则等，了解电流表测量及显示电流大小的原理，知道电流表应与待测元件串联；形成运用电流表测量直流电路中电流的意识。

（2）通过自主设计测量电流的实验电路，发展创造性思维；发展关注主要因素、忽略次要因素的科学思维；建立理想电流表的物理模型。

（3）能够根据解决问题的需要，设计合理的实验电路，利用电流表收集解决问题所需的证据，通过学习仪表操作发展探究能力；学习如何排除电路故障，记录、解释和交流实验结果。

（4）学习指针式电流表的使用规则和电路连接的注意事项，在实验中注意保护电路元件，避免电流表、电源等实验器材损坏，养成规范操作实验仪器的良好习惯，树立安全用电、节约用电的意识；通过如实记录测量结果，形成一丝不苟、实事求是的科学作风。

（八）"用电压表测量电压"的学业要求

本实验的重点是让学生学会用电压表测量电压，学习指针式电压表的使用与读数方法，并应用其测量电路中的电压。具体学业要求如下：

（1）学习指针式电压表的量程、分度值、接线方法、读数规则等，了解电压表测量及显示电压大小的原理，知道电压表应与待测元件并联；形成运用电压表测量直流电路中电压的意识。

（2）通过自主设计测量电压的实验电路，发展创造性思维；发展关注主要因素、忽略次要因素的科学思维；建立理想电压表的物理模型。

（3）能根据解决问题的需要，设计合理的实验电路，利用电压表收集解决问题所需的证据，通过学习仪表操作发展科学探究能力；学习如何排除电路故障，记录、解释和交流实验结果。

（4）学习指针式电压表的使用规则和电路连接的注意事项，在实验中注意保护电路元件，避免电源等实验器材损坏，养成规范操作实验仪器的良好习惯，树立安全用电、节约用电的意识；通过如实记录测量结果，形成一丝不苟、实事求是的科学作风。

（九）"用电流表和电压表测量电阻"的学业要求

本实验的重点是让学生学习测量电阻的方法，能设计测量电阻的电路。具体学业要求如下：

（1）进一步学习正确使用电压表、电流表的方法，形成运用伏安法测量电阻的意识，通过实验学习欧姆定律的物理意义。

（2）学习用伏安法间接测量电阻的方法；学习运用图像法分析数据；学习运用比较思维比较小灯泡电阻和定值电阻的变化规律。

（3）能够设计实验电路，学习正确连接和使用电压表和电流表进行测量以及正确读数；学习如何排除电路故障，记录实验数据；知道多次进行实验，减小实验误差；利用图像法解释说明实验结果，交流实验结论。

（4）巩固正确使用电压表及电流表的方法，养成规范操作实验仪器的良好习惯；通过总结小灯泡电阻的变化规律，认识物理与日常生活的联系；通过小组合作实验，引导学生学会合作，培养学生实事求是的科学态度。

（十）"探究水在沸腾前后温度变化的特点"的学业要求

本实验的重点是让学生观察水加热至沸腾过程中温度变化的特点，直观认识沸腾现象，得出液体汽化时的温度变化规律。具体学业要求如下：

（1）通过实验，认识到沸腾是一种表面和内部同时发生的剧烈汽化现象，沸腾过程中水的温度虽然不变，但仍在不断吸热；学会温度计的使用与读数。

（2）能基于科学推理，合理选择放置温度计的位置；学习运用图像法处理数据、得出结论的技能。

（3）能合理地设计实验方案、操作实验器材，合作观察并同时记录温度、时间两个物理量，学会连续记录数据，并通过图像得出水加热至沸腾过程中温度变化的规律，经历探究流程，提高观察能力、动手操作能力、合作交流能力等探究能力。

（4）能关注加热时的安全隐患，避免烫伤，提高安全意识；认识到物理规律的得出来自对证据的收集和分析，建立在观察和实验基础上，获得通过实验得出结论的成就感。

（十一）"探究滑动摩擦力大小与哪些因素有关"的学业要求

本实验的重点是让学生定性地探究、认识影响滑动摩擦力大小的因素。具体学业要求如下：

（1）认识到滑动摩擦力与接触面的压力、粗糙程度有关；学习在日常生活中增大或减小摩擦的方法。

（2）学会运用控制变量法探究多个物理量间的关系；学习通过二力平衡用弹簧测力计示数代表滑动摩擦力大小的转化思想；基于科学推理，得出接触面的压力、粗糙程度影响滑动摩擦力大小的结论。

（3）能基于滑冰、自行车刹车等生活经验，对研究问题提出接触面的压力、粗糙程度等猜想，并利用控制变量法设计实验方案，分别完成滑动摩擦力大小与接触面的压力、粗糙程度等因素关系的探究，并能解释实验收集的证据，得出合理的结论。能与其他学生分工完成多个因素的探究并相互交流。

（4）能体会物理探究实验需要基于探究目的合理设计实验方案、选择实验器材和实验方法；能通过实验探究出影响滑动摩擦力大小的因素，产生成就感和学习物理的兴趣；关注控制物体匀速运动的过程，体会实事求是、严谨认真的科学态度。

（十二）"探究液体压强与哪些因素有关"的学业要求

本实验的重点是让学生定性地探究、认识影响液体内部压强大小的因素。具体学业要求如下：

（1）学习压强计使用的基本原理、功能、量程、精确度、操作规范等；认识到液体内部的压强随液体密度、深度变化，且在各个方向上的压强相等。

（2）学会运用控制变量法探究多个物理量间的关系；基于科学推理，得出液体密度、深度影响液体压强大小的结论；学习压强计使用中蕴含的转换思想。

（3）能基于生活经验，提出探究"哪些因素影响液体内部压强大小"问题，并提出合理的猜想。能利用控制变量法设计实验方案，正确操作压强计获取证据。分别完成液体压强大小与液体密度、深度及其他因素间关系的探究，对实验中获取的证据加以解释；学习与他人合作开展实验并对实验结果进行讨论。

（4）实验过程中注意压强计的使用量程，注意玻璃仪器的使用安全，防止损坏仪器，并注意控制液体不要洒出、泼溅、污染实验环境，体现社会责任；能够按照实验操作规范完成实验，并如实记录实验数据，形成严谨、认真的科学实验态度。

（十三）"探究浮力大小与哪些因素有关"的学业要求

本实验的重点是让学生定性地探究、认识影响浮力大小的因素。具体学业要求如下：

（1）直观地认识到液体对浸入其中的物体有浮力的作用，大小与液体密度、物体浸入体积有关，纠正浮力大小与物体质量、浸入深度等因素有关的错误前概念。

（2）学会运用控制变量法探究多个物理量间的关系；学习通过二力平衡用弹簧测力计示数代表浮力大小的转化思想；基于科学推理，得出液体密度、物体浸入体积影响浮力大小的结论。

（3）能基于死海、游泳、潜水器等生活经验提出探究问题与猜想，并利用控制变量法设计实验方案，将研究问题分为探究浮力大小与液体密度的关系、探究浮力大小与物体浸入体积的关系等多个子问题；能正确使用弹簧测力计收集证据，并对证据进行解释、得出结论；能与他人合作开展实验，并对实验结论进行讨论。

（4）实验过程中注意弹簧测力计的使用量程，防止损坏仪器，并注意控制液体不要洒出、泼溅、污染实验环境，体现社会责任；能按照实验操作规范完成实验，并如实记录实验数据，形成严谨、认真的科学实验态度。

（十四）"探究杠杆的平衡条件"的学业要求

本实验的重点是让学生经历调整杠杆的不同平衡状态的过程，建立对杠杆的平衡的直观认识，学习杠杆平衡的条件。具体学业要求如下：

（1）创设不同情况下杠杆的平衡状态，学习杠杆的平衡条件。能应用杠杆的平衡条件解释生活中的现象。

（2）能基于归纳推理，合理调节钩码的位置，使杠杆达到不同状态下的平衡；学习运用控制变量法，有目的地调节变量，掌握探究三个以上变量间关系的方法。

（3）能正确运用控制变量法设计多变量的探究实验方案；能正确操作器材使杠杆达到平衡，会测量并记录动力、动力臂、阻力、阻力臂；能合理运用表格记录多次实验的数据；从变量间的相互关系角度解释数据，归纳杠杆的平衡条件；经历探究过程，提高问题意识、团队意识、动手操作能力等。

（4）能体会物理探究实验需要基于探究目的合理设计实验方案、选择实验器材和实验方法；能通过实验获得杠杆的平衡条件，产生成就感和学习物理的兴趣；关注调节杠杆平衡的过程，体会实事求是、严谨认真的科学态度。

（十五）"探究光的反射定律"的学业要求

本实验的重点是让学生直观地认识入射光线、反射光线、法线的位置关系，定量探究光的反射定律。具体学业要求如下：

（1）通过实验，对光的反射现象有直观的认识，学习光的反射定律，认识到光路可逆，基于此学习眼睛能看到物体的原理。

（2）能基于科学推理，联系光沿直线传播的规律，结合生活经验，合理猜想光的反射路径、反射光线的位置；先后经历定性探究与定量探究，知道二者的区别；学习利用白纸板显示光线痕迹的方法。

（3）能基于探究目的和猜想合理设计实验方案；能正确、安全地使用激光笔、平面镜等实验器材，提高动手操作的能力；通过观察入射光线、反射光线、法线三者的位置关系，能正确测量并记录多组入射角和反射角的大小；能合理解释实验数据，通过归纳总结得到光的反射定律。

（4）能安全使用激光，提高安全意识。经历探究过程，获得光线的反射定律，产生成就感和学习物理的兴趣。体会物理研究建立在观察和实验的基础上。认识到物理研究中常通过多次实验以避免偶然性，体会严谨认真的科学态度。

（十六）"探究平面镜成像的特点"的学业要求

本实验的重点是让学生通过观察和实验，学习平面镜成像的特点。具体学业要求如下：

（1）认识到平面镜成像是遵循光的反射原理的现象，平面镜成像时，像的位置与物的位置关于镜面对称，大小相等，且成虚像；破除像的大小与物距有关等错误前概念。

（2）学习运用替代法确定像的位置和大小；能基于观察和实验的结果进行科学推理，得出平面镜的成像规律。

（3）能根据探究目的合理地选择实验器材，设计实验方案；能运用替代法，用完全相同的蜡烛确定虚像的位置和大小；能正确使用直角三角尺测量物和像的位置并运用表格进行多组数据的记录。能发现物与像之间的关系并进行总结，经历探究过程，提高实验设计能力、团队意识、动手操作能力等。

（4）能关注使用蜡烛与平板玻璃时的安全隐患，小心用火，避免划伤，提高安全意识。认识到生活中有很多基于平面镜成像规律原理的实例，产生学习物理的兴趣。经历探究过程，获得平面镜成像时物与像的关系规律，产生成就感。

（十七）"探究凸透镜成像的规律"的学业要求

本实验的重点是让学生认识光的折射原理在生活中的应用，学习凸透镜的成像规律。具体学业要求如下：

（1）量化认识凸透镜成像的规律，能判断不同物距下凸透镜所成像的虚实、大小等，能应用凸透镜成像规律解释放大镜、望远镜等生活中常见器材的原理。

（2）能基于凸透镜对光的作用原理，结合实验现象和实验数据，推理猜想凸透镜的成像特点与物距和焦距有关，能分析论证得到凸透镜的成像规律。学习运用控制变量法确定主要影响因素。

（3）能根据探究目的合理地选择实验器材，设计实验方案；经历从定性到定量的探究分析，运用控制变量法，确定主要影响因素是物距和焦距的关系；会测量并记录物距、像距，能观察识别并记录像的性质；能对实验数据进行分类和归纳，分析论证得到凸透镜的成像规律；经历交流讨论，对实验进行反思，提出改进建议。

（4）能关注安全使用点燃的蜡烛，提高安全意识。认识到凸透镜的成像规律广泛应用于设计创造各类生活器具，体会物理的价值，产生学习物理的兴趣和获取新知的成就感。

（十八）"探究通电螺线管外部磁场的方向"的学业要求

本实验的重点是让学生学习探究磁场方向的方法，并探究通电螺线管外部磁场的方向。具体学业要求如下：

（1）通过实验及磁场方向的规定，学习通电螺线管外部磁场的分布规律，对电生磁现象有更深刻、直观的认识；知道加铁芯、增大电流等使通电螺线管的磁场强度增大的方法。

（2）能根据小磁针的指向推理得出磁场方向，体会转换法在实验中的应用；能使用控制变量法并基于科学推理，得出通电螺线管电流方向与磁场分布的关系；能运用科学推理将通电螺线管外部磁场分布与条形磁体外部磁场分布类比。

（3）能合理地设计实验方案、操作实验器材，通过观察铁屑分布、电流方向、小磁针方向记录磁场的方向并得出通电螺线管外部磁场分布的规律，经历完整的探究过程，提高观察能力、动手操作能力、合作交流能力等探究能力。

（4）在给螺线管进行通电时，能选择大小合适的电流，具有安全用电意识。经历探究过程，得出通电螺线管外部磁场的方向，产生成就感和学习物理的兴趣。

（十九）"探究导体在磁场中运动时产生感应电流的条件"的学业要求

本实验的重点是让学生学习导体在磁场中切割磁感线运动能够产生感应电流。具体的学业要求如下：

（1）通过实验，学习导体在磁场中运动产生感应电流的条件，对磁生电现象有更深刻和直观的认识；能从能量角度理解产生感应电流是机械能转化为电能；掌握通过灵敏电流计判断电流大小和方向的方法。

（2）能使用控制变量法分别探究运动方向、磁场强弱、电流大小等因素对感应电流有无、大小的影响；在记录导体在磁场中的运动时，能准确建立磁场模型；能基于对实验现象的科学推理，得出导体在磁场中运动时产生感应电流的条件。

（3）能合理地设计实验方案，观察并记录不同情况下灵敏电流计的指针偏转情况，通过控制变量法得到感应电流产生的条件，提高观察能力、动手操作能力、合作交流能力等探究能力。

（4）在使用灵敏电流计时，注意不要使感应电流超过量程，提高安全、正确使用实验仪器的意识；认识到物理规律的获得离不开实验观察、证据收集和分析，体会物理实验的重要性；通过发电机等实际应用认识到物理知识对生产生活的指导作用。

（二十）"探究串联电路和并联电路中电流、电压的特点"的学业要求

本实验的重点是让学生使用电流表、电压表探究串联电路、并联电路的电

流和电压特点。具体的学业要求如下：

（1）通过实验，学习串、并联电路的电流和电压大小的规律；学会在串、并联电路中电流表、电压表的接法。

（2）能基于科学推理，熟练运用串、并联电路模型合理设计电路图和记录表格；能根据串、并联电路模型进行科学推理，得出实验猜想。

（3）能根据解决问题的需要，设计合理的实验电路，利用电流表、电压表收集解决问题所需的证据，并能加以解释，得出串、并联电路的电流和电压规律的结论；能够与其他学生分工完成探究实验，并相互交流完善结论。

（4）在改变电路时，注意先断开开关，培养安全用电的良好习惯；通过更换不同规格的小灯泡重复实验，培养认真严谨的研究精神。

（二十一）"探究电流与电压、电阻的关系"的学业要求

本实验的重点是让学生通过实验探究认识电流与电压、电阻的关系。具体学业要求如下：

（1）通过实验，学习电流与电压、电阻的关系；能正确使用电压表、电流表测量电阻两端的电压和电流；学会使用滑动变阻器改变电路中的电流。

（2）能根据实验现象作出合理猜想；能基于科学推理合理设计电路图和记录表格；学习运用图像处理数据、得出结论的技能；深入体会控制变量法在实验探究中的重要作用。

（3）能分别设计探究电流随电压变化和电流随电阻变化的实验电路；学习如何排除电路故障，记录实验数据；知道多次进行实验，减小实验误差；利用图像法解释说明实验结果，交流实验结论。

（4）能研究实验改进的措施，寻找减小误差的方法，形成严谨的科学态度；改变电路时，注意先断开开关，培养安全用电的习惯。

二、　实验探究主题的教学提示解读

为了更好地实施实验探究主题的教学，《课程标准（2022年版）》从教学策略建议和实验器材建议两个方面给出了教学提示。

在教学策略建议方面，实验前，从"提前做好实验教学设计，准备好实验器材和场地等，规划好教学时间"等几个方面对教师的准备工作给出了提示。在教学中，建议教师尽可能多地给学生创造动手实验的机会，并要求每个学生动手动脑完成实验。在组织实验教学方面，从"引导学生发现问题、提出问题""关注对学生设计实验方案、收集证据能力的培养""引导学生通过分析论证得出结论并作出解释，培养学生分析论证的能力""注重对学生交流合作、评估反思能力的培养"四个环节进行提示，并通过典型案例进行说明。

在实验器材建议方面，《课程标准（2022 年版）》分别从"测量类学生必做实验相关的器材""探究类学生必做实验相关的器材"两个维度给出了提示。教师对实验器材的利用和开发可以关注以下四个方向：一是充分利用实验室常规配置的实验器材；二是鼓励使用生活中的实验材料和学生身边的材料做实验；三是开发和自制实验器材，创新实验方式；四是在条件允许的情况下，关注新技术特别是数字化实验器材的应用。因此，学校和教师要加强实验资源的建设，开发有学校特色的实验，真正使实验教学落到实处，让学生多动手实验，充分发挥实验的育人功能，促进学生核心素养的养成。

下面就每个学生必做实验的教学提示进行比较详细的说明。

（一）"用托盘天平测量物体的质量"的教学提示

建议使用托盘天平及配套砝码来完成本实验，即采用托盘天平测量小木块和杯中水的质量，小木块的质量可直接测量，杯中水的质量需要间接测量。可采用小组合作学习的形式，学生尝试自行设计实验方案、选用实验仪器。实验时，教师要注重引导组内学生进行分工配合、规范操作，用镊子取用砝码与游码，准确收集小木块与杯中水的质量数据。同时，教师也要保证实验的安全，例如，提醒学生轻拿轻放各类实验器材，防止砝码伤人、玻璃杯摔碎等事故的发生。

随着物理教学资源的逐步丰富，教师可以让学生尝试使用电子天平测量物体质量，体会科技进步给生活带来的便利，感受物理的实用性，但也要注意二者的不同。教师还可以运用等臂杠杆自制天平等教具，激发学生的学习兴趣。在测量对象方面，除使用小木块外还可以用托盘天平测量乒乓球、羽毛球等与学生生活相关的物体来进行实验，从而加深学生对质量概念的认识，了解生活常见物体的质量。

（二）"测量固体和液体的密度"的教学提示

建议使用托盘天平、量筒、盐水、小石块等器材来完成本实验，即采用托盘天平测量盐水和小石块的质量，小石块的质量可直接测量，盐水的质量需要间接测量；采用量筒测量盐水和小石块的体积，小石块的体积需要用排水法间接测量，盐水的体积可以直接测量。测量小石块密度实验中，为防止液体残留带来的实验误差，应先测量小石块的质量，后测量其体积；测量盐水密度实验中，在测量盐水质量时，由于液体会有残留问题，因此无论是从量筒倒出盐水，还是从杯中倒出盐水，倒完以后需要再次对有残留液体的容器进行测量和读数。

在实验选材上可以多样化，如用蜡块、橡皮泥等代替小石块，但需要注意的是，实验方法应围绕材料性质进行调整和改进。例如，采用蜡块进行实验，由于蜡块会漂浮在水面上，可以用细针将蜡块压入水面，或换用密度小于蜡块的液体。另外，生活中的物体密度各不相同，可以鼓励学生从生活中取材，利用课堂学习到的测量方法探究周围事物的密度大小，感受密度与物体结构的关系，拉近物理学与生活的距离，培养学生学习兴趣。

（三）"用常见温度计测量温度"的教学提示

建议使用实验室温度计、体温计完成本实验，用实验室温度计测量水的温度，用体温计测量自己的体温。实验前，教师需要对学生进行必要的实验安全教育，例如，采用水银温度计，学生需要了解温度计中水银的危险性和紧急情况处理方法，有条件的话，可以在通风良好的实验室进行学生实验；实验中，学生可分工合作，用不同的温度计测量不同的对象，提高实验效率，并培养学生的合作能力。测量水的温度前，应先观察实验室温度计的量程和分度值，估计水的温度；测量水的温度时，温度计的玻璃泡要充分浸没在水中，不接触容器底部和侧壁，待示数稳定后读数，读数时温度计不能离开被测液体。用体温计测量人的体温前，需要先甩一甩体温计，使体温计内的水银回到玻璃泡中；测量体温时，体温计与被测人充分接触，并停留 3~5 分钟。体温计可以离开被测物体读数。

教师也可以让学生尝试使用红外温度计等新型温度计，体会科技进步为生活带来的便捷，感受物理的实用性。同时，教师可以结合生活实际，鼓励学生利用塑料瓶、墨水等器材自制温度计，从而引导学生关注生活，关注生活与物理之间的联系，培养学生的创造性思维。还可以用实验室温度计测量棉手套内的温度，和室内空气温度进行对比，了解手套保温的原理。

（四）"用刻度尺测量长度，用表测量时间"的教学提示

建议使用厘米刻度尺、机械秒表完成本实验，设计用厘米刻度尺测量物理教科书的长和宽、用机械秒表测量自己脉搏跳动 30 次所用的时间的活动。实验前，学生应学习刻度尺的量程、分度值及零刻度线；估计待测书本的长度大小，选用合适量程的刻度尺；学习机械秒表的分度值，大表盘指针与小表盘指针一圈的量度。实验中，学生应注意正确操作、读数，例如刻度尺零刻度线与物体一端对齐，且与所测长度平行，读数时视线要与刻度尺垂直，机械秒表的读数是小盘读数加大盘读数等。可以要求学生对同一物体多次进行测量求平均值，减小实验误差。实验后，学生可以合作讨论误差的产生以及减小误差的方法。

随着科技的进步，现阶段有许多测量长度和时间的便捷方法，例如，手机上有粗略计算长度的应用软件，也有手机自带的测量时间的工具，教师可以让学生在使用这些工具时体会科技进步给生活带来的便利，感受物理的实用性。同时，鼓励学生尝试采用间接测量的方法进行长度的估测，如利用身高与影子

间接测量教室的高度等，开拓学生思维，锻炼学生迁移创新的能力。

（五）"测量物体运动的速度"的教学提示

建议使用斜面、小球、秒表、刻度尺测量小球的平均速度。学生搭建斜面使小球运动，运用刻度尺和秒表，分工合作记录小球运动的距离与时间，从而计算小球运动的平均速度，并可通过多次测量取平均值减小实验误差。实验中，由于小球运动的时间很短，应当注意斜面的坡度不可太大，可以采用在对应位置放置障碍物（如金属片），以撞击障碍物为信号停止计时来获得运动时间。

随着物理教学资源的逐步丰富，教师可以让学生使用光电门、传感器等先进的技术手段进行实验，体会科技进步给生活带来的便利，感受物理的实用性，但也要注意二者在使用和设计实验上的不同。除了测量小球下滑的平均速度，还可以尝试设计实验测量人步行的速度，感受物理与生活的联系。

（六）"用弹簧测力计测量力"的教学提示

本实验需根据教学设计选择合适量程的弹簧测力计，如利用量程为 0~2 N 的弹簧测力计体验 1 N 的力的大小，利用量程为 0~5 N 的弹簧测力计体验 2 N、4 N的力的大小，或测量一本物理教科书所受的重力。可以采用小组合作学习的方式，轮流进行测量并交流。实验中，应注意测力时要让弹簧测力计内的弹簧轴线方向跟所测力的方向在一条直线上，尽量避免弹簧、指针、拉杆与刻度板间的摩擦等。

教师可以使用与学生日常生活相关的物体作为实验对象，设计趣味实验活动，如比较不同同学的笔袋的重力大小、测量一根头发丝被拉断时所承受的拉力等。通过创造真实有趣的实验情境，提高学生的课堂参与度，激发学生的学习兴趣。教师也可以让学生将商用弹簧秤、握力计等生活物品带到课堂上，通过交流各种各样的测力计的原理和使用方法，感受物理与生活的密切联系。此外，教师可以让学生小组合作，利用橡皮筋、硬纸板、挂钩等物品自制弹簧测力计，展示小组作品，交流自制弹簧测力计的功能效果，以使学生体验成功，加深对弹簧测力计的原理及结构的认识，锻炼个人的动手能力和小组合作能力。还可以介绍力传感器，使学生感受科技发展带来的便利。

（七）"用电流表测量电流"的教学提示

建议使用指针式电流表、电池、导线、小灯泡、开关等实验器材来完成本实验。教师可以引导学生自主设计实验电路图，并根据电路图连接实物。由于学生首次接触电学实验，在实验前，教师要引导学生了解电流表的操作规范，对电流表进行"校零"，将电流表与被测用电器串联，用"试触法"选择合适的量程等；应注意电流表正负接线柱的接线方式，不能将电流表直接连在电池两端，在搬运电表时应轻拿轻放，不能使其受到强烈的震动或撞击，以保护实验器材。学生应注意在连接电路时是否符合电路组装规范，以防止触电事故的发生。学生可以通过小组合作的方式，多次改变电流表在电路中的位置进行测量，观察和比较测量的电流值大小，为后面测量串、并联电路中的电流做铺垫。

根据学校的设施条件，教师可以向学生演示电流传感器、示波器的功能和使用方法，使学生体会科技进步给生活带来的便利，树立社会责任意识。教师还可以挖掘生活中的物理教学素材，如向学生展示维修工人所用的数字万用表及其使用方法，以使学生认识到生活中处处有物理，激发学生的学习兴趣，使学生感受物理学的实际应用价值。

（八）"用电压表测量电压"的教学提示

建议使用指针式电压表、电池、导线、小灯泡、开关等实验器材来完成本实验。与"用电流表测量电流"的实验类似，在本实验中，教师可以引导学生自主设计实验电路图，并根据电路图连接实物。在实验前，教师要引导学生了解电压表的操作规范，对电压表"校零"，将电压表与待测元件并联，用"试触法"选择合适的量程等，规范操作实验，注意接线柱的接法、实验仪器需轻拿轻放等。学生应注意在连接电路时是否符合电路组装规范，以防止触电事故的发生。教师可以让学生小组合作，分别测量电源两端的电压和灯泡两端的电压，比较两次电压值是否相等，让学生讨论交流出现这一测量结果的原因。

在此基础上，教师可以提供给学生多节电池，利用电压表分别测量每一节电池两端的电压大小和多节电池串联组成的电池组两端的电压大小，通过比较实验数据，让学生分析串联而成的电池组两端的电压与每节电池两端电压之间的关系，利用测量结果自主总结物理规律，培养学生提出和解决物理问题的能力。教师也可以让学生将多个用电器连入电路，改变电压表在电路中的位置，测量不同用电器两端的电压，为后面测量串并联电路中的电压做铺垫。

此外，教师可以向学生演示利用电压传感器、示波器测量电压的过程与方法，使学生体会科技进步给生活带来的便利。为了激发学生的物理学习兴趣，教师可以让学生在课后小组合作自制水果电池，并利用电压表测量水果电池两端的电压，展示小组作品，交流实验感受，以发展学生的动手能力和小组合作能力，使学生感受到物理的趣味性。

（九）"用电流表和电压表测量电阻"的教学提示

建议使用电压表、电流表、滑动变阻器等实验器材来完成本实验。教师可以让学生自主思考如何测量电阻的大小，并引导学生结合所学知识自主提出用伏安法测量电阻的实验方法。引导学生了解正确的实验操作方式，即在实验前对电表"校零"，利用"试触法"选择合适的量程，能正确连接电路，将滑动变阻器划片拨至连入电路阻值最大处以保护电路等。在实验中，教师可以引导学生根据实验原理，自主设计实验电路图和实验数据表格，并在实验设计的基础上连接电路、动手实验、记录实验数据，求出小灯泡正常发光的电阻值。学生应注意在连接电路时是否符合电路组装规范，以防止触电事故的发生。

除测出小灯泡正常发光的电阻值外，教师可以结合学生的实际情况组织探究性实验任务。教师可以让学生调节滑动变阻器，分别测量小灯泡在不同电压下的电阻值，绘制实验图像，分析小灯泡电阻的变化规律。教师也可以让学生多次测量未知定值电阻，绘制实验图像，引导学生利用图像法处理实验数据、减小实验误差，并通过观察图像的特点，与小灯泡电阻的图像进行对比与分析。

除用伏安法测量电阻之外，教师可以额外提供给学生其他实验器材，如电阻箱、定值电阻、单刀双置开关等，鼓励学生尝试用其他方法，如替代法等，测量小灯泡正常发光的阻值，以激发学生的学习兴趣，同时锻炼学生的实验设计能力、探究能力和小组合作能力。也可以使用电流传感器、电压传感器完成本实验，体会信息技术发展在物理实验中的应用。①

（十）"探究水在沸腾前后温度变化的特点"的教学提示

教师可以通过纸杯烧水等趣味实验引入，提出"探究沸腾有什么特征""水从开始加热至沸腾后一段时间的过程中水温变化有什么特点"等探究问题。学生以小组合作的方式设计实验方案，观察沸腾前和沸腾时的实验现象的区别，用温度计测量水在加热过程中温度的变化，将其记录在网格纸上，并通过绘制温度-时间图像对证据加以解释，基于证据得出水加热至沸腾过程中温度变化的规律。最后与小组成员交流，讨论"沸腾后移去酒精灯，沸腾是否会继续"等问题，加深对沸腾现象的认识，并进一步延伸到生活中的现象，讨论"如何使水更快沸腾"，对实验进行改进。

实验过程中，教师应当注意提醒学生注意安全，避免液体飞溅烫伤，不可使用酒精灯点燃另一盏酒精灯，熄灭酒精灯时应使用灯帽，不得用嘴吹。在完成实验基本要求的前提下，也可以让学生尝试使用水壶、电磁炉等生活中常见的工具完成本实验，拉近物理与生活的距离，培养学生在生活中进行实验探究的意识。还可以通过传感器等设备完成实验，让学生感受到信息技术发展在实验探究中的应用。课后，学生可以基于实验的收获，在家中尝试改进烧水流程，使其更加快捷、能量损耗更低。

（十一）"探究滑动摩擦力大小与哪些因素有关"的教学提示

教师可以通过推课桌等生活情境提出"滑动摩擦力大小与哪些因素有关？"的问题，引导学生根据日常经验进行猜想和提出自己的假设；学生通过小组合作的方式，运用控制变量法设计探究方案与数据采集表格，先后改变木板上砝码的数量与木板上的覆盖物，通过弹簧测力计获取物体大致做匀速运动时滑动摩擦力大小变化的证据，并加以解释，基于证据得出影响滑动摩擦力大小因素的结论[①]；最后与小组成员交流，反思各实验环节，围绕"如何保证物块匀速运动"等问题，讨论如何实现物块相对不同接触面做缓慢匀速运动，以保证弹簧测力计能区分出物块所受滑动摩擦力的大小，以优化实验、减小实验误差。

随着物理教学资源的逐步丰富，教师可以让学生尝试使用压力传感器代替弹簧测力计测量物块的拉力，通过电脑绘制出直观的图像，帮助学生直观、定量理解滑动摩擦力与其影响因素的关系，也可采用步进电机拉动物块以保证物块始终做匀速直线运动。教师还可以引导学生对实验进行改进，减小实验误差，例如，采用固定弹簧测力计，将长方形物块挂在弹簧测力计上，拉动物块下方的平板来保证弹簧测力计示数的稳定性，从而让学生体会到物理实验中所蕴含的转换思想以及实验的严谨性。

（十二）"探究液体压强与哪些因素有关"的教学提示

教师可以通过介绍"蛟龙号"载人潜水器的设计理念使学生了解我国科技发展新成就，并提出问题："液体压强大小与哪些因素有关？"学生根据日常经验和已学压强知识进行猜想，提出自己的假设，运用控制变量法设计探究方案，在此基础上设计表格，先后改变压强计深度、液体密度与探头方向，开展实验获取证据；实验后对实验数据加以解释，基于证据得出影响液体压强大小因素的结论，并与小组成员交流，对实验中存在的问题以及实验改进方法进行反思。

在完成实验基本要求的前提下，学生也可以用气球、矿泉水瓶等器材，尝试自制简易压强计，形成运用生活中常见物品进行实验探究的意识。[②] 也可以在课堂上实现重演帕斯卡裂桶实验，渗透物理学史，增加课堂的趣味性，感受物理的思想传承。教师还可以延伸扩展到我国科技发展新成就，激发学生的民族自信心。

---

① 杨介信，张大同．中学物理实验大全［M］．上海：上海教育出版社，1995．

② 王玲玲，袁令民．利用自制教具探究液体压强的影响因素［J］．物理通报，2018（5）：67-68．

（十三）"探究浮力大小与哪些因素有关"的教学提示

教师可以根据人能够漂浮在死海上、却不能浮在海面上等现象，提出问题："浮力大小与哪些因素有关？"学生根据日常经验进行猜想，提出自己的假设，运用控制变量法设计探究方案，在此基础上设计表格，先后改变液体密度、物体浸入体积等条件，开展实验获取证据。实验后对实验数据加以解释，基于证据得出影响浮力大小因素的结论，并与小组成员交流实验中存在的问题，对实验改进方法进行反思。

设计实验时，应注意对其中易混淆的物理量进行辨析，如物体密度和液体密度、物体体积与浸入体积等。得出结论后，可以进一步改变物体质量、浸入深度等其他因素继续探究，破除相应的错误前概念。在完成实验基本要求的前提下，也可以尝试使用压力传感器代替弹簧测力计测量金属块拉力，通过电脑绘制出直观的图像。还可以将大小相同的玻璃珠穿成串后逐渐浸入液体中，使浸入液体的玻璃珠数量之比等于浸入液体的体积之比，形成运用生活中常见物品进行实验探究的意识，并初步开展量化探究，为阿基米德原理的学习奠定基础。

（十四）"探究杠杆的平衡条件"的教学提示

教师可以介绍古代杆秤中蕴含的公平观念，弘扬中华优秀传统文化，并引导学生提出"杠杆平衡的条件是什么"等探究问题。[1] 学生根据生活经验作出猜想和假设，以小组合作的方式设计实验方案，基于控制变量法，先后改变动力、阻力、动力臂和阻力臂，观察不同平衡状态下的杠杆以获取证据。学生根据需要自主设计数据记录表格并记录、分析实验数据，寻找变量间的定量关系，对证据加以解释，并归纳总结得到杠杆的平衡条件。学生经历独立思考和小组讨论相结合的实验过程，鼓励学生边实验边分析，先后基于正例、反例逐步完善分析结果，帮助学生认识反例对科学探究的作用。最后与小组成员交流规律的形成过程，讨论实验中存在的误差和改进方案，对实验进行反思改进。

实验过程中，教师应提醒学生注意实验操作规范，用镊子夹取钩码，不可手拿钩码等。要注意实验安全，防止杠杆不平衡时钩码坠落等意外出现。在完成实验基本要求的前提下，教师可以组织学生和小组成员讨论如何应用杠杆的平衡条件自制天平，并鼓励课后完成，拉近物理和生活的距离。学生经历学以致用的过程，能体会物理对人类社会的价值，产生成就感，进一步激发学习物理的兴趣，还可以尝试利用力传感器完成探究，感受科技发展带来的便利。

---

① 田博扬. 初中物理项目式学习设计研究：以《简单机械》为例 [D]. 北京：北京师范大学，2019.

（十五）"探究光的反射定律"的教学提示

教师可以通过生活中的反射现象进行引入，如用平面镜将室外的阳光反射进教室，调整小镜子的角度，就可发现阳光进入教室的角度、位置随之发生变化，引导学生思考太阳光的亮斑为什么不是固定在某个位置，进而思考光的反射现象，提出探究问题"光的反射具有怎样的规律"。学生以小组合作的方式，基于科学推理对问题作出合理猜想，设计实验方案，思考如何通过利用白纸板显示光路，如何标记光线、测量和确定光线位置等问题。学生正确操作器材，正确使用量角器测量入射角和反射角以获取证据，并通过多次实验排除偶然性。学生基于对证据的解释，归纳得出光的反射定律。小组成员进一步交流讨论如果光垂直入射到平面镜上，入射角、反射角各为多少，光的传播方向是否发生改变；若光沿着反射光线的方向入射，那么反射光线的位置又将如何变化等问题，通过实验进行验证，并尝试解释平面镜反射太阳光形成光斑的原因。

实验过程中，教师应提醒学生遵循实验规则，注意正确安全地使用激光，在组装实验器材的过程中激光保持关闭，禁止直视激光或将激光射向他人等。可以利用烟、雾如蚊香产生的烟、加湿器产生的水雾等多种方式显示光的传播轨迹，提高学生反思改进实验的意识；还可以介绍基于光的反射定律制作的光速测量装置，激发学生学习物理的兴趣。

（十六）"探究平面镜成像的特点"的教学提示

教学过程中，教师可以联系生活中大量的反射现象，创设学习情境。建议使用完全相同的蜡烛（或其他物品）、平板玻璃、尺子、白纸等，探究平面镜成像时，像与物的大小、位置、虚实等特点。教师可以通过照镜子等生活情境，引导学生发现、提出探究问题"平面镜成像的规律是怎样的"并拆分为如何确定像的位置、大小和虚实等二级问题。学生以小组合作的方式设计实验方案，合理选用实验器材，用完全相同的蜡烛确认像的位置和大小，用铅笔标记物像的位置，用直角三角尺测量物、像到平面镜的距离以获取证据，改变物的位置，多次实验并用表格记录。学生对证据加以解释，发现并归纳像与物之间的位置、大小关系，像的虚实等结论。可以以小组为单位在班级内交流实验中的问题，讨论如何更直观地说明像的性质是虚像，如在成像位置处放置光屏，以证明成像位置没有实际光线汇聚。

在完成实验基本要求的基础上，为了使得实验现象更清晰直观，有说服力，可以选用其他实验器材，比如选用形状不规则的物体进行拓展实验，可以更好地体现平面镜成像时像与物的对称关系。

（十七）"探究凸透镜成像的规律"的教学提示

教师可以通过回顾生活中的凸透镜，使学生对生活中常用的凸透镜及成像特点在头脑中获得初步的、具体的感性认识，如照相机都是成缩小倒立的实像，投影仪成放大倒立的实像，引导学生以此为基础，提出"凸透镜成像的规律是什么"的问题。学生经历把物体从二倍焦距以外的较远地方逐渐移近的过程，根据观察到的现象，结合凸透镜对光的折射效果与焦距有关，关注到不同的物距和焦距条件下，凸透镜所成像的性质可能不同，并作出初步猜想。学生以小组合作的方式，自主设计实验方案，正确组装实验器材，确定像的位置，识别像的性质，正确测量物距和像距，并根据需要自主设计表格，便于获取证据。学生从像的虚实、大小、正倒、位置等方面对证据进行解释，归纳论证得到凸透镜的成像规律。对于初中生而言，凸透镜成像规律较为复杂，建议实验开始时，引导学生探究焦距相同时不同物距条件下像的性质。实验过程中，可以选择恰当的时机，为不同实验小组配发不同焦距的透镜进行探究，促进组间交流。

与"探究平面镜成像时像与物的关系"实验类似，在完成实验基本要求的基础上，由于蜡烛本身对称性较高，为了使像的性质更清晰直观，可以选用形状不规则的物体进行实验，如可将LED灯珠做成F形作为发光物屏，以判断像的正倒和测量像的长度。用可变焦距的眼睛模型，演示并说明近视眼、远视眼看不清物体的原因。①

（十八）"探究通电螺线管外部磁场的方向"的教学提示

教师通过演示通电螺线管周围铁屑的分布情况，引发学生的探究兴趣并提出探究问题："通电螺线管外的磁场是怎样分布的？"引导学生通过实验进一步探究磁场分布情况。然后，提示学生寻找增大磁场的方法，关注电流方向与磁场方向的关系。学生以分组的方式设计实验方案，观察小磁针的指向并记录，收集证据并解释记录的证据，从而推出通电螺线管周围的磁场分布。改变电流方向和螺线管绕线方向，重复进行实验。最后进行交流，描述通电螺线管周围的磁场分布以及其与电流方向的关系，并将其与条形磁体周围磁场进行类比。同时，教师可以询问学生采用的增大磁场的方法，提示学生在增大电流时要注意安全用电。

在完成基本实验要求的前提下，教师可以采用空间磁感应强度分布的立体模型，帮助学生建立更直观的认识。② 课后让学生思考如何更好地反映通电螺

① 史硕阳. 初中物理实验改进的实践研究［D］. 北京：北京师范大学，2011.
② 蔡志春. 螺线管和螺绕环的磁场分布实验演示工具制作［D］. 北京：北京师范大学，2013.

线管周围磁场的分布及方向，以得出整个螺线管周围的磁场方向。学生可以讨论进一步实验探究的设计方案，如使用更多的小磁针或撒铁屑等。教师还可以将通电螺线管的磁场模型与条形磁铁相对比，加深学生的理解。

（十九）"探究导体在磁场中运动时产生感应电流的条件"的教学提示

教师引导学生思考电动机的发电原理，提出探究问题："什么情况下磁场里的导线中能够产生电流？"学生以小组合作的方式设计实验方案，闭合开关进行探究，观察并记录灵敏电流计的偏转角度和方向，对记录的证据进行解释，得到结论：整个电路是闭合的，当矩形线圈在磁场中做切割磁感线运动时，就会产生感应电流。然后，教师引导学生探究导线匝数、磁场强度、运动方向与感应电流大小、方向的关系。最后，各小组交流进一步影响感应电流大小和方向的因素。可以让学生猜测发电机的发电原理，引导学生注意将物理知识运用到生产生活实际。

在实验过程中，教师应提醒学生注意感应电流的大小不要超出灵敏电流计的量程，以免损坏灵敏电流计。在完成基本实验的基础上，可以尝试使用微电流传感器等数字化实验设备，让学生体会信息技术发展在实验探究中的应用。可以使用磁性较强的磁铁完成实验，使实验现象更加明显，但要注意实践中的安全。教师还可以组织学生到空旷的场地，设计运用金属导线切割地球磁场磁感线的跳绳活动，帮助学生认识地磁场的存在与其方向。

（二十）"探究串联电路和并联电路中电流、电压的特点"的教学提示

教师通过演示同一规格、不同规格的小灯泡在串、并联电路中的发光情况，引发学生对串、并联电路中电流和电压特点的兴趣，并明确探究问题："串、并联电路中的电流和电压有什么特点？"学生以小组的方式设计实验方案，绘制电路图，连接电路图并将数据记录到表格中。随后对获得的证据进行解释，基于证据推理得到串、并联电路中电流和电压的特点。最后进行交流，讨论如何获得更有普遍性的证据，引导学生更换小灯泡的规格进行重复实验，最终得出普遍性结论，从而加深对串、并联电路模型的理解。

在实验过程中，教师应注意提醒学生正确使用电流表和电压表，注意正、负接线柱的接法，通过试触法选择合适的量程，在改变电路前先断开开关，养成安全用电的良好习惯。在完成实验基本要求的基础上，也可以尝试让学生设计包含多个电表、不需要重新连接电路的电路图，以更直观、简便的方法进行实验。课后，可以让学生列举生活中的串、并联电路模型，如判断家庭电路中各个用电器的连接关系，分析其电流和电压的关系，加深对实验结论的理解，

培养将物理知识运用于生活实际的意识。

（二十一）"探究电流与电压、电阻的关系"的教学提示

教师演示实验：电池个数越多，小灯泡越亮；滑动变阻器接入电路的阻值越大，电流表示数越小，引导学生猜想电路中的电流、电压电阻之间的关系，提出探究问题："电路中的电流与电压、电阻有什么关系？"此处出现了多个变量，引导学生要使用控制变量法。学生通过分组的方式，自行设计实验方案，绘制、连接电路图和记录表格，记录电压表、电流表读数和电阻值，并通过绘制 $I-U$ 曲线和 $I-R$ 曲线解释获得的证据，与开始学生的猜想进行对比，得出确切的实验结论。通常情况下，曲线并不是严格的直线，学生可以与小组成员交流，分析产生误差的原因，思考减小误差的方法。

实验中，应当注意滑动变阻器阻值的改变幅度，避免超出电流表、电压表的量程。在完成实验基本要求的基础上，可以使用电流传感器、电压传感器进行实验，使实验结果更加直观。[①] 还可以鼓励学生计算电压和电流的比值，与记录的电阻值进行比较，初步进行定量探究，为讲解欧姆定律做铺垫。

---

① 韩达炯，唐柏忠．DIS 在闭合电路的欧姆定律实验中的拓展应用［J］．物理教师，2019，40（04）：27-29.

◎ 第十一章
跨学科实践主题的内容解读

跨学科实践主题的教学内容约占总课时的 10%。之所以把跨学科实践作为一个重要的内容主题，是因为希望以跨学科实践教学的理念与实施作为示范，撬动整体教学内容在教学方式和育人方式上的深入改革，这是跨学科实践课程内容的基本定位。

物理学科的跨学科实践，首先要立足物理课程，再"跨"出本学科的视野，把学习内容拓展到日常生活、工程实践和社会发展中，这是跨学科实践教学设计的一个基本原则。跨学科主题学习是一种目的性很强的探究学习方式，应该按问题解决的真实需要，设计学科和跨学科的学习内容和学习方式，以核心素养为纲，以实践性主题为导引，创设真实情境，加强各种学习资源之间的联系，设计实践性学习任务，让学生在完成学习任务、经历问题解决的过程中，学习物理知识，掌握基本技能，深化物理学科和跨学科知识的理解及观念形成，提升创新意识、实践能力、社会责任感等素养。

实施跨学科实践教学还要遵循减负增效原则。从"跨学科实践"的名称上看，很容易认为跨学科实践就是在完成一个学习阶段后，把学到的物理知识与其他知识结合起来，综合应用到某个实践主题中，创造性地解决某一实践问题，在知识应用中提升学生的核心素养。如果仅仅把跨学科实践作为一种知识应用型的学习活动，势必会增加学生的学业负担，因为原本要学习的新知识内容没有改变，用于学习新知识的课时没有减少，还增加了知识综合应用的环节，所需要的课时一定会增加，这就会增加学生的学业负担。落实跨学科实践的减负增效原则，不仅要把它作为应用知识的过程，同时也把它作为学习新知识的过程，为此，跨学科实践学习的内容，可以把本学科具有联系实际价值的节点性知识作为突破口，来组织和设计教学内容，优化教学过程，通过跨学科实践学习来建构物理概念，总结物理规律，应用物理知识。这样与传统教学相比，并没有增加新的课时量，从而实现减负增效。

跨学科实践有三个二级主题：物理学与日常生活，物理学与工程实践，物理学与社会发展。这是物理学知识与具体实践相联系的三个方面，应该把这三方面的内容要求渗透在初中物理课程之中。

第一节 物理学与日常生活

"物理学与日常生活"这个二级主题下有三个三级主题，《课程标准（2022年版）》提出相应的三级主题（具体内容要求）及样例，还针对二级主题提出了一些活动建议。

一、三级主题（具体内容要求）

5.1.1 能发现日常生活中与物理学有关的问题，提出解决方案。

这条标准的第一点是"能发现日常生活中与物理学有关的问题"。它和"科学探究"素养中的"问题"要素有共同的地方，就是发现问题和提出问题；不同之处是所发现和提出的问题是关于日常生活的，侧重体现物理学与日常生活的联系。

要发现物理学与日常生活有关的问题，教师应鼓励学生参与日常家务劳动，因为在家务劳动中学生可以感受哪些地方不合理，哪些地方有遗憾，哪些地方存在可以改进和创新的空间，从而可以发现和提出问题。例如，在厨房劳动中，可以观察燃气灶烧水的快慢提出"大火烧水还是小火烧水更节能"的问题，也就是"怎样通过控制燃气灶火力来提高烧水效率"的物理问题。

这条标准的第二点是"提出解决方案"。提出解决方案的过程就是把所学的物理知识跟实践问题相结合的过程，需要在理解物理知识的基础上，调动科学思维素养，创造性地提出解决问题的合理方案。例如，"怎样提高烧水效率"的问题，就需要观察和思考大火烧水和小火烧水所造成的热量损失因素：燃气火焰太大，造成火焰对周围空气加热所占的比例增加，这是降低效率的主要原因；而火焰太小，使烧水时间延长，升温后的热水在沸腾之前散失到周围空气中的热量增加，也会造成加热效率的降低。因此，合理的猜想是，先用小火集中对盛水容器加热，减少火焰对周围空气的加热损失，等温度升高到一定程度后，改为大火，缩短高温下的加热时间，减少热水对空气的散热损失。要判断这个方案是否合理，可以通过实验检验，用两种方案加热同样的水，观察燃气表，实测所消耗燃气的体积，分析实验数据，形成实践活动报告。

5.1.2 能运用所学知识分析日常生活中的安全问题，提出解决方案，践行安全与健康生活。

涉及学生日常生活中的安全问题，从学科的角度常常有如下问题：

① 涉及物理学的，如安全用电、实验安全等；

② 涉及生物学的，如食品安全、卫生防疫、医疗救护、健康习惯等；

③ 涉及化学的，如化学药品毒害、化学因素的环境污染、化学实验安全等；

④ 涉及体育与健康的，如体育运动量的控制、竞技运动的安全、体育器械伤害的防护等；

⑤ 涉及道德与法治的，如遵守交通规则、倡导文明行为等。

上述这些安全与健康生活的问题，都可以跟物理学中有关物质属性、电磁学知识、力与运动规律等内容联系起来，形成跨学科实践活动的具体主题。

要践行安全与健康生活，应针对安全与健康隐患提出相应方案和采取相关措施。例如，关于物理实验和化学实验的安全，要制订实验室活动规则，对维护实验安全的要求作出明文规定；关于体育实践中的安全，除了在体育课上学习体育安全知识外，还要加强某些剧烈运动前的体检，严格按照有关体育运动的实施规程进行操作，排除体育运动器械造成伤害的隐患；关于外出实践活动的安全，要制订活动守则，强调遵守交通规则，避免意外事故的发生。

5.1.3 能运用所学知识指导和规范个人行为，践行低碳生活，具有节能环保意识。

这条标准要求学生把跨学科实践落实到个人行为规范上来，其评价标准是解决"应该怎样做?"的问题，这是立德树人目标的具体体现。

首先，可以围绕低碳生活主题进行调查，在调查中增强节能环保意识。例如，进行当地空气质量状况的调查，了解当地空气质量的现状及其形成原因，思考改善当地空气质量的办法；审视自己家庭的用电情况，思考节约用电的途径和具体措施等。

其次，把通过调查所获得的信息，转化为低碳生活、节能环保的行为。例如，拟订个人低碳生活行为指南，对个人节能环保行为提出具体要求；制订家庭用电节能计划，优化家庭用电行为等。

二、活动建议

《课程标准（2022 年版）》对该主题有三条活动建议：

（1）通过资料查阅、商店咨询和实物考察，分析自行车中涉及的不同学科知识，选择感兴趣的主题撰写一篇小论文。

（2）通过资料查阅和实物考察，探索家庭用电的安全问题，从跨学科视角撰写简单的调查报告。

（3）通过资料查阅和实物考察，了解机动车的尾气排放情况，撰写关于城市空气污染和汽车尾气排放的调查报告。

这三条活动建议分别对应着"物理学与日常生活"的三个三级主题的内容。

活动（1）中，自行车是生活中常见的代步工具，学生以自行车为议题切入跨学科实践活动，有利于发现和解决日常生活中与物理有关的问题，落实课程标准所提出的内容要求。

活动（2）中，家庭用电涉及用电安全的议题，活动建议从文献研究和实践观察两个方面入手，让学生了解家庭用电存在的安全隐患，既有现实价值，也切实可行。

活动（3）提出城市空气污染和汽车尾气排放的议题。随着居民生活条件的改善，我国拥有机动车的家庭越来越多，空气污染问题日益显著。对机动车尾气排放情况的研究，不仅能激发学生研究的兴趣和动力，而且能引导学生把个人的低碳生活和国家的节能环保政策和措施结合起来，增强学生可持续发展的意识。

第二节　物理学与工程实践

"物理学与工程实践"这个二级主题下有三个三级主题，《课程标准（2022年版）》提出相应的三级主题（具体内容要求）及样例，还针对二级主题提出了一些活动建议。

一、三级主题（具体内容要求）

5.2.1　了解我国古代的技术应用案例，体会我国古代科技对人类文明发展的促进作用。

中华民族在世界科技创新的历史上具有辉煌成就，来自中国的火药、指南针等科技发明推动了世界近代历史的进程。中国科学院自然科学史研究所编著的《中国古代重要科技发明创造》一书中所列的中国古代重要科技发明创造项目中，有很多是跟物理知识密切相关的。

小孔成像：公元前 4 世纪成书的《墨经》记录了小孔成像的现象，是世界上最早关于光学问题的论述之一。

指南针：被誉为影响世界的中国"四大发明"之一，为航海事业的发展作出了巨大贡献。

青铜弩机：我国古代发明的青铜弩机是一种非常精巧、坚实的兵器，是一种装有托柄和释放装置的弓，对古代战争产生了重要影响，曾被称为"中国之利器"。

水碓：我国古代利用水力驱动的舂捣式加工机械，把人工杵臼谷物的加工方式，通过水轮机及其传动装置，改进为机械舂捣。

扇车：公元前1世纪我国发明的一种粮食清选工具，通过快速转动扇轮产生气流，清除谷物中的糠秕，它相当于一个离心鼓风机。直到18世纪初，农用扇车技术才传到欧洲。

龙骨车：我国古代发明的一种链传动的刮板式水车，木链条（龙骨）装在两个链轮上，两个链轮之间装一个长条形水槽，链轮转动时，拖动链条上的刮水板沿水槽把水刮到上方。

……

这些古代发明的物理原理是学生可以理解的，有些可以让学生做成相应的实物模型，学生在制作过程中可以体会古代发明的智慧，认识它们对人类文明发展所起的作用，从而提升民族自豪感和国家认同感。

5.2.2　调查物理学应用于工程技术的案例，体会物理学对工程技术发展的促进作用。

自古以来，物理学原理对工程技术的发展就有促进作用。以桥梁建筑技术为例，历史上的桥梁主要有两大类：一是拱桥，二是梁桥。

位于河北赵县的赵州桥，建于公元605年，是一座大型石拱桥。弧形拱圈横跨长度达37m，古代没有钢筋水泥，只能用石块搭砌，这座桥的设计应用了梯形石块组合的圆弧桥面能够承受压力的原理，施工技术巧妙绝伦。赵州桥经受了一千多年的考验，至今仍在正常使用。

位于福建泉州的洛阳桥，建于1059年，是一座大型石梁桥，两个桥墩之间用几十吨巨型石梁架在上方，一条条石梁并排铺设，搭成大桥的桥面。当时没有大型起重设备，这座桥的施工十分巧妙地应用了浮力，解决了这一工程技术难题。泉州沿海，水面会发生潮汐现象，涨潮时，古人用船把大石梁运到两个桥墩之间，利用船的浮力，把石梁两头调整到所安放位置的上方，落潮时石梁就被放在桥墩上。洛阳桥长834多m，有46个桥墩，气势磅礴，雄伟壮观，是应用物理学原理完成的工程技术杰作。

现代桥梁多为刚架桥和缆索桥。

桥梁结构的设计，需要解决的主要问题是如何增强桥梁的抗弯曲能力，让两个桥墩之间的长横梁在受到压力时不容易产生弯曲形变。物理学知识告诉我们，承载火车的铁轨，其横截面之所以要做成"工"字形，是因为这样可以增强铁轨的抗弯曲能力；相同长度和质量的铁条，如果做成管状，让内部是空心的，其抗弯曲能力就会大大加强。刚架桥就是应用这种结构特点，使整个桥梁成为一个刚性框架，以增强桥梁的抗弯曲能力。

缆索桥则通过钢缆对桥梁施加向上拉力的方式来增强桥面的承重能力。缆索桥有悬索桥和斜拉桥两种。位于湖南省湘西土家族苗族自治州吉首市矮寨镇的矮寨特大悬索桥——矮寨大桥，被誉为"中国十大名桥"之一。大桥横跨两座山头，其桥面主跨为 1176 m，两根巨型钢缆分别固定在大桥两端高高的塔架上，钢缆上用多根竖直的吊杆吊起悬空的桥梁。斜拉桥省去了两根巨型钢缆，从塔架直接用多根钢索斜拉着桥梁，增强桥梁的承重能力。近年来，我国各地有各式各样的斜拉桥建成，彰显了我国桥梁工程技术的飞速发展。

除桥梁工程技术之外，我国的汽车、高铁、飞机等机器制造工程技术也高速发展。教师可以让学生调查自己较为熟悉的一个项目，了解物理学对工程技术的发展起到重要的推动作用。

5.2.3　了解物理学在信息技术中的应用。

平时我们熟悉的电话、电视、移动通信、电子邮件等，是信息技术在生活中的具体应用，学生应了解这些应用中信息的记录、传播和重现都离不开物理学。

电话的话筒，是通过电磁感应把声音信号变为电信号的装置；摄像机，是把图像的光信号转化为电信号的设备；现代化生活实现万物互联的各种传感器，是把各种非电学量转化为电学量的工具。通过这些装备，我们可以把信息用电学量的方式记录下来。

把这些信息从一个地方传播到另一个地方，可以用电缆、光缆和无线电波的方式。以前的电话通信是用输电导线来传播电信号，有信号衰减大、容易产生电磁干扰等缺点。华裔物理学家高锟提出光纤通信的构想，把电信号转化为光信号，根据全反射原理，用激光传递信息。该设想实现后，极大地增强了信息的传递效果。当前我国光纤通信的发展十分迅速，已成为我国长途通信的骨干力量。在没有铺设光缆的地方，可以采用电磁波通信的方式传播信息，电磁波中的微波，性质接近于光波，大致沿直线传播，在地球表面每隔 50 km 左右建一个微波中继站，就可以把微波信号一站一站地传到远方。现在，人类还可以用通信卫星做微波中继站来实现信息传播。通信卫星是在地球表面上空相对静止的地球同步卫星，它把来自地面的电信号，经过处理后发送到其他地面站，实现信息传递的大面积覆盖。

耳机和扬声器把所接收到的电信号还原为声音，就是通过变化的电流在磁场中受到变化的安培力，引起振动膜片发生相应振幅的振动而还原声音的。显像管是通过逐行和逐帧扫描的方式，把电信号以亮度变化的形式还原为图像。物理学在信息的记录、传播和还原方面，起到了基础支撑和关键作用。

信息技术在物理教学中具有广泛的应用，可以通过与计算机连接的传感器进行快捷、精确的数字化实验；也可以制作资源丰富、使用方便的数字教材；还可以对学生的学习结果进行智能化测试。无论在哪个方面的应用，都具有非常显著的优点。以数字化传感器实验为例，它操作简便、测量结果精确，只要实验装置安装调整好，就能方便快捷地得到满意的实验数据；它适用面广，各类品种丰富的传感器可以直接测量相关物理量，因而物理实验设计的思路比较规范，实验效果容易实现；它能自动生成测量数据和对数据进行定量分析并得到相关图表，大大节约了人工处理数据的时间；它还可以通过人机对话，实现网上答题和网上阅卷，并能对答卷进行统计和分析，适时反馈测评信息。

信息技术也存在相应的短板。例如，操作简便，就会使操作技能得不到锻炼。因此，如何对待信息技术在物理教学中的"长处"和"短板"？这是一个教学策略的问题。信息技术在物理教学中的应用策略应该是"扬长补短"，而不是"扬长避短"，应该在发扬它的优点的同时弥补其短板，而不是回避其不足。

二、活动建议

《课程标准（2022 年版）》对该主题有三条活动建议：

（1）通过制作一台小型风力发电机，从跨学科视角与同学交流制作过程与作品。

（2）查阅资料，了解物理学对信息技术发展的贡献。

（3）查阅资料，了解量子计算机相关信息，与同学交流对计算机未来发展的畅想。

如何将物理学与工程实践的学习成果进行物化？这三条活动建议提供了两种物化方式：活动（1）的物化方式是制作实物作品——一台小型风力发电机，该方式可以提高学生在工程技术操作方面的实践能力。活动（2）和（3）采用文本写作的方式来物化为跨学科实践的学习成果。以上是跨学科实践学习两种常见的物化方式，供教师参考借鉴。第一种制作实物作品的物化方式，除了活动（1）提到的这种机器制作外，还可以进行模型制作、实用发明、工具改进、标本采集等；第二种文本写作的物化方式，除了活动（2）和（3）提出的查阅资料整理相关信息外，还可以通过调查研究形成调查报告，通过实验探究形成实验报告，通过行动研究形成研究报告，通过信息化技术学习形成相关软件和课件等，这些都是有价值的物化方式。

第三节　物理学与社会发展

"物理学与社会发展"这个二级主题下有三个三级主题，《课程标准（2022年版）》提出相应的三级主题（具体内容要求）及样例，还针对二级主题提供了一些活动建议。

一、三级主题（具体内容要求）

5.3.1 结合实例，尝试分析能源的开发与利用对社会发展的影响。

能源的开发与利用对人类生活和社会发展具有重大影响，该影响首先体现在"节能"的必要性方面。我们目前正在使用的煤炭、石油、天然气，是远古时代的植物将太阳能转化为化学能演变成的，当今开采的化石能源实际是在开采上亿年前地球所吸收的太阳能，这些能源是有限的，不能再生，长期开采必然会消耗殆尽，因此我们必须节约能源。能源的开发与利用对生活和社会的影响同时体现在"减排"方面。化石能源在使用过程中排放二氧化碳，形成温室效应，造成全球变暖，冻土和冰川融化。冻土融化可能会释放病毒，给人类带来毁灭性灾难；冰川融化造成海平面上升，气候反常，沙尘、暴风雪、暴雨、热浪等极端气候不时发生。碳排放带来的各种弊端威胁着人类的居住环境和食物供应。

全球碳排放引起的气候异常对我们的生活已经产生了影响。我国已郑重宣布：中国将采取有力政策和措施，二氧化碳排放力争于 2030 年前达到峰值，努力争取于 2060 年前实现碳中和。

为此，我国在节能减排的同时，大力开发新的清洁能源。大型风力发电机正在各个风场中加快兴建；太阳能发电的规模越来越大，光伏发电取得了举世瞩目的成绩，近年来的新增装机容量远远领先其他国家；我国氢能源的开发与利用正在逐步推进，氢能是理想的绿色能源，氢氧反应的最终结果是水，能实现碳的零排放，我国制造的氢能源汽车已在运行，加氢站将会和加油站一样方便地给氢动力汽车添加燃料；我国核电站的设计和建造能力突飞猛进，具有自主知识产权的"华龙号"核电站技术先进，相关的机组已并网发电。风电、光伏、氢能、核电等清洁能源的高速发展，为我国如期实现碳达峰和碳中和目标提供了有力的保障，为改善人们生活、促进社会发展作出了巨大贡献。

5.3.2 结合实例，了解一些新材料的特点及其应用。了解新材料的研发与应用对社会发展的影响。

对人类现代生活和社会发展有影响的新材料，主要有半导体、超导体和纳米材料等。

半导体是导电能力介于导体和绝缘体之间的物质，如常用晶体管的原材料硅、锗等都是半导体。半导体具有一些特殊性质，如利用半导体的电阻率与温度的关系可制成热敏元件，利用它的光敏特性可制成光敏元件，这些在自动控制中是很有用的。半导体还有一个最重要的性质：如果在纯净的半导体材料中适当地掺入微量杂质，其导电能力就会成百万倍地增加。利用这一特性可制造各种不同用途的半导体器件，如半导体二极管、三极管等。半导体是信息处理的重要元件材料，目前很多电子产品，如计算机、移动电话等的核心单元都是利用半导体的电导率变化来处理信息的。集成电路是半导体技术发展最活跃的一个领域，它是以半导体材料为基片，将组成电路的各种元器件和连线集成在同一基片上，成为具有一定功能的微电子系统。它已广泛应用于国民经济的各领域中，卫星、导弹、飞机、汽车、电视、手机、智能家具，无一不用到集成电路。

超导体也是对当今社会发展有重要影响的新材料，当它低于某一温度时电阻会变为零。超导体具有零电阻和抗磁性等重要特性，应用于很多重要的场合。

超导材料可以用于制作超导电线和超导变压器，由于没有电阻，超导电线和超导变压器就没有发热损失，从而可以把电力以很高的效率输送给用户。

超导材料可以制作超导发电机。超导发电机重量轻、体积小，特别适合用于风力发电。将超导发电机用于风力发电是目前技术发展的趋势。

超导材料在电子技术中也非常有应用前景，如大型计算机，由于电子器件分布密集，项目的运算量大，机器发热一直是很难解决的问题，如果应用超导材料就可以解决这个问题。

超导材料具有抗磁性。如果将超导材料放在磁体的上方，由于磁体的磁感线不能穿过超导体，磁体和超导体之间的磁感线分布就与两个同名磁极之间的磁场一样，超导体和磁体之间会产生推斥力，使超导体悬浮在磁体上方。高速超导磁悬浮列车就是利用这种磁悬浮效应研制的。

纳米材料是一种非常有潜力的现代新型材料。其结构特点是在三维空间中至少有一维是纳米尺寸（1～100 nm）或由它们作为基本单元构成。纳米材料具有很多特殊的性质，例如热学性质，处在纳米尺寸的金属微粒，其熔点大大降低，这使我们能得到很多低熔点金属；又如力学性质，纳米陶瓷材料有非常好的韧性，纳米晶粒的金属要比普通状态下的金属硬度高3～5倍；再如光学性质，当光照到纳米结构的金属上时，由于其颗粒尺度小于光的波长，对光的反射率非常低，致使我们完全看不到金属原来的样子。纳米材料还有很多奇异的电特性、磁特性和化学特性。由于纳米材料的特殊性质，它在工业、农业、交通、医疗和人类生活的各个方面都有广泛的应用，对人们生活和社会发展产生了重大影响。

5.3.3 了解我国科技发展的成就，增强科技强国的责任感和使命感。

新中国成立以来，我国的科技发展，无论是工业制造还是农业科技，无论是太空探索还是海洋研究，都取得了令人瞩目的辉煌成就，如"两弹一星"、航天科技和高速铁路等。

1964 年 10 月我国第一颗原子弹成功爆炸，1967 年 6 月我国第一颗氢弹试验成功，中国成为世界上少有的掌握现代核武器技术的国家，国防力量大大增强。

1970 年 4 月，中国发射首枚人造地球卫星"东方红一号"，从此开创了中国航天史的新纪元，之后不同功能的卫星相继发射；2000 年，我国自行研制的第一颗导航定位卫星——北斗导航试验卫星成功发射；2020 年，北斗三号全球卫星导航系统正式开通，这标志着北斗卫星导航事业进入全球服务的新时代。

我国的探月工程取得了巨大成就，从 2007 年开始，我国先后发射了嫦娥一号和嫦娥二号月球探测器，完成了绕月飞行并拍摄了月球表面的三维图像；随后发射的嫦娥三号和嫦娥四号月球探测器，实现了在月球表面的软着陆，传来了月面的清晰照片；2020 年，我国发射的嫦娥五号月球探测器，在月球表面采集了 1731g 月壤返回地球，这标志着我国探月工程的科技水平达到了一个新高度。

神舟号宇宙飞船是我国迈向太空的神舟。1999 年，我国神舟一号宇宙飞船成功发射并实现了安全返回，之后陆续成功发射了神舟二号、神舟三号、神舟四号宇宙飞船，搭载各种仪器和假人完成了飞行中的科学实验。2003 年，航天员杨利伟乘神舟五号宇宙飞船绕地球飞行 14 圈后安全着陆，我国首次载人航天飞行圆满成功。随后发射的神舟六号和神舟七号宇宙飞船，先后共搭载五名宇航员遨游太空，并完成了出舱太空行走。神舟八号宇宙飞船是无人飞行器，与此前发射的天宫一号空间实验室在太空完成了对接实验。2012 年，神舟九号宇宙飞船搭载三名航天员上天，再次与天宫一号空间实验室对接，宇航员进入天宫一号进行科学实验。2013 年，神舟十号再次搭载三名宇航员进入天宫一号，完成了在天宫一号的研究任务。2016 年，我国发射神舟十一号宇宙飞船，和事先在轨的天宫二号空间实验室对接，两名宇航员进入天宫二号进行为期 30 天的中期驻留实验。2021 年 6 月，神舟十二号宇宙飞船搭载 3 名宇航员入住空间站天和核心舱，在轨驻留 3 个月后，平安返回地面。2021 年 10 月，我国又成功发射神舟十三号飞船，三名宇航员完成了在空间站驻留 6 个月的航天任务，顺利返回地面。2022 年 6 月 5 日，搭载 3 名宇航员的神舟十四号宇宙飞船成功发射，续写飞天梦想新篇章。

我国在火星探测方面也迈出了可喜的步伐。2020 年 7 月，我国火星探测器天问一号成功升空，并在旅行 7 个月后在火星表面着陆，我国制造的祝融号火星车行走在火星地面上，并发来了清晰的火星照片。天问一号飞行任务冲破了第二宇宙速度的束缚，突破了行星际飞行及测控通信、地外行星软着陆等关键技术，是我国航天事业发展中又一具有重大意义的里程碑。

我国科技发展的骄人成就，增强了科技强国的责任感和使命感，同时，我们要衷心感谢付出毕生精力的科学家和科技工作者，努力向他们学习。其中具有代表性的科学家有赵忠尧、钱学森和邓稼先。

赵忠尧，我国核物理研究的开拓者，我国原子核物理、中子物理、宇宙线研究的先驱、启蒙者和奠基人。世界上首位准确预测正负电子对撞结果的人，物理学史上第一个发现反物质的物理学家。

钱学森，世界著名科学家，空气动力学家，我国载人航天奠基人，为我国火箭导弹技术的发展提出极为重要的实施方案，长期担任我国火箭导弹和航天器研制的技术领导职务，为我国火箭和航天器的研究作出了巨大贡献，获国家科技进步特等奖、"两弹一星功勋奖章"。

邓稼先，我国核武器理论研究工作的奠基者之一。他领导开展了一系列基础理论研究工作，完成了原子弹的理论方案，并亲自指导核试验的爆轰模拟试验，制订氢弹设计的技术途径，为我国核武器的研制作出了卓越贡献，获国家科技进步特等奖、"两弹一星功勋奖章"。

二、活动建议

《课程标准（2022 年版）》对该主题有三条活动建议：

（1）查阅资料，了解深海、太空等的开发与利用对人类社会发展的意义，撰写一篇小论文。

（2）查阅资料，了解环境污染治理比较成功的案例，撰写一篇调查报告。

（3）查阅资料，了解手机改进历程中的典型案例，体会通信技术的进步对社会发展的影响。

这三条活动建议从不同侧面体现了物理学与科技进步、社会发展的关系。活动（1）从深海、太空探索涉及的物理学知识中，了解物理学与科技进步的关系；活动（2）从环境的污染和治理涉及的物理学知识中，了解物理学与社会发展的关系；活动（3）通过了解手机的改进历程，认识通信技术的进步与功能的拓展对人们交往和生活的影响，认识物理学对社会发展的推动作用。除此之外，还应注意到，本主题的内容要求，其中"能源的开发与利用"是从原来的能量主题移至跨学科主题中的，"新材料"是从原来的物质主题移至跨学科主题中的，它们都是需要学生在跨学科实践中学习的新知识。因此本主题的活动，还应该注意选择这两个方面的知识作为跨学科实践活动的载体，把跨学科实践活动和学习物理知识有机地融合起来。

第四节　学业要求和教学提示

针对"跨学科实践"主题，《课程标准（2022 年版）》不仅给出了详细的内容要求，还给出了相应的学业要求和教学提示。

一、跨学科实践主题的学业要求解读

《课程标准（2022 年版）》对跨学科实践主题从物理观念、科学思维、科学探究、科学态度与责任四个方面提出了学业要求。

（1）能在跨学科实践中综合认识所涉及的知识；能用物理及其他学科知识解释与健康、安全等有关的日常生活问题，探索一些简单的工程与技术问题，分析与能源、环境等有关的社会热点问题，初步具有运用跨学科知识解决简单问题的能力。

在物理观念方面，跨学科主题的学业要求有两个要点。第一，能从综合的视角在跨学科实践中认识所涉及的物理学科知识和跨学科知识，这是从物理观念建构方面所提出的要求。第二，从观念应用方面，围绕日常生活、工程实践、社会发展三个主题提出了跨学科实践的学业要求：一是能用物理及其他学科知识解释与健康、安全等有关的日常生活问题；二是能对一些简单的工程与技术问题进行探索；三是能分析与能源、环境等有关的社会热点问题。也就是说，要初步具有运用跨学科知识解决简单问题的能力。跨学科实践主题的上述学业要求跟课程标准对义务教育阶段物理课程的学业质量是吻合的。

（2）能在跨学科实践中尝试找出影响活动成效的主要因素，能运用简单模型解决问题；能利用归纳或演绎的方法对跨学科问题进行推理，获得结论；能基于证据说明操作的合理性；能在操作中独立思考，提出自己的见解。

在科学思维方面，跨学科主题的学业要求有四个要点。第一，能在跨学科实践中尝试找出影响活动成效的主要因素，能运用简单模型解决问题。例如，杠杆是一种简单的物理模型，课程标准中跨学科实践的案例"人体中的杠杆"，用这种简单物理模型来分析人在生活、劳动中的力学现象。第二，能利用归纳或演绎的方法对跨学科问题进行推理，获得结论。例如，我们通过跨学科实践活动来学习浮力的知识，在大量实践活动中总结浮力的大小跟哪些因素有关，这就需要归纳推理。又如，根据阿基米德原理和二力平衡条件来制作液体密度计，研究密度计的刻度有什么特点，这就需要演绎推理。第三，能基于证据说明操作的合理性。如果根据实验形成活动结论，应以实验数据作为证据进行分析；如果在制作某一物化成果中需要使用相关仪器或材料，必须根据仪器说明书和查阅相关资料，在有充分证据的情况下实施。第四，要勇于创新，跨学科实践相对其他内容主题而言，其学习内容更富有创造性，更需要独立思考、灵活地解决在实践活动中遇到的各种问题，提出自己的见解。

（3）能在真实、综合的情境中发现问题，提出假设；能设计简单的跨学科实践方案，能通过调查等方式收集信息，提出证据；能对跨学科实践活动方案、实施过程及结果进行解释；能与他人共同实施方案，合作交流，并撰写简单的活动报告。

在科学探究方面，跨学科主题的学业要求有四个要点。第一，跨学科实践所解决的是真实的综合问题，因此，需要在真实、综合的情境中发现问题，提出问题，对问题作出假设。第二，跨学科实践需要明确学习过程中的具体任务，要把学习过程拆分和规划为若干个明确的任务，为此，学生需要有设计简单的跨学科实践方案的能力，并能通过各种实践方式收集信息，获得形成结论的证据。第三，要形成跨学科实践活动的结论，需要基于证据作出解释。例如，通过调查活动获得结论时，就要根据访谈记录和问卷的统计数据来形成结论。第四，跨学科实践主题活动通常是多人共同实施的项目，需要分工合作、相互交流，具有团队精神，活动完成后，需要撰写简单的活动报告。

（4）为我国古代科技发明感到自豪，能体会物理学对人类生活、工程实践和社会发展的影响；乐于思考与实践，敢于探索，勇于创新，进一步增强安全意识，践行健康生活；具有节能环保、促进可持续发展的责任感。

在科学探究与责任方面，跨学科主题的学业要求有三个要点。第一，能在跨学科实践活动中体会物理学对人类生活、工程实践和社会发展的影响，能在活动的相关事例中为我国古代科技发明感到自豪。第二，要具有参与跨学科实践活动的兴趣，在活动中乐于思考与实践，敢于探索，勇于创新，务真求实，重视安全，践行健康生活。第三，用自己的行为来体现社会责任感，注重节能环保，具有促进社会可持续发展的使命感。

二、跨学科实践主题的教学提示解读

为了更好地实施跨学科实践主题的教学，《课程标准（2022 年版）》在教学提示部分从教学策略和教学素材两个方面给出了较为具体的建议。

（一）教学策略建议

　　跨学科实践要紧密结合物理教学内容，体现综合性和实践性，注重激发学生的求知欲和学习热情，促进学生学以致用，养成良好的学习习惯，提升团队意识和协作能力。《课程标准（2022 年版）》对跨学科实践活动的内容选题、制订方案、活动实施、评价交流四个环节提出了建议。

　　① 选择具有综合性、实践性的课题。结合当地特点，围绕现实生活和社会发展的热点问题，从多学科角度观察、思考和分析问题，挖掘、选取有教育意义的素材，将其改造成跨学科实践的问题或任务。

　　关于内容选题，课程标准建议选择的课题应具有综合性、实践性特点。选题时应考虑以下几个因素：一是围绕现实生活和社会发展的热点问题，问题的科学内容跟所学物理知识要贴合；二是尽量结合当地特点，这样能激发学生的学习热情，同时在获取研究信息方面也比较方便；三是考虑跨学科，学习主题有利于打开视野，从多角度观察、思考和分析问题。

　　② 合理制订跨学科实践方案。以问题的解决过程为线索设计方案，将跨学科实践的课题分解为若干驱动性任务，以观察、实验、设计、制作、调查等方式设计活动，将跨学科实践的课题转化为可操作的教学设计和实施方案。

　　关于制订方案，课程标准建议以问题的解决过程为线索来制订方案，将跨学科实践的课题分解为若干驱动性任务，在完成这些任务的过程中，学生进行观察、实验、设计、制作、调查等实践活动。要通过制订方案，将跨学科实践的驱动性任务，转化为可操作的实施步骤。

　　③ 科学引导、循序渐进实施跨学科实践。布置适当的预习任务，引导学生提前了解活动的流程和要求，以及所需知识、方法和设备等；进行合理分组，使学生能相互取长补短、共同完成活动。引导学生主动学习、独立思考、大胆设计、敢于创新，在学生遇到困难时给予适当的指导和帮助。

　　关于活动实施，课程标准建议采取学生自主与教师指导相结合的方式，循序渐进实施教学。教师应给学生布置适当的预习作业，引导学生提前了解活动的任务、要求和流程；教师跟学生一起商讨活动的分工，并进行合理分组，使学生能相互取长补短、共同完成任务。教师要引导学生主动学习、独立思考、大胆实践、敢于创新，在学生遇到困难时给予必要的指导和帮助。

　　④ 重视活动成果的呈现和交流。注重活动总结，以设计作品、制作模型、撰写报告等多种形式呈现成果。根据物化形式的特点，组织开展成果展览、报

告会、研讨会等多种方式的交流活动。

关于评价交流，课程标准建议灵活采用多种恰当方式进行成果交流。对学生在跨学科实践活动中的表现和成果进行评价，这是教学的重要环节，学生在这个环节中检阅成果，发现不足，有利于促进自身发展。由于跨学科实践具有把学习成果进行物化的特点，这就为跨学科实践活动的评价和交流提供了有利条件。活动成果可以通过设计作品、制作模型、撰写报告等多种形式来呈现。教师可以组织成果展览、报告会、研讨会等多种方式的交流活动。

（二）情境素材建议

"跨学科实践"主题的情境素材很丰富，如与日常生活议题、实践操作、社会发展热点等有关的素材均可选择。《课程标准（2022 年版）》侧重提出了与日常生活、工程实践、社会发展相关的情境素材建议。

① 与日常生活相关的素材：观察和体验人在活动或劳动过程中的杠杆模型，从具体事例分析省力杠杆和省距离杠杆，尝试综合运用多学科知识解释生活现象；举办"自行车中的科学知识挑战赛"，以自行车为研究对象，确定挑战赛规则，通过趣味比赛引导学生理论联系实际，综合解决问题。

课程标准列举了从具体事例分析省力杠杆和省距离杠杆，举办"自行车中的科学知识挑战赛"等情境素材。除此之外，还可以收集平时家务劳动的问题作为跨学科实践的素材，例如，"厨房工具的分析与创新"，把在厨房劳动中感到的困惑、发现的问题、创新的经验作为素材形成跨学科实践的研讨主题；又如，根据新冠肺炎疫情的防护需要，提出"医用消毒酒精密度的简易快速测量"实践主题，并做成相应的物化作品。

② 与工程实践相关的素材：举办关于我国古代科技发明的作品展览；举办"简易滑翔机制作比赛"，让学生利用所学知识分析原理、绘制设计图、选用材料、制作样机，进行比赛；了解水火箭的原理、结构、材料等，小组合作设计并制作简单的水火箭。

课程标准列举了举办关于我国古代科技发明作品展览，举办"简易滑翔机制作比赛"，制作简单的水火箭等情境素材。除此之外，还可以举办"纸质桥梁承重比赛"，指定 A4 纸的张数，规定两个桥墩之间的距离，限定其他器材，比谁的纸桥承重大；又如，举办"鸡蛋防摔比赛"，每人设计并制作自己的鸡蛋保护装置，从三层楼的高度连同鸡蛋一起自由下落，落地后在鸡蛋不破的前提下，看谁的装置最轻。

③ 与社会发展相关的素材：设计一个节能环保小屋，思考如何在保护和改

善环境的前提下利用太阳能、地热能、风能等能源，从地理位置、气候、成本等方面讨论每种能源利用的可行性，尝试制作节能环保小屋模型；举办"新材料研制与应用报告会"，小组合作收集和整理相关资料，在课堂上进行成果展示与答辩。

　　课程标准列举了设计节能环保小屋，举办"新材料研制与应用报告会"等情境素材。除此之外，还可以举办"我知道的中国高铁"演讲比赛等活动，把中国高铁的构造、性能和运行参数跟所学的科学知识联系起来，展现自己的学习成果，赞扬我国的科技成就。

◎ 第十二章
义务教育物理课程学业质量解读

本章包括两个主题：一是学业质量内涵；二是学业质量描述，即学业质量标准。

第一节　学业质量内涵

本节从两个方面阐述学业质量内涵。

一、学业质量的含义

学业质量是学生在完成课程阶段性学习后的学业成就表现，反映核心素养要求。

学业质量的含义有三个要点：第一，从时段上看，它是学生完成本课程学习后的表现，即完成全部初中阶段物理课程以后的表现，是 9 年级物理课程全部结束时达到的水平，而不是每学期或每单元的学习成果。第二，它体现的是学生的学业成就，即学生完成全部物理课程学习后在学业上能取得哪些成就，这些成就达到怎样的水平。第三，学业成就的具体内容以核心素养为主要维度，体现了义务教育物理课程要培养的核心素养的目标要求。

二、学业质量标准的内容结构和功能

学业质量标准是以核心素养为主要维度，结合课程内容，对学生学业成就具体表现特征的整体描述，是学业水平考试命题的依据，同时对学生学习活动、教师教学活动、教材编写等具有指导作用。

学业质量标准的内容结构与核心素养相同，即内容的一级主题包括物理观念、科学思维、科学探究、科学态度与责任四个维度，学业质量标准每个维度的内容也是按照核心素养各维度所包含的要素展开叙述的。学业质量标准，就是以这样的结构对学生学业成就的具体表现进行整体描述的。

学业质量标准具有以下功能：

第一，学业质量标准是学业水平考试命题的依据。初中物理课程完成后的学业水平考试，是对所学物理课程学习成果的检验，其试卷命题必须以学业质量标准为依据，其试题的内容范围不能超出课程标准的要求，对核心素养的考查应以学业质量标准中四个维度及其要素的描述作为试题的命题立意。

第二，指导教材编写。根据课程标准，学业质量标准对教材编写具有指导作用。课程标准从物理观念、科学思维、科学探究、科学态度与责任等方面，对学生学业成就的具体表现特征进行了整体描述，这样的描述性要求有利于指导教材的编写。

第三，指导教学活动。在教学中，教师应根据学业质量标准的要求，设计学生的学习活动和教师的教学行为，循序渐进、不断充实，逐步提高学生物理观念、科学思维、科学探究、科学态度与责任四个方面的素养，最终达到学业质量标准的全面要求。

第二节　学业质量描述

学业质量描述，体现了学业质量标准的具体要求。以下从"学业质量标准的形成"和"学业质量标准的内容"两个方面进行说明。

一、学业质量标准的形成

核心素养是课程育人价值的集中体现，因此，它始终贯穿在课程实施的各个时段和各个环节中，课程实施要用核心素养来引领。

目标要求是课程育人的具体目标，是培养核心素养的显性化体现。相对核心素养来说，目标要求比较具体，也是培养核心素养的操作性体现。

学业要求是五个一级主题（物质、运动和相互作用、能量、实验探究、跨学科实践）学完后，学生在核心素养方面所具有的水平。

学业质量是学生完成全部初中物理课程后所具有的学业成就，它是五个一级主题学业要求的汇总和概括。

由此，义务教育物理课程学业质量标准的设计思路如下。

（一）文本结构

学业质量标准的文本结构跟内容要求、学业要求的结构保持一致。即学业质量标准中不设立小标题，用四个自然段描述核心素养四个维度的学业质量。

每个维度中，依照本维度核心素养要素的顺序依次阐述，并用分号把不同要素隔开。

（二）水平等级

学业质量标准是否要分为不同等级，这是各门课程的共同问题。根据义务教育阶段的学习内容和评价特点，义务教育物理课程标准按一个等级撰写学业质量标准，体现学生在完成义务教育物理课程学习后的学业成就表现。这有利于义务教育阶段的教学实施，有利于中考改革，有利于实现中考"两考合一"的目的。

（三）概括性和可操作性

义务教育物理课程学业质量标准是对整个义务教育阶段物理课程学业成就提出的要求，它需要有很好的概括性；同时，它是学业水平考试命题的依据，对考试命题的指导应具有可操作性，其描述应该比较具体。概括性和可操作性是两个相互矛盾的特点，学业质量标准的研制需要在两者之间寻找平衡。课程内容中五大主题的学业要求是比较具体的，具有一定的可操作性，但内容局限在本主题范围内，概括性不够。如果把核心素养的同一要素在五大主题学业要求中的描述汇集起来，并以整个初中物理教学的视角进行概括，能解决上述矛盾，是兼顾概括性和可操作性的一种思路。这次义务教育物理课程学业质量标准的研制，按上述设计思路，形成了共 13 个要素的学业要求。

义务教育物理课程核心素养各维度的学业质量标准如表 12-1 所示。

表 12-1　义务教育物理课程核心素养各维度的学业质量标准

物理观念	
核心素养内涵	物理观念是从物理学视角形成的关于物质、运动和相互作用、能量等内容的总体认识，是物理概念和规律等在头脑中的提炼与升华，是从物理学视角解释自然现象和解决实际问题的基础。 物理观念主要包括物质观念、运动和相互作用观念、能量观念等要素
目标要求	认识物质的形态、属性及结构，认识运动和力、声和光、电和磁，认识机械能、内能、电磁能及能量的转化与守恒；能将所学物理知识与实际情境联系起来，能从物理学视角观察周围事物，解释有关现象，解决简单的实际问题。初步形成物质观念、运动和相互作用观念、能量观念

物理观念				
	1. 物质	2. 运动和相互作用	3. 能量	4. 实验探究	5. 跨学科实践

学业要求	能描述固态、液态和气态的基本特征及在相互转化过程中的特点，能说出生活中常见的温度值，知道质量的含义，理解密度，能说出物质世界从宏观到微观的大致尺度；能根据这些知识解释有关自然现象，尝试运用这些知识解决日常生活中的有关问题，形成初步的物质观念	了解机械运动、分子热运动、声和光、电和磁，了解重力、弹力、摩擦力，通过牛顿第一定律和力的作用效果，认识机械运动和力的关系；能用这些知识解释自然界的有关现象，解决日常生活中的有关问题，形成初步的运动和相互作用观念	能列举能量转化和转移的实例，知道能量在转化和转移过程中是守恒的，认识机械功、热量、电功、热值等是与能量转化或转移密切相关的物理量，知道它们的含义；能用能量转化与守恒的观点解释常见的自然现象，解决日常生活中的有关问题，形成初步的能量观念	能通过物理实验建构物理概念，深化对物理规律的认识，领悟其内涵及相互联系；有将实验探究方法及安全操作规范等运用于解决日常问题的意识，能根据所学知识和说明书等解决现实中的简单问题	能在跨学科实践中综合认识所涉及的知识；能用物理及其他学科知识解释与健康、安全等有关的日常生活问题，探索一些简单的工程与技术问题，分析与能源、环境等有关的社会热点问题，初步具有运用跨学科知识解决简单问题的能力

学业质量	能认识物质的形态、属性及结构，认识运动和力、声和光、电和磁，认识机械能、内能、电磁能及能量的转化与守恒，能掌握所学的物理概念和规律；在学习和日常生活中，能从物理学视角观察事物，把所学概念和规律与实际情境联系起来，解释常见自然现象和解决常见物理问题，能综合运用物理概念和规律，分析和解决熟悉情境下的简单物理问题，具有初步的物理观念

科学思维	
核心素养内涵	科学思维是从物理学视角对客观事物的本质属性、内在规律及相互关系的认识方式；是建构物理模型的抽象概括过程；是分析综合、推理论证等方法在科学领域的具体运用；是基于事实证据和科学推理对不同信息、观点和结论进行质疑和批判，予以检验和修正，进而提出创造性见解的品格与能力。 科学思维主要包括模型建构、科学推理、科学论证、质疑创新等要素

续表

科学思维				
目标要求 会用所学模型分析常见的物理问题；能对相关问题和信息进行分析并得出结论，具有初步的科学推理能力；有利用证据对所研究的问题进行分析和解释的意识，能使用简单和直接的证据表达自己的观点，具有初步的科学论证能力；能独立思考，对相关信息、方案和结论提出自己的见解，具有质疑创新的意识				

	1. 物质	2. 运动和相互作用	3. 能量	4. 实验探究	5. 跨学科实践
学业要求	知道建构模型是物理研究的重要方法，了解原子的核式结构模型；能通过实验或实例，归纳总结物态变化过程中的吸热、放热规律；在归纳或演绎中会引用证据，养成使用证据的习惯；能运用物质的弹性、磁性、导电性等知识，对一些说法进行质疑，发表自己的见解	知道匀速直线运动、杠杆、光线等物理模型；能运用运动和力、声和光、电和磁的一些规律分析简单问题，并获得结论；能在解释自然现象和解决实际问题时引用证据，具有使用科学证据的意识；能根据运动和相互作用的知识，指出交流中有关说法的不当之处，并能提出自己的见解	知道能量的利用存在效率问题，100%的能量利用率只是一种理想情况；能用能量转化与守恒的规律对有关具体问题进行科学推理，并形成结论；在对能量问题进行推理时，能从信息中寻找证据并作出说明；具有根据能量守恒的观点对一些不当说法进行质疑的意识	知道科学探究会受到各种因素的影响，在实验中能关注主要因素，忽略次要因素；能根据实验数据通过归纳推理获得探究结论；有判断实验数据是否合理、有效的意识；能对实验进行反思，提出改进建议	能在跨学科实践中尝试找出影响活动成效的主要因素，能运用简单模型解决问题；能利用归纳或演绎的方法对跨学科问题进行推理，获得结论；能基于证据说明操作的合理性；能在操作中独立思考，提出自己的见解

学业质量	在熟悉的情境中，会用所学模型分析常见的实际问题；在进行简单的物理实验和其他实践活动中，能对活动中的信息进行归纳推理，得到物理结论，在面对日常生活中的实际问题时，能运用所学物理概念、规律进行简单的演绎推理，得到结论；能依照证据形成自己的看法，具有利用证据进行论证的意识；在获取信息时，有判断信息的可靠性和合理性的意识，能从物理学视角对生活中不合理的说法进行质疑并说出理由，发表自己的见解

科学探究				
核心素养内涵	科学探究是指基于观察和实验提出物理问题、形成猜想与假设、设计实验与制订方案、获取与处理信息、基于证据得出结论并作出解释，以及对科学探究过程和结果进行交流、评估、反思的能力。 科学探究主要包括问题、证据、解释、交流等要素			
目标要求	有科学探究的意识，能发现问题、提出问题，形成猜想与假设，具有初步的观察能力和提出问题的能力；能制订简单的科学探究方案，有控制实验条件的意识，会通过实践操作等方式收集信息，初步具有获取证据的能力；能分析、处理信息，得出结论，初步具有对科学探究过程和结果作出解释的能力；能书面或口头表述自己的观点，能自我反思和听取他人意见，具有与他人交流的能力			
学业要求	**1. 物质** 　在物理学习中，能发现并提出需要探究的物理问题，能根据已有经验作出有关猜想与假设；能制订简单的实验方案，会正确使用天平、温度计等实验器材，能按实验方案操作，获得实验数据；会用简单的物理图像描述数据，根据图像特点对实验结果作出解释；能撰写简单的实验报告	**2. 运动和相互作用** 　能基于观察和实验，提出与运动和力、声和光、电和磁等现象有关的科学探究问题，并作出有依据的猜想与假设；在关于杠杆、浮力、光的反射、平面镜成像、凸透镜成像、通电螺线管等科学探究中，能制订初步的实验方案；能正确使用弹簧测力计、刻度尺等相关器材获取实验数据；能通过对数据的比较与分析，发现数据的特点，进行初步的因果判断，得出实验结论；能表述实验过程和结果，撰写实验报告	**3. 能量** 　能通过观察周围事物，发现并提出关于能量的问题，能根据已有知识对问题作出猜想与假设；能根据控制变量法制订简单的探究方案，会正确使用电压表、电流表测量基本的电学量，正确读取和记录实验数据，并排除简单的实验故障；能用表格、图像等多种方式展示实验数据，并通过分析和处理数据得出实验结论；能撰写实验报告，书面或口头表述科学探究的过程和结果	**4. 实验探究** 　在实验中有发现问题、提出问题的意识；能根据实验目的设计实验方案，会正确使用已学实验器材收集数据，能遵守实验室规则，注意实验中的安全问题；能对收集的数据进行整理，归纳总结，形成结论并作出解释；有合作交流的团队意识，能撰写简单的实验报告	**5. 跨学科实践** 　能在真实、综合的情境中发现问题，提出假设；能设计简单的跨学科实践方案，能通过调查等方式收集信息，提出证据；能对跨学科实践活动方案、实施过程及结果进行解释；能与他人共同实施方案、合作交流，并撰写简单的活动报告

续表

科学探究				
学业质量	能针对一些现象，发现并提出要探究的物理问题，能根据经验和已有知识作出猜想和假设；能针对提出的问题，运用控制变量法等制订比较合理的科学探究方案，会正确使用学生必做实验所涉及的实验器材，并根据实验方案进行规范、安全的实验操作，会正确读取和记录实验数据，能排除简单的实验故障；能根据实验目的整理信息，会用简单的图像或表格描述信息，能通过信息比较或图像分析发现其中的特点，进行初步的因果判断，形成结论并作出解释；能表述物理问题，会用物理学术语、符号、图表等描述探究过程，说明探究结果，撰写简单的科学探究报告				

科学态度与责任				
核心素养内涵	科学态度与责任是指，在认识科学本质和了解科学、技术、社会、环境之间关系的基础上形成的，探索自然的内在动力，严谨认真、实事求是、持之以恒的品质，热爱自然、保护环境、遵守科学伦理的自觉行为，以及推动可持续发展和实现中华民族伟大复兴的使命担当。 科学态度与责任主要包括科学本质观、科学态度、社会责任等要素				
目标要求	初步认识科学本质，体会物理学对人类认识深化及社会发展的推动作用；亲近自然，崇尚科学，乐于思考与实践，具有探索自然的好奇心和求知欲，有克服困难的信心和决心，能总结成功的经验，分析失败的原因，体验战胜困难、解决问题的喜悦，严谨认真，实事求是，善于跟他人分享与合作，不迷信权威，敢于提出并坚持基于证据的个人见解，勇于放弃或修正不正确的观点；能关注科学技术对自然环境、人类生活和社会发展的影响，遵守科学伦理，有保护环境、节约资源的意识，能在力所能及的范围内对社会的可持续发展作出贡献，具有实现中华民族伟大复兴的责任感与使命感				
学业要求	1. 物质 能通过物态变化等实验，感受物理研究是建立在观察、实验和推理基础上的创造性工作；能在应用密度等知识解决实际问题的过程中获得成就感，具有学好物理学的自信心；能用相关知识初步解释自然界的水循环等现象，具有关心和保护环境的意识，能初步体会构建人类命运共同体的重要意义	2. 运动和相互作用 知道物理学是对相关自然现象的描述与解释，物理学研究需要观察、实验和推理，体会物理学对人类生活和社会发展的影响；具有对运动和力、声和光、电和磁等知识的学习兴趣和严谨认真、实事求是的科学态度；关心我国古代和现代科技成就，为中华民族的科技成就感到自豪，逐步养成实现中华民族伟大复兴的责任感与使命感	3. 能量 能从热机对社会发展所产生的影响的角度，体会科技进步对人类和社会发展的推动作用；能从能量转化的角度认识提高效率的重大意义，增强学习物理学的动力；能从能量的转化和转移具有一定方向性的角度，体会节约能源与可持续发展的重要性	4. 实验探究 能初步体会物理研究是建立在观察和实验基础上的创造性工作；能通过实验获得结论，产生成就感，有学习物理的兴趣和严谨认真、实事求是的科学态度；有节约资源、保护环境的责任感及自觉行为	5. 跨学科实践 为我国古代科技发明感到自豪，能体会物理学对人类生活、工程实践和社会发展的影响；乐于思考与实践，敢于探索，勇于创新，进一步增强安全意识，践行健康生活；具有节能环保、促进可持续发展的责任感

科学态度与责任
能初步认识科学本质，体会物理学对人类认识深化及社会发展的推动作用；能保持对自然的好奇、对物理学的兴趣，具有严谨认真和实事求是的科学态度，既坚持原则，又能与他人合作；知道科学探索、技术应用及成果发表具有一定的道德规范，初步了解科学、技术、社会、环境之间的关系，具有保护环境、节约资源、促进可持续发展的责任感和实现中华民族伟大复兴的使命感

（左侧竖排：学业质量）

二、对学业质量描述的解读

（一）物理观念

核心素养的结构，大体上可以分为两个层级，其一级主题称为核心素养维度，物理观念就是其中一个维度。维度的下一级主题称为要素。课程标准指出：物理观念主要包括物质观念、运动和相互作用观念、能量观念等要素。课程标准把物理观念分为以上三个要素，是从物理观念所涉及的知识内容进行分类的。物理观念也可以跟其他三个素养维度一样，从素养的行为结构上进行分类，学业质量标准关于物理观念的描述，便采用了这样的分类和描述方式。在学业质量标准中，对物理观念的描述有两方面内容：一是能掌握所学关于物质、运动和相互作用、能量的物理概念和规律；二是能应用所学概念和规律解释自然现象和解决物理问题。在学业质量标准的行文中，这两个主题是用分号隔开的，因此我们也可以认为，这是物理观念的两个要素，是物理观念维度下面的两个二级主题。

这里需要指出的是，在解释现象和解决问题时，学业质量标准的要求是"常见自然现象"和"常见物理问题"，不要用偏、怪问题去考查学生。同时，在综合应用多个物理概念和规律解决问题时，对所解决的问题是有约束的，限定为"熟悉情境"下的"简单物理问题"，不要用综合度过大的复杂问题去考查学生。例如在同一试题中，需要同时应用压强、浮力、简单机械等多知识点综合分析作出解答的题目，就不应该出现在学业水平考查的试卷中。

（二）科学思维

在学业质量标准中，科学思维包括模型建构、科学推理、科学论证、质疑创新四个要素。在学业质量标准行文中，这四个要素的描述是用分号隔开的。

关于模型建构，学业质量标准只对用所学模型分析问题提出了要求，没有对理想模型的建构提出要求，有关理想模型的定义及其建构过程，是高中物理课程的任务，应注意不要把高中物理的要求下移到初中对学生进行考查。同时应注意，课程标准对应用物理模型解决问题有两方面限定：一是所用模型是学过的，二是所解决的问题是常见的实际问题，不要盲目拔高。

关于科学推理，初中物理常见的推理方式是归纳推理和演绎推理。通过实验形成结论，常用的是归纳推理；应用物理规律对具体问题进行讨论的习题解答，常用的是演绎推理。实验教学和习题教学是初中物理教学的两个重要方面，大体上对应着这两种推理方式。物理教学中，应重视培养学生的推理能力，要避免"重结果、轻过程"的现象，要强化物理结论形成过程中的推理环节。

关于科学论证，科学思维中的科学论证与科学探究中的证据，虽然主题都是证据，但侧重点不同。这里说的科学论证，主要是指证据的使用，而科学探究中的证据，主要是指证据的获得。此处的科学论证有两个要点：一是依照证据形成自己的看法，即根据证据说出事物的结果是什么；二是利用证据进行论证的意识，即要根据证据思考为什么是这个结果。

关于质疑创新，学业质量标准对质疑的要求：一是对所获信息进行合理性和可靠性的思考，二是对现有不合理的说法提出不同意见。这两种行为都要以自己的经验和已有认知为根据进行衡量，而不是随意怀疑。关于创新，主要是发表自己的见解，这里强调的是自己的而不是别人的。这里所说的见解，可以是看法、意见、建议、设想、创意等。

（三）科学探究

在学业质量标准中，科学探究包括问题、证据、解释、交流四个要素。在学业质量标准行文中，这四个要素的描述是用分号隔开的。

问题，包括两个要点：一是发现并提出问题，二是对问题作出猜想或假设。要提出问题，先要发现问题，而问题的发现是针对某个现象的，现象的获得来源于观察。由此，通过观察，获得有疑问的现象，进而产生科学探究的问题，这是提出问题的过程。猜想或假设的过程，具有两个行为：一是对问题的原因或结果作出假定，二是用自己的经验或认知对假定进行解释。假定的过程是非逻辑的，解释的过程是逻辑的，两者的结合是具有创造性的。因此，当教师让学生对某个问题作出猜想时，不能停留在假定环节上，一定要学生思考并回答假定的根据是什么，这就是学业质量标准所说的"根据经验和已有知识作出猜想和假设"的含义。

证据，包括两个要点：一是设计实验方案，二是进行实验获得实验数据。在设计实验方案时，应能针对所提出的问题，运用控制变量法等制订比较合理的实验方案。这里所说的针对所提出的问题，就是针对问题的猜想。设计实验方案的过程，实际上就是把检验猜想的实验装置和实验步骤具体化的过程。在进行实验时，学生应该做到以下方面：① 会正确使用课程标准所规定的学生必做实验项目中所涉及的实验器材；② 能进行规范、安全的实验操作；③ 会正确读取实验数据；④ 会正确记录实验数据；⑤ 能排除简单的实验故障。

解释，即根据实验数据对科学探究的结果进行分析和论证。学生应该做到以下方面：① 当实验数据比较混乱无序时，应根据实验目的对实验数据进行整理；② 会用简单的图像或表格描述信息，在用图像描述时，会合理建立坐标系及制订其标度，会根据实验数据描点，并把各数据点拟合成简单的物理图像；③ 对简单的科学探究问题，能通过比较表格中的数据发现其特点，对特征不十分简明的数据，能通过图像分析发现其中的特点；④ 能进行初步的因果判断，实际上，在进行控制变量设计实验以及建立坐标系时，就渗透着因果关系的判断，在变量关系中，自变量是因，应作为坐标系的横坐标，因变量是果，应作为纵坐标；⑤ 能根据数据分析形成科学探究的结论，必要时对该结论作出解释。

交流，主要是表达科学探究的过程和结果，其方式是撰写科学探究报告。所撰写的报告应能表述物理问题，能用物理学术语、符号、图表等描述探究过程，能说明探究结果。

（四）科学态度与责任

在学业质量标准中，科学态度与社会责任包括科学本质观、科学态度、社会责任三个要素。在学业质量标准行文中，这三个要素的描述是用分号隔开的。

科学本质观，要求学生初步认识物理学是建立在观察和实验基础上的一项创造性工作，是人类有意识地探究而形成的对自然现象的描述与解释，需要接受实践的检验，物理学的发展深化了人类对自然的认识，对社会的发展起到重要的推动作用。

科学态度包括三个要点：一是能保持对自然的好奇心、保持对物理学的兴趣，具有对物理学习的求知欲；二是在物理学习中，具有严谨认真和实事求是的科学态度；三是能与他人合作，具有团队精神，既坚持原则，又尊重他人。

社会责任包括三个要点：一是知道科学探索、技术应用及成果发表具有一定的道德与规范，能遵守普遍接受的道德与规范；二是初步了解科学、技术、社会、环境之间相互联系、相互制约、相互促进的关系；三是具有保护环境、节约资源、促进可持续发展的责任感和实现中华民族伟大复兴的使命感。

下篇

◎

下篇 义务教育物理课程实施与展望

WULI

◎ 第十三章
义务教育物理课程教学建议

学科教学是课程实施的重要环节，教学质量对学生核心素养的发展起着举足轻重的作用。《课程标准（2022 年版）》提出了三条"教学要求"：一是围绕学生核心素养的发展设计教学目标；二是灵活运用多种教学方式；三是确保物理课程实践活动教学质量。前两条主要说明如何从培养学生核心素养的角度进行教学目标设计与教学方式选择；第三条针对物理实验和跨学科实践活动教学中易出现的问题，为教师提出了教学要求和建议。

第一节　围绕学生核心素养的发展设计教学目标

此部分主要强调设计教学目标的四个方面：第一，要全面、深入理解核心素养内涵；第二，要明确课程内容所蕴含的育人价值；第三，要把握学科内容的内在逻辑性和系统性；第四，要关照学生的差异性，尽量满足每个学生的发展。

一、全面、深入理解核心素养内涵是设计教学目标的前提

核心素养是学生通过课程学习逐步形成的适应个人终身发展和社会发展需要的正确价值观、必备品格和关键能力。培养学生核心素养的终极目标是使学生在离开学校后能适应社会、获得成长。因此，今天的教学不是提前教授学生未来所需的知识和技能，而是让他们学会在真实情境中获取知识、解决问题，形成正确价值观，为他们未来能够应对变化与新的挑战奠定基础。教学的关注点不能局限于学生获取知识、习得技能，更要关注学生在学习过程中是否乐学、善学，是否能运用所学在复杂情境中解决有意义的问题。

核心素养是对三维目标的融合和超越，强调整合，突出关键。知识、技能和方法是培养学生核心素养的载体和必备基础，在教学中不能被弱化，也不能让学生孤立、割裂地学习。学生在具体情境中习得知识技能，获得情感体验，形成正确的态度，教师要用培养学生核心素养来整合教学目标。物理观念是物理知识内化后形成的概括知识，科学思维和科学探究是关键能力，科学态度和责任是必备品格。物理课程要培养的核心素养的四个方面既相对独立，又相互联系、相互支撑、相互促进。教师在确立教学目标时，要认真挖掘每部分教学

内容所蕴含的物理观念、科学思维、科学探究和科学态度与责任四个方面的要素，并体现在学生具体的学习活动中。

二、明确各部分物理课程内容育人价值，准确设计教学目标

义务教育阶段物理课程内容分为五个主题，每一主题的课程内容都蕴含着核心素养四个方面的育人价值。前三个主题分别是"物质""运动和相互作用""能量"，基本涵盖了义务教育阶段学生所需学习的物理基本概念和基本规律，是学生形成物理观念的必备基础。在形成物理观念的过程中，无论是对物理概念规律的认识，还是运用概念规律解释现象、解决问题，都需要透过现象看本质，经历抽象概括、分析综合等思维过程，涉及大量的模型建构、科学推理等，学生学习这三个主题都离不开科学思维。一些概念规律的学习也是通过探究方式完成的，如探究杠杆平衡条件、液体压强与哪些因素有关、光的反射定律等，学生在学习概念规律的过程中，能够体会物理的有趣、有用，理解物理学对社会进步的意义，进而喜爱物理、愿意学好物理，并逐步学以致用，未来造福人类。实验探究和跨学科实践两个主题，特别突出了物理课程实践性的特点，能让学生在真实情境中动脑动手解决问题。实验探究主题包括测量类和探究类必做实验。探究类实验是直接培养学生科学探究素养的最主要载体。在实验探究中，学生通过获得的证据资料进行解释说明，并得出结论，是实践科学思维中科学论证的有效途径。这些实验穿插在前三个主题中，可以帮助学生更深入地理解概念规律、形成物理观念。做实验的过程不仅能培养学生实事求是的科学态度，还能促进学生反思、质疑和创新。跨学科实践主题凸显跨学科和综合性，引导学生关注现实生活、工程实践与社会发展，在真实情境中综合运用所学知识解决有意义的问题。学生需要深入思考，动手实践，大胆创新，能够体验解决问题使生活更美好的快乐。跨学科实践主题可以进一步发展学生的物理观念、科学思维、科学探究和科学态度与责任，同时也可以全面检验学生核心素养的发展水平。

设计以培养学生核心素养为导向的教学目标，应对照学生在不同情境中完成任务的表现。课程内容每个主题的学业要求清晰描述了学生在完成学习后其核心素养四个方面所应达到的表现。教师应认真研读学业要求并依此来确定相应课程内容的教学目标。

三、把握物理课程内容各部分之间关系，系统设计教学目标

教师设计教学目标一定要系统化、结构化，避免碎片化，努力让学生在头

脑中建立物理课程内容框架，便于他们深入理解、牢固掌握、快速提取和应用。理清课程内容的内在逻辑是关键。

义务教育阶段物理课程内容的前三个主题侧重物理学的理论学习，涉及力、热、声、光、电五个基础领域，每个领域都从物质、运动和相互作用、能量三个角度展开。物质既包括由大量原子分子组成的物体，也包括声波、光波、电场、磁场等；各类物质运动既遵循相互作用规律，也遵循能量转化与守恒规律。例如，在研究物体下落、乘坐电梯上升、简单机械的特点及效率等问题时，可以从"运动和相互作用"及"能量"两个角度进行分析；在热学部分，可以对蒸发、熔化等过程从宏观和微观两个角度进行分析，理解微观机制所体现的运动和相互作用规律，以及宏观表现中的能量转化。实验探究和跨学科实践活动强调物理学的实践性。实验探究中的测量类实验帮助学生学习和掌握物理实验最基础的方法和操作技能，是学习探究类实验的基础；探究类实验是在给定的情境中，对已提出问题进行研究的完整流程。跨学科实践活动则要求学生在真实的生活情境中发现问题，进而研究和解决，一般涉及多个学科，往往还需要学习新的知识与技能。实验探究和跨学科实践活动能够帮助学生理解物理学理论知识，也能引导学生进行实践应用。

教师在设计各章节内容的教学目标时，不能孤立地看待某个概念或规律、某种方法和某项技能，要考虑这些内容在学生不同学习阶段的横向联系与纵向进阶，前面的学习要为后面的学习打基础，后面的学习要回应和提升前面所学。特别要关注学生对关键概念的学习，关键概念往往是物理课程内容的重要连接点。以速度为例，速度是描述物体运动状态的物理量，物体间的相互作用会改变物体的速度，而速度大小的变化意味着动能也发生了变化，势必伴随能量的转移或转化。速度对微观过程也有意义，分子无规则热运动的快慢、气体内部压强的大小、导体中电子定向移动形成的电流等，都与速度大小有关。速度是用比值定义的，密度、压强、电阻等也是用比值定义的，教师在教学中要注意这些关联，由认识特殊性到认识一般性。义务教育阶段的速度概念具有局限性，不涉及矢量性，教师在设计教学目标时要处理好，为学生日后学习留有空间。

四、尊重学生差异，教学目标要有层次性

教师要基于学生学习水平的差异提出不同的学习目标，努力使每个学生都能在原有基础上有所提升，既不要让学生感到过于简单、毫无挑战性，也不要让学生感到难以完成、束手无策。

设计学生形成物理观念和发展科学思维的教学目标时可以分为三个层次：基础要求，能在具体情境中发现、识别所学概念和规律；中等要求，能用所学

内容分析、解释具体现象；较高要求，能用所学内容解决具体情境中的问题。教师在设计科学探究教学目标时，要关注学生科学探究全过程各环节的表现，即提出有价值的问题，进行合理假设，制订或理解实验方案，完成实验操作（包含阅读说明书学习仪器的使用），获取和处理数据，解释实验结果，撰写实验报告，反思交流与改进等。对学习能力较强的学生，可以在各个环节提出较高目标；对学习能力较弱的学生，可以要求其认真完成力所能及的环节，在其难以胜任的环节，教师可以进行详细指导。在培养学生科学态度与责任方面，教师要引导学生以探求奥秘、掌握本领、服务社会为学习目的，特别是要激发学生的学习兴趣和学习热情，让学生乐学、好学。在学习过程中强调实事求是、质疑创新、尊重他人、乐于合作分享等。对学习能力较弱的学生，特别要保护他们的学习积极性，帮助他们树立学习信心；对学习能力较强的学生，特别要让他们认识到科学技术是为人类福祉服务的，要遵守科学伦理道德，同时要培养他们的团队意识，能够换位思考，为他人着想等。

第二节　灵活运用多种教学方式

　　教学方式多种多样，常用的有讲授启发、小组研讨、任务驱动、自主探究、阅读材料学习等。教师教是为了学生学，教学方式是手段、途径，不是目的，要为学生学习服务。因此，无论采取何种教学方式，都要促进学生主动学习、动脑动手，并帮助学生养成良好的学习习惯。在课程标准的每个主题中都有教学策略提示，供教师参考选用。在日常教学中，教师要关注国内、国际教学动态，多向同行学习，根据教学内容、学生情况，开发和利用教学资源，创造性开展教学，使学生乐学、善学、好学。

一、情境创设要引发学生的思考

　　好的教学方式离不开恰当的教学情境。教学情境可以是真实的事件或问题。鲜活的教学情境往往能引发学生的学习欲望，而且会唤起他们的相关经验，快速建立新知识与原有认知之间的联系，解决情境中的问题更可以给他们带来成就感，帮助他们形成学以致用的观念。创设情境要注重问题导向，努力培养学生发现问题、提出问题、解决问题的意识和能力。例如，在学习密度概念时，教师可以创设如下情境。人们常说"油比水轻"，这种说法科学吗？在学生讨论过程中，可以展示 5 L 食用油和一杯水，引导学生理解如何科学建立密度概念，帮助他们实现从经验认识到科学认识的转变；之后，可以提出一个现实问题：如果有人向家人推销可收藏的金制纪念币，你怎么帮助家人鉴别金币的真假？让学生设计鉴别金币的方案，经历运用所学知识解决实际问题的过程。创设情境时可以引入新奇的现象或引发学生的认知冲突，激发学生探索奥秘和修正前概念的欲望。例如，在学习光的色散时，可制作人工彩虹；在学习电流周围产生磁场时，直导线四周摆放小磁针，原本小磁针指向相同，给导线通电后，不同位置的小磁针指向各异；在学习凸透镜成像规律时，提出问题：放大镜成的像一定是放大的吗？在分析平衡物体受力时，提出问题：用力推讲台但没推动，是推力大还是讲台所受摩擦力大？等等。在各个主题的教学提示中也有情境素材建议，供教师在教学中参考、选取。

二、设计学科活动让学生动手动脑

开展形式多样的学科活动可以大大丰富教学方式。教学不局限于课堂，教师要打通课内与课外，将课堂与生活融合，放手让学生在主动探究、动手实践、解决问题中学习。课程内容的每个主题下都有"例"和"活动建议"，不仅有各种演示实验，还有实践测量、查阅资料、情况调查、模型或用具制作、课题研究等，教师可将这些活动有机融入学生的日常学习中。有些活动可以直接进入课堂，如"估测自己站立时对地面的压强""列举几种与生活密切相关的能量""讨论人在滑滑梯过程中能量转化的情况"；有些活动可以作为学生的自学内容在课前完成，例如，在学习"物质的结构和物质世界的尺度"之前，让学生分组完成"观看介绍物质微观世界的科普音像资料""查阅、收集人类探索宇宙的相关资料"，课上请每个小组将学习成果分享给全班同学，教师进行总结点评；有些活动可以作为课后拓展，例如，"用弹簧或橡皮筋制作简易测力计""蜡块会漂浮在水面上，可用天平和量筒测量蜡块的密度，说明方法并进行测量"等；有些活动还可以进一步生成新的小课题，供感兴趣和学有余力的学生继续深入研究，例如"通过资料查阅、商店咨询和实物考察，分析自行车中涉及的物理知识，选择感兴趣的主题写一篇小论文"，学生可以由此活动开展自行车中的杠杆问题、传动问题、机械效率问题，以及不同部件的选材问题等研究。教师也可因地制宜，充分利用身边的教学资源，开发学生喜爱的学科实践活动，进一步丰富教学的内容和方式。

三、重视做作业对学生核心素养的培养

做作业是学生重要的学习方式之一。作业主要用于复习巩固课堂学习，可以是解题，也可以是撰写调查报告、研究论文，还可以是课程内容中各个主题中的学习活动，作业内容与形式的多样化有助于全面培养学生核心素养。对于解题作业，教师也要注意题目中情境的设置，必须符合生活生产实际，努力培

养学生在真实情境中解决问题的能力。教师要关注学生在解题过程中形成良好的思维习惯。对于情境较为复杂的问题，例如，研究多个物体的相互作用、多元件组成电路中电压和电流的关系、多种能量的转移和转化等问题，首先，要明确研究对象，如哪个物体受力，哪段电路的电压和电流的关系，哪个系统的能量变化等；其次，要分析影响研究对象变化的因素有哪些，既不重复又不遗漏，如所研究的物体都受哪几个力，所研究的电路电阻及两端电压如何变化，所研究的系统都具有哪些能量形式、能量转化的方向等；最后，根据物理规律找到各物理量之间关系来解决情境中的具体问题。学生完成作业的过程也是他们学习如何科学解决问题的过程，思路是否逻辑清晰，结论得出是否有依据，都是教师要重点关注的。另外，教师在设计作业时，要根据学生的差异设计分类、分层作业，加强作业的针对性，努力减轻学生课后负担。

四、让信息技术切实帮助学生学习

信息技术应用到教学中，不仅丰富了教师的教学方式，而且促进了学生学习方式的转变。首先，现代信息技术可以使很多物理现象和过程更加直观，便于学生获得直接经验。教师可以将难以在现场观看的现象和过程用视频播放给学生，如火箭发射、太空实验，以及只有在科研院才能完成的实验等；也可以运用摄像技术放大现象、放慢过程，使学生能看到不易观察的细节，如水沸腾过程的慢放，便于观察气泡的产生和变化；音叉、鼓和弦振动的慢放，观察声源的振动；压燃硝化棉，燃烧过程较快，慢放便于观察。对于无法在现实环境中完成的实验，还可以利用智能软件进行虚拟实验。其次，可以利用传感器获取数据，运用数据处理软件对数据进行快速处理。例如，在探究凸透镜成像规律时，将全班同学的实验数据输入 excel 表格中，按照物距排序，便于发现成像性质与物距的关系，也便于对 $u=f$ 和 $u=2f$ 两个特殊点的成像情况进行推断。最后，可以利用信息技术实现差异教学和精准教学。教师可以针对学生差异录制分层微课，实现同一时空下的差异化教学；还可以建立学习网站，对学生学习进行诊断并提供针对性指导；学校要关注人工智能发展，未来可将机器辅助答疑引入教学系统，等等。

第三节　确保物理课程实践活动教学质量

物理课程实践活动包括实验和跨学科实践活动。实验学习在物理课程中必不可少，而跨学科实践活动是新增加的课程内容，旨在培养学生解决现实问题的素养，往往要"跨出"物理学科。

一、规范实验教学，切实发挥各类实验的育人价值

义务教育阶段物理课程中的实验可分为演示实验、测量类实验和探究类实验。演示实验可以发挥三方面的作用，一是帮助学生建立和理解概念、发现和认识规律；二是教师示范实验规范操作，保证实验安全；三是让学生了解常见的实验原理和方法。测量类实验不仅能帮助学生加深对物理概念和规律的认识，还能让学生经历理解实验原理、安全完成实验操作、获取和处理数据的完整过程。探究类实验需要让学生经历科学探究过程，从发现问题、提出问题，到假设或猜想，再到设计实验方案、实施实验、获得数据、得出结论，最后解释结论回应问题。探究类实验可以直接培养学生的探究素养。这三类实验都可以帮助学生形成物理观念、提升科学思维、建立科学态度。教师必须重视实验教学，不能只关注学生是否得出预期的实验结果，而要引导学生思考为什么要做这个实验，这个实验是怎样做的，实验现象或实验数据能说明什么，出现"意外"是什么原因，等等。

在教师做演示实验时，学生并不知道即将看到什么，何时会出现应该关注的现象。教师要引导学生顺序观察，突出重点，不能局限于反映结论的现象。好奇心强、爱思考的学生往往想知道这个实验怎么做的，出现的各种现象都是怎么回事，等等。教师可以先简单介绍实验原理和实验仪器，然后边操作边讲解，引导学生重点观察重要现象，同时处理好伴随发生的其他现象。以演示"光的折射现象及特点"为例，如果使用激光演示仪，教师可以先介绍仪器，指明激光束从光源孔竖直向上射出，通过小平面镜的反射变成水平方向，射向半圆形玻璃砖，然后提示学生重点观察空气中光线和玻璃中光线的位置。教师也可以先让学生研究光线从空气进入介质的情况，令激光射向玻璃砖直径所在平面，引导学生观察激光进入玻璃后的偏折，然后转动玻璃砖，观察入射角从0°到90°变化过程中折射光线位置变化。学生在观察光线非垂直入射时，不仅会看到进入玻璃的折射光线，还会看到从玻璃砖直径面反射回来的反射光线。教师回应学生的发现，并让学生比较反射光线和折射光线与界面、法线的位置关系特点。在研究光线从介质射向空气的情况时，让激光束对准玻璃砖圆心射向玻璃砖的圆弧面，引导学生观察玻璃砖中的光线射出玻璃后的偏折情况。教师可以提出问题：为何无论玻璃砖处于什么方位，光线进入玻璃时都不会发生偏折？在学习实验原理和方法的过程中，学生不仅能理解常用的实验原理和方法，而且能体会物理规律在实践中的应用。实验中的激光演示仪可供学生探究光路问题时使用；而将玻璃砖做成半圆形，当激光对准圆心从圆弧面射入不会偏折的巧妙设计，更是为学生在实践中学以致用提供了一个很好的示范。

学生做测量类实验时，教师不能简单地让学生"照方抓药"，仅满足于学

生测出结果，写好实验报告。测量类实验一共 9 个，涵盖了力学、热学和电学中的基本测量。通过实验，学生应学会用刻度尺测长度、用量筒测体积、用天平测质量、用秒表测时间、用弹簧测力计测力、用温度计测温度、用电流表测电流、用电压表测电压；同时，学生在测密度、速度、电阻时，应学会根据物理量之间的关系进行间接测量的方法。在做测量类实验的过程中，学生应学习基础物理实验操作技能，体验物理实验操作基本规范，为其做探究性实验、开展跨学科实践活动奠定基础。教师要认真观察学生实验操作过程，及时纠正错误，帮助学生掌握正确的操作。教师要特别注意培养学生的实验安全意识，一是要保障学生自身安全，二是要保护实验仪器设备安全。在用电时，要避免触电、小心电路短路、电源过载，在用火加热物体时，要避免烫伤，等等；使用仪器时，一定要按规范操作，以免损坏仪器或使实验者受伤。特别要注意仪器量程，如天平、弹簧测力计、温度计、电流表、电压表等，避免超量程使用。

学生做探究类实验时，教师切忌为了节省时间，过度引导，甚至包办代替，将"探究"实验做成"验证"实验。探究类实验最重要的价值是让学生在具体情境中发现问题、提出问题，并探索如何解决问题。首先，教师一定要创设出能引发学生思考的学习情境，这是学生发现和提出问题的基础；其次，将设计解决问题方案的机会留给学生；最后，放手让学生去实施，使其体验解决问题的完整过程。以"探究导体在磁场中运动时产生感应电流的条件"为例，教师首先演示手摇发电机"点亮"小电珠，引起学生的好奇；接着，让学生观察发电机的构造，思考"导体怎么运动才能产生感应电流"，讨论得出产生感应电流的几个要素——导体、磁场和闭合回路；然后，给每组学生一块 U 形磁铁、一根导体棒、几段导线，让他们想方设法"发电"。学生很快会想到"怎样才能知道电路中产生了感应电流"，有的学生会根据教师的演示实验，提出在电路中串入小电珠，如果小电珠亮了就证明电路中有电流。教师可以给学生小电珠，让他们尝试。但通常情况下电珠并不会亮，因为上述装置产生的感应电动势太小，电路虽然导通，但由于电流过小不足以使电珠发光。这种现象在实验室中常有发生，教师可以引导学生，灯不亮不一定就是断路，很可能是电流功率不足以使其发光，而用灵敏电流计可以检测较小电流。这个过程有助于学生在探究活动中从实际出发解决现实问题，而不是用解题思维"纸上谈兵"。之后，学生自己动手连接电路，令导体棒在磁铁两极之间做方向不同、速度不同的运动，观测相应条件产生电流的大小和方向，得到探究结果。

对于安装和操作较为复杂的实验，教师更应让学生独立思考和操作，使他们在反复练习、试错过程中提升操作技能；同时，也让他们有机会发现问题，开动脑筋解决问题。例如，在"探究凸透镜成像的规律"中，安装 LED 灯（光源）、透镜和光屏时，如果透镜面与光具座不垂直，那么测出的透镜焦距会偏大，而且从光具座上读取的物距和像距也都是不准确的；如果光源和透镜中心的连线与光具座有较大夹角，可能会导致成像光线为非近轴光线，不再符合凸透镜成像规律，在光屏上很难找到光源的清晰像，等等。实验过程中，出现问题的小组可能会直接向教师求助，教师不要急于告诉他们正确的做法，要先提示他们去观察正确的安装和操作，并与本组的做法进行对比，找出问题后，再和他们一起分析症结所在。探究实验中出现"异常"，往往是锻炼学生思考与解决问题的好机会，教师要善于把握。在实验结束后，教师应组织学生进行交流，不仅介绍探究结果，更要介绍探究过程，特别是要分享一些"小曲折"和"小意外"是如何解决的。教师的点评和总结能帮助学生认识科学探究的本质，享受科学探究的乐趣。

除了做好课堂内实验，教师还要鼓励学生用身边的物品做实验。以"用弹簧或橡皮筋制作简易测力计"为例，橡皮筋、按压式自动铅笔中的弹簧，或旧玩具中的弹簧都可用于制作简易测力计。在确定弹簧（橡皮筋）伸长量所对应拉力大小时，可以不用实验室中的钩码和弹簧测力计，而让学生在生活物品中寻找替代品。可用标注质量的物品直接当作钩码，但一般标注质量不含外包装，这可能会带来较大误差。生活中有很多器皿标有容积刻度，可运用密度知识"造出"砝码。例如，将标有刻度的饮水杯悬挂在弹簧下方，向饮水杯中注入一定量水，标记不同水重所对应的弹簧伸长量。还可利用浮力知识得出弹簧随拉力变化的改变量。将长方体或圆柱体等物品悬挂在弹簧下，改变物体浸在水中的体积，得出弹簧伸长量的变化对应的物体所受浮力的变化。

二、做好指导，确保跨学科实践活动有效实施

跨学科实践活动打破了学科壁垒，对教师提出了新的挑战。跨学科实践活动既可以是探究实际问题，也可以是制作现实产品，物理课程的跨学科实践活动应以物理学科为主。课程标准中"人体中的杠杆"属于问题探究案例，涉及生物学和物理两个学科；"节能环保小屋的设计和模型制作"属于产品制作，涉及物理、地理、通用技术、艺术等学科。跨学科实践活动往往需要多学科教师参与，以"节能环保小屋的设计和模型制作"为例，在开展学习之前，教师应和地理、通用技术、艺术等学科教师一起先行备课，分析学情，预测学生活动中可能出现的问题，做好指导预案。同时，请地理教师挑选 4~5 个地理条件差异较大的地点，作为建造节能小屋的备选地址。除了课程标准中给出的"样例""活动建议""案例"，教师还可以从健康生活和社会发展等角度寻找新的课题，如研究家庭用碗的安全性、将日常用品制作成可演奏的乐器等。

跨学科实践活动为学生创设了在现实生活中研究、解决问题的真实情境，既有知识运用，也有知识建构，这与他们走出校园后遇到的问题解决十分类似。例如，"人体中的杠杆"可以安排在简单机械后进行，帮助学生对杠杆概

念的深入理解；"节能环保小屋的设计和模型制作"涉及多学科知识的综合运用，可以在学期末实施。

在跨学科实践活动中，让学生学习新概念和新方法，特别有利于培养学生适应未来生活、应对未来挑战的核心素养。为此，教师一定要做好示范和引导，以开放的心态，平等地和学生一起学习、研究，解决问题，为学生树立良好的榜样。以研究家庭用碗的安全性为例，学生要边研究边学习。首先，要界定"安全"的含义，如盛放食物时不会使有害物质进入食物，在拿取碗的过程中不烫手、不易滑落，等等。其次，要设计研究方案。先将碗按材质分类，常用的有陶瓷类、不锈钢类、塑料类；然后研究这些材料在高温、遇到油脂或酸碱时是否会析出有害物质，应设计相应的检测方案；接着研究这些材料的导热性，应设计衡量不同材料碗导热快慢的方案；为了研究使用的安全性，还应按造型将碗分类，同时结合材质，研究拿取碗过程中是否易于打滑、烫手，同样需要设计科学的比较方案。最后，形成研究报告，可作为日常选购碗的参考。

跨学科实践活动充分体现学生的"做中学"，需要教师做好规划组织、专业指导和资源调配，同时要给予学生充分的自主权。以"节能环保小屋的设计和模型制作"为例，活动开始前，教师要分好组，明确各小组选定的建屋地点；要明确告诉学生实践活动的三个具体任务，即设计小屋、制作模型和交流展示，以及完成每项活动的时间节点。完成任务过程中，教师要放手让学生去做。如果遇到困难，一定先让学生想办法，教师适时进行指导和帮助。实施跨学科实践活动时，学生往往需要广泛查阅专业资料，使用学校实验室，甚至求教行业专家，教师可以帮助学生获得这些资源，推动实践活动顺利进行，尽力使学生体验到成就感。

◎ 第十四章
义务教育物理课程评价建议

物理学习评价应以学生发展为本，基于核心素养开展评价，其目的主要在于促进学生学习和改进教师教学。因此，学习评价和考试评价都应围绕核心素养的达成和学业质量标准的具体要求，创设真实而有价值的问题情境，引发有利于核心素养表现的评价任务，以学业质量标准为依据，根据不同核心素养水平的不同表现，确立详细、可操作性的测评指标，以尽可能客观、准确地测评学生核心素养发展水平。同时，诊断存在的问题，明确未来发展的方向，并及时有效地反馈评价结果，充分发挥评价的诊断和激励功能，促进学生全面而富有个性的发展。

第一节　过程性评价

过程性评价应以核心素养和学业质量标准的具体要求为依据，以促进教师的教和学生的学为指向，充分发挥评价的诊断和激励功能。下面对过程性评价从评价原则和评价实施两个方面进行解读。

一、评价原则

核心素养评价旨在评价学生物理课程学习的真实学业成就。评价学生在课程学习中形成的，能够灵活地整合物理观念、科学思维、科学探究素养，探究和解决实际问题的能力，以及在解决问题过程中表现出来的科学态度与责任。因此评价要注意以下几个原则。

（一）目的明确

教育评价是一种基于证据的推理过程。在设计和实施评价的过程中，应深入理解核心素养的内涵，以及学生在解决问题中的行为表现，准确把握学业质量标准的要求，评价的设计指向诊断学生在物理观念、科学思维、科学探究、科学态度与责任等方面的发展状况，为客观、准确评价核心素养发展状况提供可靠依据。

（二）真实全面

核心素养通常被理解为个体在面对复杂的、不确定的现实情境时，能够综合运用特定学习方式下形成的学科观念、思维模式和探究技能，在分析情境、提出问题、解决问题、交流结果过程中表现出来的综合品质。学生个体由于性格、认知等方面的不同，在不同的问题情境中可能有不同的表现，因此在诊断学生核心素养发展状况时，应借助多种任务情境，获取不同场合、时间和形式的学生行为表现的信息，诊断学生是否形成相关的物理观念，是否能进行科学的思维，是否具有探究和解决实际问题的能力，是否具有科学态度与责任等，从而准确、全面地评价学生核心素养的发展水平。

（三）主体多元、形式多样

评价学生在真实问题情境中的表现，不同的评价者可能有不同的价值判断标准，为了更加客观、全面地评价学生核心素养发展状况，除了确立细致、可操作性强的评价指标外，还要充分发挥学校、教师和学生等不同角色在评价中的作用，从不同视角进行评价。

与物理知识相比，核心素养的构成要素，具有更强的综合性、情境性、内隐性和适应性，因此很难采用单一的方法对其进行评价，而应采用定量评价与定性评价、结果评价与过程评价、大规模测试评价与日常性积累评价相结合的方法，保证评价结果的准确性和改进策略的有效性。

（四）有效反馈

核心素养的评价结果可以采用定性描述，也可以采用定量描述。教师应充分认识评价结果的各种呈现方式的优势和不足，选用恰当的方式进行反馈，让学生学会反思，了解自己取得了哪些进步、已有的优势和潜能，以及存在的问题和不足。如采用"雷达图"反映学生各维度核心素养的发展状况。倡导学生参与评价结果的反馈和解释，将评价反馈过程转变为激励发展、促进学习的途径。评价结果的反馈应以鼓励、肯定和表扬为主，避免对学生产生负面影响。

（五）激励与发展

评价的核心目的在于激励学生发展。开展基于核心素养的评价，不仅要关注学生在不同阶段核心素养的发展水平，更要关注如何通过评价促进学生的发展。收集证据时，既要重视学生在特定任务情境下生成的结果，也要重视在结果形成过程中学生的思考、认识、反思和调整。此外，通过对学生进行多次、跨时间的测量和证据收集，建立学生核心素养发展的成长记录档案袋，记录学生的成长轨迹，反映学生不断发展的状况。

二、评价实施

核心素养是一种复杂的学习结果，单一的评价方式难以考查学生核心素养的全貌。因此，教师应充分了解课堂评价、作业评价、阶段性测验及跨学科实践评价等评价方式的功能，发挥评价促进教学改革、促进学生发展的功能。

（一）课堂评价

课堂评价是师生交流的一种有效方式。教学中教师应根据课堂教学的具体情况，分层次制订适合不同学生的教学目标和评价任务，针对不同学生的行为表现水平，选用恰当、生动的语言进行即时评价。

在课堂评价中，可从评价目标的建立、评价内容的选择和评价标准的设置三方面进行思考。

1. 评价目标的建立

教师应根据核心素养的内涵和学业质量标准的要求，制订明确、具体、可测的课堂评价目标，以便有效测试学生核心素养的达成情况。

例如，针对课程标准的内容要求"1.2.3 通过实验，理解密度。会测量固体和液体的密度。能解释生活中与密度有关的一些物理现象"，可在学生测量固体和液体密度的实践情境中测评学生。

（1）能否从物理学视角观察事物，把所学密度概念和规律与实际情境联系起来，运用密度概念和规律，分析和解决熟悉情境下的简单物理问题，具有初步的物理观念。

（2）能否在面对日常生活中的实际问题时，运用所学物理概念、规律进行简单的演绎推理，得到结论，具有良好的科学思维核心素养。

2. 评价内容的选择

教师应选择有利于学生开展探究的真实问题情境，收集能真实反映学生核心素养发展状况的行为表现，提高评价的真实性和准确性；应重视实验探究过程的评价，从学生发现问题、提出问题、形成猜想和假设、设计实验与制订方案、获取与处理信息、得出结论并作出解释、反思评估交流等活动中，收集真实反映学生探究能力、科学态度等方面发展状况的证据；应重视对物理实验和小制作过程的评价，从操作步骤、工量具使用与存放、材料及器材的使用与管理、情绪管理、毅力和态度等方面，收集真实反映学生实践动手能力、科学态度与责任等方面发展状况的证据。

例如，在"密度"的教学中，可以选择"应用密度有关知识和方法测量碳酸饮料的密度"这一教学内容，在学生讨论实验方案、选择实验器材等活动表现中测评学生科学思维核心素养中科学推理、科学论证等关键要素的发展水平。

【教学片段】

教师出示一塑料瓶装的碳酸饮料，提出问题：常见饮料的密度是多少？应如何测量？

生1：把饮料倒出来，测其体积和质量，用密度公式计算。

生2：用密度计，直接插进去就可以了。

教师提示：碳酸饮料与水有什么不同？会不会对测量结果产生影响？

生3：碳酸饮料倒出来会有许多气泡，二氧化碳跑出去了，密度可能会变化。

生4：使用密度计的话，饮料就不能喝了。

生5：气泡可能附着在密度计上，会影响实验结果。

教师提示：有没有可能采用间接的方法测量？

……

此部分教学内容为学生创设了良好的学习氛围，有利于在真实学习环境中评价学生的核心素养表现水平，以提高诊断的真实性和准确性。教师为学生创设了他们感兴趣、有疑难的问题，带领学生围绕着"测量碳酸饮料密度"问题展开探究。教师可以依据学生在探究活动中的表现，诊断科学思维素养的各要素发展水平。

3. 评价标准的制订

在评价活动中，教师应以学业质量标准为依据，结合具体任务和课程内容，制订评价标准，并以此为依据，收集能反映学生核心素养关键特征的信息，明确他们的表现存在哪些不足，建议努力的方向等。

在"测量碳酸饮料密度"教学活动中，可以设置如表14-1的评价指标，根据学生在活动中的行为表现，评价其科学思维素养中科学推理要素的发展水平。

表14-1　"碳酸饮料密度测量"中"科学推理"要素的评价指标

科学推理的内涵	学生行为表现预测	评价指标
在熟悉的情境中，会用所学模型分析常见的实际问题；在进行简单的物理实验和其他实践活动中，能对活动中的信息进行归纳推理，得到物理结论，在面对日常生活中的实际问题时，能运用所学物理概念、规律进行简单的演	方案1：将饮料倒出来，测体积，测质量，用密度公式计算。 方案2：直接用密度计测量	提出方案1和方案2，说明学生能够应用所学的模型分析实际问题，具备一定的模型建构和科学推理能力
	能够在教师的提示下，发现这两种方案对测量碳酸饮料密度的局限性，并进行合理论证	分析出实验方案的局限性，说明学生具有良好的证据意识和科学论证能力

续表

科学推理的内涵	学生行为表现预测	评价指标
绎推理，得到结论；能依照证据形成自己的看法，具有利用证据进行论证的意识；在获取信息时，有判断信息的可靠性和合理性的意识，能从物理学视角对生活中不合理的说法提出质疑并说出理由，发表自己的见解	方案3：借助水的密度进行设计测量。 根据密度公式 $\rho = \dfrac{m}{V}$，可知 $V = \dfrac{m}{\rho}$。先测一个空瓶子的质量 m_0；然后在瓶中装与饮料等体积的水，测量此时质量 m_1；测量瓶中装饮料时质量 m_2，得 $$V = \dfrac{m_水}{\rho_水} = \dfrac{m_液}{\rho_液}$$ 则 $$\rho_液 = \dfrac{m_2 - m_0}{m_1 - m_0}\rho_水$$ 由于水的密度是已知的，通过测量饮料和等体积水的质量，就可以间接测得饮料的密度	提出方案3，说明学生具备更好的模型建构、科学推理、科学论证、质疑创新能力

（二）作业评价

作业评价不仅是诊断学生学习成果的重要手段，更是收集学生学习情况、设计后续教学的重要渠道。教师应以阶段性学业要求和学业质量标准为依据，设计层次分明、类型多样的作业。在作业设计时，教师应充分考虑不同类型作业的育人功能，兼顾基础性作业和探究性、实践性作业，既要评价学生过去和当前的学习状况，更要为改进教学提供依据。

作业评价应注重评价学生的学习态度和学习成果，在明确学生学习中存在的问题的同时，提出学生进一步发展的建议，以便帮助学生认识问题、作出改进。

（三）阶段性评价

在经过一定阶段的学习后，需对学生进行阶段性评价，以便较为全面和深入地了解学生的学习状况和存在的问题。阶段性评价的目标应与核心素养、课程内容及学业质量标准的要求相吻合，应合理控制试题难度，避免随意增加试题难度，注重保护学生学习的积极性。

评价应注意创设符合初中学生认知特点的真实问题情境，以利于诊断学生这一阶段的学习成果，避免设计繁难偏旧的问题。通过测验，促进学生在问题情境中提取变量、分析综合、创造性地解决实际问题等能力的提升。测验要有较高的信度和效度，要制订科学、可行的评价指标，能客观、全面、真实地反映学生的发展状况。

（四）跨学科实践评价

跨学科实践评价应强调学科之间的联系，重视考查学生综合运用多学科的知识与技能解决实际问题的能力。

评价应注重创设具有综合性、实践性和开放性的跨学科问题情境，收集学生在运用多学科知识和跨学科思维分析、解决问题中的行为表现和活动成果，评价学生提出问题能力、收集和处理信息能力、综合解决实际问题能力，以及团队合作的能力。

例如，在《课程标准（2022 年版）》附录中的"人体中的杠杆"跨学科实践案例，为学生创设了综合性和实践性的跨学科实践情境，在"构建杠杆概念""探究杠杆平衡条件"等活动环节，教师可以收集学生课堂活动表现，考查学生综合运用物理学、生物学等多学科的知识与技能分析生物体中杠杆模型的能力。在"应用与拓展"环节，教师可以通过"制作标本或模型"等形式的作业，考查学生综合解决问题的能力等。

第二节　学业水平考试

本节对课程标准中关于学业水平考试的建议作一些解读，目的是促进教育管理者、教师更加科学准确地理解评价的理念、方式和内容，按照教学和评价的规律做好日常学习的评价活动和考试命题工作，激励教师与教育管理工作者主动、积极地参与到评价改革中来，成为物理课程评价的促进者、研发者和实施者。学业水平考试是保障教育教学质量的一项重要制度，是根据初中物理课程标准和教育考试规定，以学业质量水平为依据的标准参照考试，主要测量学生是否达到国家课程标准规定的学业质量水平的要求。学业水平考试的成绩是学生义务教育阶段学习目标的重要依据。实施学业水平考试，有利于落实发展学生核心素养的课程目标，有利于学校准确把握学生的学习情况，改进教学管理。为积极引导广大教师和考试命题人员在教育教学和命题过程中全面落实立德树人根本任务，培育学生核心素养，下面从考试性质和目的、命题原则、试卷规划、试题命制及试题样例等方面阐述学业水平考试的命题要求并提出建议。

一、考试性质和目的

学业水平考试的目的主要是检测学生在义务教育阶段结束时的学业成就，为高一级学校的招生录取提供重要依据，为评价区域和学校的教学质量提供参考。物理学业水平考试应围绕物理课程要培养的核心素养，注重考查和测评学生在物理观念、科学思维、科学探究、科学态度与责任四个方面的素养水平。学业水平考试的设计应根据课程标准规定的内容和教育测量的规律，考试内容和要求应符合学生心理发展水平和认知规律，反映物理学科本质，密切联系社会、经济、科技、生产与生活实际，为改进教学提供指导，体现立德树人、服务选才、引导教学的评价理念。

二、命题原则

教育测量和考试是一项专业性、创造性的工作，对命题的政策性、专业性和科学性的要求都很高。因此，参与命题工作的人员要深入研究和学习物理学科课程标准，熟悉课程标准中规定的内容标准，准确把握内容标准规定的内容要求；能够将课程标准中的学业质量水平要求与内容要求、素养要求联系起来，准确反映学生学业质量水平；要了解初中学生学习的实际情况，准确把握学生核心素养的发展水平；要了解相关教育测量理论，知道教育测量理论中关于试题命制、试题分析等的方法，能用教育测量理论指导命题工作，努力提高考试命题的质量和水平。

1. 要注重试卷试题的导向性

学业水平考试要强化立德树人的育人导向，体现考试评价对落实课程标准要求、培养学生核心素养的重要作用；促进课程理念落实，积极引导学校遵循教育规律，开展教育教学改革，促进学生形成正确价值观念、必备品格和关键能力，强调理想信念、爱国情怀、品德修养、奋斗精神等；注重发挥考试评价的育人功能，培养学生热爱祖国、热爱人民、热爱自然的情感，引领学生认识科学、技术、社会、环境之间的关系，形成科学态度和正确价值观，为做有理想、有本领、有担当的公民奠定基础。考试命题要基于课程标准的命题导向，依据国家义务教育课程方案和物理课程标准组织命题，通过对命制试题的研究，形成从知识立意、能力立意到素养立意的转变，全面考查学生的核心素养。考试命题要注重考试评价对教学的导向作用，引导教师探索以培养学生核心素养为导向的教育教学模式，探索基于情境、问题导向的教学方式；引导学生采用多种学习方式，开展跨学科实践活动，提升核心素养；引导学校实施素质教育，落实德智体美劳五育并举的宗旨。

2. 要注重试卷试题的科学性

学业水平考试要依据课程内容和学业质量标准等，保证命题框架、试题情境、任务难度、测量学指标等符合相关要求；根据评价内容的特点，深入理解核心素养的内涵，选取恰当的评价方法，引导试题创新，设计合适的问题任务。试题要符合教育测量学的指标，重视考试的信度和效度；试题要尊重地区差异，关注各地教育教学发展和命题工作的实际情况，推动各地不断完善考试评价制度，改进考试评价工作，提升考试评价的专业化水平。同时，试题所呈现的科学内容要正确，无概念性错误；试题信息要准确可信、数值合理、文字表述无歧义；试题选用材料要具有权威性，无政治性、科学性错误，不涉及商业宣传。题干在内容和表述上构成合理的逻辑关系，无争议性选项。试题命制要坚持原创性，可适度选择经典试题改编，但不能照搬陈题。

3. 要注重试卷试题和命题过程的规范性

试卷试题的规范性需以新时代教育评价改革理念为指导，依据课程标准命题，确保命题框架合理，试题命制规范，内容准确无误，情境问题恰当，语言表达清晰，考试结果真实有效。命题过程的规范性需重视命题人员选择，强化命题流程规范，严格试题质量评估，建立质量监测机制。

三、试卷规划

在进行具体试题编制前，命题人员需要进行试卷规划，深入理解核心素养、课程目标、课程内容和学业质量标准，从以下几个方面规划试卷。

（一）试卷内容结构应严格依据课程标准的要求

依据核心素养、课程目标和课程内容，考虑学生学业水平，构建试卷内容框架。依据课程标准规划命题蓝图，命题立意在基本内容的基础上应注重对学生物理观念、科学思维、科学探究、科学态度与责任的考查，命题内容上应包括物质、运动和相互作用、能量、实验探究、跨学科实践五大主题所涉及的相关内容，依据核心素养所涉及的要素和课程内容等规划相应试题的比例和结构。

（二）注重试卷题型结构的多样性

注重发挥不同题型的测试功能，特别是发挥综合、探究、论述等题型在考查核心素养方面的功能。题型搭配和分值比例适当，题量设置与考试时间匹配合理，阅读量适中，主观题和客观题比例适当，探究性、开放性、综合性的试题比例合理。全卷图表及阅读量恰当。试卷版式设计合理，试题文本格式符合规定，试题中的图表、数据、公式、单位、符号、序号等符合国家相关标准。

试题中的文字下画线、着重号等标注清晰、意义明确。考试注意事项及各种题型的指导语简要明确、无歧义，有利于引导学生作答。

（三）试卷的难度结构符合要求

依据课程内容与学业质量标准等确定试题的难度，符合学生学情特点和地区性差异，从课程内容、试题情境、知识应用等不同角度设置试题难度，注意难度分布科学合理，容易题、中档题、难题的比例设置合理，能比较准确地测量学生的学业质量水平。

（四）试卷的多维细目表应翔实明确

多维细目表的编制具体翔实，指向明确，便于命题操作。在确定内容结构、题型结构、难度结构的基础上，全面、有效地编制试卷多维细目表。多维细目表的栏目设置全面，各内容模块、素养要素、难易程度、题型题量、分值比例等搭配合理，关注试题难度、合格率、区分度等指标。

四、试题命制

试题命制应在落实试卷规划要求的基础上，发挥每道试题在评价测量中的功能。每道试题的命制都要坚持素养导向，明确所编题目的考查内容和测试目标、情境创设和素养体现、难度水平和难度因素、参考答案和评分标准等。建议命题人员注意以下方面：

（一）试题的考查内容和测试目标需要明确

第一，考查内容方面，要反映学生对物理基础和主干知识的掌握情况，命题人员要明确每道题目所考查的物理内容及其对应的认知水平，物质、运动和相互作用、能量、实验探究、跨学科实践五个一级主题应该全面覆盖。第二，测试目标方面，要明确每道题目在物理观念、科学思维、科学探究、科学态度与责任四个方面核心素养所体现的要素和水平。第三，试题应体现核心素养的立意，明确每道试题所涉及的物理内容和核心素养的对应关系，确保准确考查学生对物理内容的理解和核心素养的发展水平，通过设置层次性任务，从不同角度来考查学生。试题命制应反映物理学科本质，要设计能展示学生思维过程和探究过程的问题；要设计便于探究和实践的任务，关注在真实情境中物理问题解决过程，驱动学生进行辨别、分析、综合、判断、建构或决策等探究活动，让学生运用所学的物理知识，解决所遇到的科学问题；要体现积极向上的价值追求和健康的审美情趣，反映中华优秀传统文化、我国科技发展的新成果等。

（二）试题的情境和问题的设定应符合测量要求

试题命题要创设真实的问题情境。试题情境要服务于考试目标，信息量要适当；试题情境要多样化，包含生活实践情境和学习探索情境；试题情境要符合实际，客观真实、准确可靠，不能主观编造，引用的情境和数据要有权威性，反映生产生活中的典型物理现象和问题；试题情境要符合学生的知识储备、学业水平和心理发展特点，符合学生的学习和生活实际；试题情境应为大多数学生所熟悉，对不同群体学生作答的公平性无影响，以便公平地考查学生运用物理知识解释现象与解决问题的能力。试题的立意、选材、设问角度以及呈现方式等要具有一定的创新性。

（三）确定试题的评分标准

试题命制要预估学生的作答情况，对可能出现的各种合理答案进行分类并划分出相应的水平，根据相应的水平层次给出评分标准。客观性试题有确定的答案，主观性试题答案与设问关系一致，答案内容与试题的开放性相匹配，采用物理学科术语，符合学科语境和学生发展水平。参考答案表述清晰完整、无歧义，无知识性错误，无学术性争议，评分要点明确。综合性、探究性和开放性试题的参考答案，要充分考虑不同学业水平学生的作答情况，建议参考答案体现学生不同的素养水平层次。

学业水平考试命题应突出素养立意，体现从知识立意、能力立意到素养立意的转变，充分发挥学业水平考试的导向作用，将"从生活走向物理，从物理走向社会"的课程理念融入试题中。题型、题量和考测内容等要体现课程的基础性、实践性、发展性。通过任务式、项目式和探究式的试题类型，促进教学方式的多样化，引导学与评相互支撑、互为动力，促进学生核心素养的发展。

五、试题样例

例 1 某市场有甲、乙两种容积相同的电热水壶，额定电压均为 220 V，额定功率分别为 800 W 和 1 500 W。请你从下列不同角度，作出选择并说明选购理由。

（1）从烧水快的角度考虑，应选购哪种电热水壶？说明理由。

（2）若家庭电路的电压是 220 V，室内插座的额定电流是 5 A，用该插座给电热水壶供电，从安全用电的角度考虑，应选购哪种电热水壶？说明理由。

【参考答案】

（1）应选购乙。因为功率是描述做功快慢的物理量，乙的功率大，单位时间内做功多，所以乙电热水壶烧水快。

（2）应选购甲。因为甲、乙电热水壶的额定电流分别为 3.64 A 和 6.82 A，插座的额定电流满足甲电热水壶的正常工作条件，但不满足乙电热水壶的正常工作条件，所以应选购甲电热水壶。（或者比较电功率，额定电压是 220 V、额定电流是 5 A 的插座能承受的最大功率是 1 100 W，只有甲电热水壶满足条件，所以应选购甲电热水壶。）

【考测指标】

本题以学生日常生活中熟悉的电热水壶为命题素材，考查学生在真实的情境中，从不同角度综合运用电功、电功率等物理知识解决实际问题的能力。本题涉及安全用电问题，考查学生运用额定电压、额定电流和额定功率等知识，解决生活中安全用电问题的能力，同时还考查学生安全生活和健康生活的意识（物理观念、科学思维）。

课程标准在学业水平考试试题命制的建议方面，要求形成从知识立意、能力立意转向素养立意的命题导向，引导学生形成和发展核心素养，并在此基础上，解决真实情境中的物理问题。本题情境贴近学生生活，考查学生在真实情境中从不同角度综合运用物理知识解决实际问题的能力。学生需要进行科学思维，在不同的情况和条件下进行科学推理和科学论证，对试题中所给出的条件进行归纳推理，分析不同要求下的结果，得到物理结论。条件不同，则结果也不相同，体现了辩证的唯物主义世界观的科学本质观。试题难度不大，但比较全面地体现并考查了学生核心素养的要素。

例2 图 14-1 为我国古人运送巨木的劳动情境示意图。他们通过横杆、支架、石块等，将巨木的一端抬起，垫上圆木，以便将其移到其他地方。请分析：

（1）支架下端垫有底面积较大的石块，有什么作用？

（2）如果他们无法将巨木抬起，请你提出一个有可能抬起巨木的改进方案，并简述其中的物理学原理。

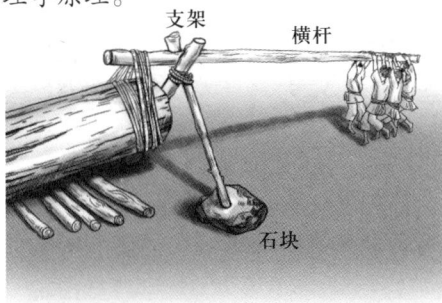

图 14-1 我国古人运送巨木的劳动情境示意图

【参考答案】

（1）为了减小支架对地面的压强。

（2）可缩短横杆上悬绳与支架之间的距离，以减小阻力臂；或者用另一根硬棒绑在横杆上起到加长横杆的作用，以增大动力臂；或者再增加几个人在横杆右端往下压，以增大动力；或者另外请人在巨木下方同时用撬棒抬巨木，以减小阻力。

【考测指标】

本题以我国古人劳动的情境为命题素材，将我国古代科技融入物理问题，以此促进中华优秀传统文化走进课堂，让学生感受我国古人的聪明才智，增强民族自豪感和实现中华民族伟大复兴的使命感。本题情境虽为古人劳动的情境，却与现在日常生产生活情境有一些相似性，体现了"从生活走向物理，从物理走向社会"的课程理念。本题的第一问涉及影响压强的因素等物理观念在实际应用中的体现。学生需要用初步的物理观念把所学到压强相关知识与运送巨木的实际情境联系起来，考虑影响压强的因素，建立两个物理概念之间的联系，解决实际的物理问题。本题的第二问具有一定的开放性，没有唯一答案。解答本题需要根据杠杆平衡条件，结合题中所给的实际情境进行推理，对情境中的信息进行归纳推理，并从动力、动力臂、阻力、阻力臂中的任何一个因素入手，构思合理的设计方案。因此，本题考查学生的科学思维能力和科学探究能力，需要学生以物理学视角来观察具体事物、解决实际问题。

例 3　生活中蒸食品时常将碗倒扣在盛有适量水的锅中当支架，把装有食品的盘子放在上方，如图 14-2（a）。蒸好后打开锅盖能看到锅盖内表面有许多小水珠。熄火一段时间后，锅中的水会被"吸入"碗内，如图 14-2（b）。请根据以上情境，回答下列问题。

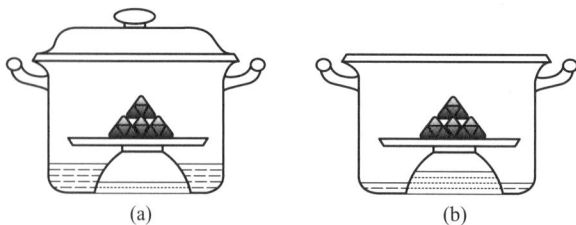

（a）　　　　　　　　　　（b）

图 14-2

（1）锅盖内表面为什么会有小水珠？分析小水珠来自何处，以及小水珠形成的原因。

（2）为什么锅中的水会被"吸入"碗内？

【参考答案】

（1）锅中的水蒸气遇到温度相对较低的锅盖，放出热量，液化成小水珠。

（2）熄火一段时间后，碗内气体压强减小，在外界大气压强的作用下，锅中的水被"吸入"碗内。

【考测指标】

本题以日常生活情境为命题素材，引导学生关注生活问题，考查学生解决实际问题的能力。

该情境源于生活实际，具有真实性；基于情境激发学生的深度思考，解决实际问题，具有问题性；展现"生活处处皆物理，留心观察皆学问"的特点，引导学生仔细观察生活，探究其中蕴含的物理规律。

本题采用递进式的设问，从利用物态变化说明蒸食品时水珠产生的原因，到利用大气压强分析锅内水被"吸入"碗内的原因，分别考查学生的物理观念和科学思维水平，具有一定的区分度。

例4　为保证安全，海船的船舷上画有"吃水线"，又称为载重线，表示船安全航行时排开水的最大体积。在如图 14-3 所示的载重线中，最上面的一条是淡水线，表示船在淡水中航行，淡水的水面与这条线齐平时，轮船已装足货物。其他四条分别是印度洋线、夏季海洋线、冬季海洋线和北大西洋线。

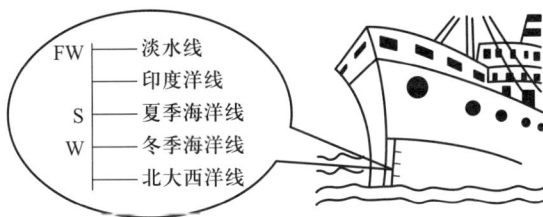

图 14-3

请回答下列问题：

（1）为什么淡水线在载重线的最上面？

（2）根据图中的载重线，请判断印度洋和北大西洋的海水密度哪个大，为什么？

【参考答案】

（1）"吃水线"反映轮船排开液体体积的大小。要计算轮船排开水的体积，需要考虑水的密度。轮船处于漂浮状态，它受到的浮力不变，等于重力，根据阿基米德原理可知 $F_浮 = G = \rho g V$，即 $\rho_{淡水} g V_{排淡水} = \rho_{海水} g V_{排海水}$。因为 $\rho_{淡水} < \rho_{海水}$，则 $V_{排淡水} > V_{排海水}$，即轮船排开海水的体积减小了，轮船会向上浮起，因此，轮船在淡水中的"吃水线"处于最上方。

（2）轮船处于漂浮状态，它受到的浮力不变，等于重力，根据阿基米德原理可知 $F_浮 = G = \rho g V$，即 $\rho_{印度洋水} g V_{印度洋} = \rho_{北大西洋水} g V_{北大西洋}$。因为 $V_{印度洋} > V_{北大西洋}$，则 $\rho_{印度洋水} < \rho_{北大西洋}$，因此印度洋海水的密度小于北大西洋海水的密度。

【考测指标】

本题以海船船舷上的"吃水线"为素材，考查学生的物理观念和科学思维素养，学生需要将学习到的浮力知识与实际情境联系起来，解释所见的"吃水线"问题。在该情境问题中，学生首先需要建立浮力与吃水深度的关系，然后运用已学物理规律进行简单演绎推理，得出浮力、体积和密度之间的关系，最后得到具体的结论，从而解决具体生活中的现实问题。

◎ 第十五章
义务教育物理教材编写建议

在义务教育物理课程实施过程中，为了更好地落实物理课程的育人功能，提升学生核心素养，义务教育物理教材作为直接的课程资源尤为重要。鉴于教材在落实物理课程的育人功能、提升学生核心素养等方面发挥着关键性作用，《课程标准（2022 年版）》以落实立德树人要求为总导向，以提升学生核心素养为总目标，分别从教材编写原则、教材内容选择、教学内容组织与呈现方式等方面提出了教材编写建议。

第一节　教材编写原则

教材编写应全面贯彻党的教育方针，落实立德树人根本任务，注重教材的方向性、科学性、适用性、人文性等方面。同时，教材编写还应注重特色与创新。

一、注重教材的方向性

全面贯彻党的教育方针，落实立德树人根本任务，充分发挥教材的育人功能，体现物理课程的基本理念及其在物理观念、科学思维、科学探究、科学态度与责任等方面的要求，有效促进学生核心素养的培养与物理课程目标的达成。

教材的编写应注重方向性原则。义务教育物理教材的编写应站在培养学生核心素养的角度，全面贯彻党的教育方针，落实立德树人根本任务，充分发挥教材的育人功能，深入挖掘物理课程的独特育人价值，切实将物理课程要培养的核心素养的具体要求落实在教材编写的整个过程中，真正有效促进学生核心素养的发展。

二、注重教材的科学性

无论内容还是呈现方式，皆应遵从科学性原则。不仅应科学准确地反映课程标准要求的物理概念和规律，还应科学准确地纳入物理实验、跨学科实践，融入科学研究方法、科学态度与责任等相关内容。

物理教材的编写无论是内容还是呈现方式皆应遵从科学性原则，这是教材编写必须遵循的原则和最基本的要求。具体来讲，一方面，在教材内容选择上要注意内容整体结构与课程标准要求保持一致，保证整体内容的准确与完备；另一方面，在教材结构形式上注意知识的层次性和渐进性，使教材内容不仅能准确反映课程标准要求的物理概念和规律，合理纳入物理实验，还能做到科学融入研究方法、科学态度与责任等内容，通过跨学科实践帮助学生形成物理观念，丰富感性认识和体验。

三、注重教材的适用性

应遵循义务教育阶段学生的认知规律，兼顾初高中衔接，关注城乡差异。教材内容应线索清晰，层次分明，循序渐进，重点突出，既有总体的系统性，又有一定的灵活性，为教师的教和学生的学提供方便。

物理教材编写应遵循学生的认知规律，兼顾初高中衔接，注意知识的层次性和渐进性，保证内容组织和学习难度的循序渐进，引导学生利用已有的知识和经验，主动探索知识的建立与发展过程，教材内容上力图做到线索清晰、层次分明、循序渐进、重点突出，同时应有一定的灵活性，以便于为教师创造性地进行教学设计留出空间。同时，教材在编写过程中还应关注城乡差异和不同学生的发展特点，在整体上把握教材的适应性特征，使之既体现系统性与科学性，又保证灵活性与可读性，以有利于教师教学和学生学习。

四、注重教材的人文性

弘扬社会主义先进文化、革命文化、中华优秀传统文化，凸显我国科技成就，注重"从生活走向物理，从物理走向社会"，增强民族自信心和凝聚力；关注多元文化，吸收世界各国物理教材的先进元素。

物理教材编写应弘扬社会主义先进文化、革命文化和中华优秀传统文化，增强民族自信心和凝聚力。教材内容可以吸纳我国科技成就、传统文化、革命文化等相关内容，丰富教材的文化内涵，同时，也可借鉴世界各国物理教材的先进元素，关注多元文化，注重体现对人的尊重、对不同文化的理解，以及关注科学伦理等，体现物理教材的人文性。将人文关怀融合在物理教材之中，使学生在学习物理的过程中同时受到科学与人文的熏陶，有所领悟，乐在其中，有助于提升学生的核心素养，使之成长为有文化底蕴的综合性人才。

五、注重教材的特色与创新

依据课程标准要求、学生学习需求等，考虑不同地域学生的生活经验和学习环境，在教材内容选择、组织与呈现方式等方面合理创新，编写各具特色的教材。

我国幅员辽阔，地域差异明显。在沿海地区和内陆地区、城镇地区和乡村地区、社会经济发达地区和欠发达地区，学生的生活经验、基础知识、学习条件和认知发展水平各有特点，需要编写不同风格、各具特色的教材以满足多样化的需求。教材编写既应遵照课程标准的要求，在内容的深度与广度等方面与课程标准的要求保持一致，又要发挥编写者的主动性和创造性，在课程标准的基础上适当创新，编出更加生动具体，且便于教学实施和课程目标实现的优秀教材。

第二节 教材内容选择

教材内容的选择应围绕核心素养的要求，注重内容的基础性，关注评价改革导向与全体学生的学习需求。教材内容应反映社会、经济和科技的新发展，体现时代性，注重综合性与实践性。

一、围绕核心素养的要求选择教材内容

依据核心素养的要求选择教材内容，既要注重物理学的核心概念和基本规律，又要注重物理学的研究过程和思想方法等，有效促进学生核心素养的培养，为学生终身发展打下基础。例如：注重选择与物质、运动和相互作用、能量等相关的核心内容，加强与实际情境的关联，帮助学生从物理学视角认识自然、理解自然，初步形成物理观念；注重选择与建模、推理、论证、创新等能力培养有关的内容，培养学生的科学思维能力；注重从科学探究的角度选择内容，培养学生的科学探究能力；注重从跨学科实践的角度选择内容，培养学生的创新能力、实践能力和问题解决能力；注重有机融入与科学本质和科学、技术、社会、环境相关的内容，培养学生的科学态度与责任。

教材内容是核心素养培养的重要载体。物理教材内容的选择在保证与课程标准一致，无结构性缺失与遗漏的前提下，应围绕核心素养的要求，精心选择和组织具体的内容，从有利于学生物理观念的形成、科学思维的培养、科学探

究能力的提高、科学态度与责任的养成等方面出发，选择和组织恰当的教材内容，有效促进学生核心素养的达成。

二、注重教材内容的基础性，关注全体学生的学习需求

教材内容的选择应以课程标准所规定的内容为准，注重基础性。教材内容要涵盖本标准的五个一级主题，内容的广度与深度应符合课程标准要求，不能随意增减课程内容，也不能随意拔高或降低要求。教材内容的选择还应考虑义务教育阶段学生的心理特点和知识基础，贴近学生生活实际，既要关注全体学生的学习需求，又要为不同学生的个性化发展提供空间。

注重物理内容的基础性，既要注重物理学的核心概念、原理和规律等基本内容，还要注重物理学的探究过程、研究方法、科学态度等基本内容，为学生的终身发展打下基础。如课程标准中"物质""运动和相互作用""能量"主题侧重物理内容，不仅包含物理概念、规律，而且包含物理探索过程、研究方法，以及科学态度与价值观等；"实验探究"主题包含与物理内容相关的学生必做实验。这些主题相互关联、各有侧重，体现了义务教育物理课程的基础性。

教材内容的广度与深度应符合课程标准的要求。课程标准中的内容要求是全体学生应达到的基本要求，样例和活动建议是对内容要求的进一步说明，有一定的参考作用。教材内容在举例或者实验方面应考虑到全体学生学习条件的基础性，关注全体学生的学习需求，尽量利用自然资源、生活资源等素材。此外，还应关注初中学生已有的知识基础和心理特点，所选内容应符合这一学段学生的年龄特点，注意以学生已有的知识和经验为起点，合理地设计、组织教学内容，以便学生有效地利用教材探索和理解新知识。

三、反映社会、经济和科技的新发展，体现时代性

注意选择反映科学技术发展新成果的内容，使教材具有鲜明的时代气息。介绍科学技术研究最新进展的实例，开阔学生视野，激发学生学习兴趣。融入与科学、技术、社会、环境相关的内容，关注物理学对社会进步及科技发展的重要作用，反映科学技术应用给生产生活带来的影响。

物理教材的编写应及时反映物理学的新发展，反映物理学对社会进步及科技发展的重要作用，反映物理技术应用对生产生活带来的影响，体现时代性。教材内容的选择应体现时代性，注意纳入物理学科的最新研究成果，使教材具

有鲜明的时代气息，可以通过介绍科学技术研究最新进展的实例，开阔学生视野，激发其学习兴趣，同时注意融入与科学、技术、社会、环境相关的内容，关注物理学的技术应用带来的社会影响等。教材可通过选取近年来物理学的发展推动人类文明进程的内容，如我国在航空、航天方面取得的成就等，帮助学生认识到物理学推动着现代科技的飞速发展，影响着我们生活的方方面面。

四、教材内容的选择要有利于探究活动的开展

　　教材应多选择一些便于学生开展探究活动的内容，为探究活动的具体实施创造机会和条件。教材中对探究活动的设计，应关注学生的认知特点，由浅入深，循序渐进；既要对学生给予指导，又要适当留白，为学生自己动手创造空间；让学生通过查阅资料、动手实验等，经历科学探究过程，体验科学探究乐趣，发展科学探究能力。

从科学探究的角度，教材内容的选择应帮助学生进行有效探究，能够从问题、证据、解释、交流等方面，培养学生科学探究的意识和能力。教材在编写时应注意探究素材选择的典型性和可接受性，尽可能选取与学生的生活及周围环境有关、学生感兴趣的探究内容，使学生能够体验科学探究的乐趣。编写过程中还应注意探究的问题要注意由简到繁、循序渐进，对科学探究过程的各个要素要进行点拨和指导，让学生经历和体验探究的过程，体会科学探究的精神，学习探究的方法，对探究活动有较完整的深入理解。科学探究活动的设计要体现在教材的各个部分，按课程标准的要求全面规划，精心安排探究活动。

五、关注评价改革导向，精心设计习题

　　关注每个学习主题的学业要求和学业质量标准，在教材中适当纳入与日常学习评价、学业水平考试等有关的评价内容，体现评价改革理念。习题设计要联系实际，注重情境创设，有针对性和层次性，便于学生理解学习内容。可设计从易到难的节练习，侧重体现习题的复习与巩固功能，帮助学生建构概念网络、巩固学习内容、检测学习问题、开阔知识视野等；也可设计体现综合强化功能的章练习，培养学生利用所学内容综合解决问题的能力。

教材编写应关注学业质量标准和每个模块的学业要求，纳入与日常学习评价、学业水平考试有关的评价内容，体现过程性评价。将评价内容有机融入教材内容之中，内容设计充分考虑教学情境的复杂性、内容的抽象性和问题解决的要素水平。习题设计要有针对性，联系实际，便于学生理解学习内容。同时，要注意习题的难度和数量要适当，重视习题创新和已有习题改造，关注习

题的类型多样化，适当增加开放题、实践题和探究题的比例。总之，依据学业质量标准和每个主题的学业要求，设计和利用多样化的评价方式促进学生核心素养的达成。

六、注重内容的综合性与实践性，加强知识之间的联系

关注学科渗透，注重对学生创新精神、实践能力、社会责任感等的培养。教材内容应密切联系实际，加强与实际情境的关联，突出基于真实情境的问题解决；既体现物理学科内部各部分内容之间的联系，又体现物理学科与其他学科的联系，重视教材内容的综合性、跨学科性与实践性。

教材内容的选择应注重理论联系实际，加强物理知识与生活实践的融合，注意体现物理与实践情境的关联，可以设计一些基于生活情境应用物理知识的实践案例或探究活动，突出真实情境下的问题解决，使学生通过物理的学习过程增加对现实世界的了解和认识，突出对学生在真实情境应用物理知识解决实际问题能力的培养。同时注意引导学生基于物理学的视角，综合运用不同主题甚至是不同学科的知识解决问题，在问题解决的实践中，体会不同主题或学科知识之间的联系。总之，教材的编写要关注学科渗透，重视内容的综合性、跨学科性与实践性，突出对学生创新精神、实践能力、社会责任等的培养。

第三节　教材内容组织与呈现方式

教材内容的组织编排应有利于教学，利用信息技术丰富教材配套资源，以方便学生自主学习。同时，教材的外在形态应有利于学生身心健康发展。

一、内容结构编排应有利于教与学

教材编写要注意统筹安排、整体设计。课程标准中的内容顺序不一定是教材中的内容顺序，教材内容出现的顺序与方式、所用的篇幅等，都应体现现代教育思想、教学理念和教学实际。教材册数有一定灵活性，只要涵盖所有课程内容即可。教材内容的编排，应有利于教师有效组织教学，促进教学创新；有利于引导学生主动建构知识，促进学生核心素养的发展。

教学内容在教材中呈现的顺序与方式，每项内容所用的篇幅等，都体现一定的教育思想和教学理念。物理教材内容的呈现应有利于学生自主、合作、探

究学习方式的展开，注重多种媒介的融合，发挥信息技术在教学方式变革中的作用。教材内容的编排可有多种呈现形式。例如，以知识内容为线索的呈现形式，突出知识的逻辑性；以主题为线索的呈现形式，突出内容的综合性；以活动为线索的呈现形式，突出内容与活动过程的融合性。无论采取哪种呈现方式，皆应为教学方式的多样化提供支撑，应有利于教师科学设计教学情境、有效组织教学，促进教师优化教学实践，引导教师创新教学，同时还要有利于引导学生主动探究、建构知识、获得结论，为学生提供质疑与探究的机会，提供学习方法的指导，促进学生核心素养的达成。

二、内容组织应有利于学生自主学习

教材是学生学习的重要资源，学生应在教师的引导下自主地、创造性地使用教材。因此，教材的编写要为学生的自主学习留出空间，在设问引入、内容呈现、实验探究、方法点拨、讨论交流及例题习题等方面均应为学生搭建学习的"脚手架"，引导学生自主思考，促进学生学会学习。

物理课程除重视科学探究外，还提倡学习方式多样化。物理教材是学生自主学习的重要资源，而科学探究是义务教育物理教学中一种非常重要的形式，但不是唯一的形式。因此，教材在学习方式的呈现上要体现自主性、多样化，要为学生的自主学习创造条件、提供保证。教材的编写要为学生的自主学习留出空间，在"设置疑问""实验探究""方法点拨""科学归纳""讨论交流"等方面进行创造性的设计。教材应为学生提供丰富的课程资源，使学生的学习资料及学习方式更加丰富多元，从而促使学生在教师的引导下自主学习、创造性地使用教材。

三、外在形态应有利于学生身心健康发展

教材的外在形态应有利于学生学习，符合学生身心健康发展的要求。教材的开本大小合适，装帧牢固；教材的版式设计美观大方；教材的纸质、纸张颜色、字体、字号、行距等皆应符合国家相关标准。教材要恰当处理版面和内容的关系，力求全书图文均衡、相得益彰，适合义务教育阶段的学生阅读。

教材编写在外在形态方面，要恰当处理版面和内容之间的关系。教材文字要有较强的可读性和欣赏性，适宜义务教育阶段的学生阅读；图片选择应恰当，使其与教学目的、教学内容紧密结合。恰当的图表有助于学生理解课文内容，增加学习兴趣，能很好地将学生带入真实问题情境进行思考。例如，有些

原理图，可用人工绘制，帮助学生清晰准确地理解相关物理内容；有些生活或自然中的物理现象，最好用真实照片，让学生感受到物理学的神奇，以及物理学对生活的影响，从而产生学习物理的兴趣。

四、利用信息技术丰富教材配套资源

　　教材编写应有效利用信息技术，可通过信息技术平台提供丰富的课程资源。例如，当一些物理现象很难真实呈现时，可利用信息技术辅助手段，让学生比较直观便捷地进行观察。教材编写还应关注数字化教材或电子书包等技术平台的搭建，为学生在线学习提供支持。例如，当有些物理实验无法通过传统实验器材完成，或很难达到预期的效果时，可借助信息技术手段，通过数字实验设备等完成，以便更好地发挥物理实验的育人功能。

教材编写应有效利用信息技术，使教师和学生能够通过信息技术平台进行互动交流，能更充分地利用教育资源，共享优秀案例和习题等资源。教材中还可适当介绍一些有利于物理教学或物理实验的软件工具等。另外，教材编写还应关注基于教材的电子书包和数字教材，配备教学优质课光盘及实验光盘等，为学生的便利学习提供平台。信息技术的合理利用，能够有效拓展教材的资源空间，丰富课程资源，更好地发挥教材的育人功能。

◎ 第十六章
义务教育物理课程资源开发与利用

物理课程资源是指为学习物理课程可利用的所有资源，包括教材、教师教学用书、学生课外用书、音像资料、互联网、图书馆等。课程资源的含义很广，要转变只把教材看成是课程资源的狭隘观点。

课程资源可以分为校内课程资源、校外课程资源和信息化课程资源。物理学科的课程资源在校内主要包括图书馆、实验室、物理学科教室、创新实验室和校内各种实践基地等，校外资源主要有公共图书馆、科技馆、博物馆、工厂、农村和科研院所等，信息化资源主要有数字化物理实验室、计算机房和互联网信息或平台等。课程资源的开发、整合和利用就是充分利用各种资源，保障与提升物理课程的实施质量。

第一节　核心素养导向下课程资源的开发与利用

在《课程标准（2022 年版）》所倡导的核心素养导向下，各级教育机构要创造各种优质教育资源为教师的课前准备、课堂教学、课后作业与考试评价等环节服务。学校要根据本校实际，结合学生发展的需要，推荐、指导选择或开发适合学生发展所需要的各种学习材料，充实学生的学习资源。教师要吸收与整合国内外各种优质课程资源组织教学。

一、课程资源的分类

按课程资源的功能特点，可以将课程资源划分为素材性课程资源和条件性课程资源两大类。素材性课程资源是作用于课程，并且能够成为课程的素材和来源的资源。如各种教材、教师教学用书、科技图书、录像带、视听光盘、计算机教学软件、报刊等都属于素材性课程资源。条件性课程资源作用于课程，却不是形成课程的直接来源，它在很大程度上决定着课程实施的范围和水平。如决定课程实施范围和水平的人力、物力和财力，场地、设备、设施和环境等。而像图书馆、博物馆、实验室、互联网等课程资源，既有素材性课程资源的内容，也有条件性课程资源的作用。

按课程资源的空间分布的不同，大致可以将课程资源分为校内课程资源和校外课程资源。凡在学校范围之内的课程资源，就是校内课程资源；超出学校范围的课程资源就是校外课程资源。校内和校外的课程资源都包含素材性课程资源和条件性课程资源两类。

在实施物理课程标准的过程中，首先要最大限度地利用校内的一切课程资源，同时要充分利用校外课程资源，逐步建立校内外课程资源的转化机制，实现课程资源的广泛交流和共享。教育行政部门、学校和教师应提高对课程资源的认识，努力利用和开发各种课程资源，并使之经过加工、转化进入物理课程。

具有教育教学素养的物理教师、教育管理者、教研员和课程研究人员，以及学生、家长和社会人士，不仅是课程资源的使用者，而且是物理课程资源的开发主体，是课程资源开发的基本力量。物理教师决定了物理课程资源的鉴别、开发、积累和利用，教师本身也是物理课程实施的基本条件性课程资源。因而，物理教师是最重要的物理课程资源。

二、物理教学中怎样选择课程资源

在物理教学中，教师首先要明确，究竟哪些课程资源具有开发和利用的价值。从我国基础教育课程改革的目标和理念出发，凡是有利于学生自主学习和全面、和谐发展的课程资源，都应该加以开发和利用。对于文字、多媒体等素材性课程资源，要经过筛选，才能确定其开发和利用的价值。课程资源的选择有以下几条原则。

（1）课程资源要有利于实现教育的目标、方针和办学的宗旨，反映我国社会主义现代化建设的需要。

（2）课程资源要体现立德树人的理念和目标，体现和落实课程标准的核心素养目标和具体教学要求。

（3）课程资源要符合学生身心发展的特点，满足学生的兴趣爱好和发展需求。选择课程资源时，不仅要注意学生的群体需求，而且要注意学生的个体需求。

（4）既要重视物理课程知识资源的开发，也要重视物理学科的新进展，以及与其他学科知识间的融合和渗透。

课程资源的开发和利用，必须反映我国教育改革的目标和理念，反映社会、学生发展的需求，反映学习内容整合等多方面的需要。

第二节　物理教学中课程资源的开发与利用

将物理课程资源的开发和利用纳入物理课程实施的计划之中，为学生生动、活泼、主动学习与发展，提供丰富多彩的课程资源。在物理教学中，课程资源的开发和利用应重视以下几个方面。

一、重视文本课程资源的开发与利用

（1）教材是重要的文本课程资源，但不是唯一的文本课程资源。在课程改革不断深入的情况下，教材和其他文本课程资源共同承担着相应的课程资源的作用。课程标准是教材编写的依据。教材编写单位及个人要充分领会课程标准的精神，编写出好的、受学生和教师欢迎的包括教材在内的文本课程资源。教师和学生除根据自己的情况选择适合自己的教材外，还应根据物理课程标准的要求，吸收、利用、开发各种有利于学生发展的其他文本课程资源，充实物理课程的内容。

（2）各种以应付升学考试为目的的教学资料和教辅材料，与课程改革的理念相悖，其在社会上的泛滥已对学校教育造成了极大的危害，扰乱了学校的正常教学秩序。学校和教师应充分认识其危害性，按照新课程的理念，对各种教学资料进行筛选。

（3）各种科技图书是物理课程的重要文字课程资源。伴随着教育的发展，学校图书馆的建设已迈出了较大的步伐，物理教师应利用这一有利条件，指导学生尽可能多地阅读课外科技图书，拓宽知识面，使学生学科学、爱科学、用科学。学校的图书馆应向全体学生开放，为学生的阅读创造便利条件。

（4）报纸和各种科技期刊也是物理课程重要的文字课程资源。教师要引导学生关注报纸和期刊上发表的各种科技信息，了解科学技术的新进展，以及社会发展中的问题对科技的发展提出的挑战，使学生将来有面对这些挑战的勇气。不少学校的物理教师把报纸和期刊上的科技信息进行收集整理，有计划地充实到物理教学中，有的学校还让学生自己利用报刊上的科技资料，制作科技墙报。这些做法都很好地利用了文本课程资源。

二、加强实验室课程资源的开发与利用

实验是物理课程改革的重要环节，是落实物理课程目标，全面提高学生核心素养的重要途径，也是物理课程改革的重要条件和重要的课程资源。无论在

任何时候，教师都应该重视实验室课程资源的作用。

（一）尽可能开放实验室，为科学探究创造条件

义务教育物理课程中的科学探究活动最多的是通过实验来进行的。实验室的各种仪器、设备、模型都是宝贵的课程资源。在我国基本实现"双基"后，物理实验室的设备和条件已有了根本的改善，然而，实验室的丰富课程资源尚未得到充分的开发和利用。原来的学生实验基本上是按照教材设计的，大部分是让学生根据"菜单"进行的验证性实验。《课程标准（2022 年版）》则要求学生以实验室的活动为手段，通过探究活动，自己去设计实验，选择仪器，收集实验数据，归纳并总结规律；过去的学生实验只限于教材规定的几个有限的实验，《课程标准（2022 年版）》规定了学生必做实验，并强调了加强实践的环节，要求根据探究活动的需要，让学生尽可能多地进行探究活动。实验室应该为学生进行科学探究创设条件，为此，实验室应向学生开放，有些常用仪器与设备要进课堂，让学生更多地接触和熟悉各种实验仪器和设备，以便选择适当的仪器和器材进行科学探究。目前，有些学校的实验室已完全向学生开放，但多数学校的实验室还是封闭式管理。学校应尽可能地开放实验室，为学生的科学探究活动提供保证。

（二）让每个学生都动手，发挥实验室课程资源的效益

科学探究是每一个学生都必须参与的教学活动，必须人人动脑思考、动手操作。过去，学生做实验时，往往全班同时做同样的实验，限于仪器的数量和班额太大，一个实验小组有十多个人，做实验时往往只有少数学生动手，大多数学生是旁观者。改变这种状况的办法是进一步充实仪器设备；改变使用的模式，按照课程标准关于科学探究的要求，设计并组织实验活动。例如，各活动小组的探究课题不一样，可以根据不同的探究课题做不同的实验；又如，将实验活动延伸到课外，以便充分发挥实验室课程资源的作用。

（三）提倡用日常器具做实验，丰富实验室的课程资源

实验室的课程资源不仅限于实验室的现有设备，学生身边的物品和器具同样是重要的实验室资源。例如，有些学生可以利用废弃的饮料瓶做几十个实验，如探究液体压强和大气压强、制作滑轮等。用日常器具做实验，具有简便、直观、易于理解等优点；用日常器具进行实验探究活动，有利于学生动手，发展学生的实验技能，培养学生的创新意识。由此可见，提倡用日常器具做实验，绝不是权宜之计，而是丰富实验室课程资源和全面提高学生科学素养的需要。即使是发达国家，在实验条件相当优越的情况下，仍然将学生身边的各种器材列入实验室的课程资源。因此，"坛坛罐罐当仪器"的做法仍然是开

发实验室课程资源的基本原则。

（四）计算机和信息技术等应进入物理实验室

有关部门、学校和物理教师要重视将现代新技术应用到物理实验室，例如，让计算机进入实验室，使学生逐步学会利用计算机处理实验数据，分析实验结果；要加快中学物理实验软件的开发和应用，将现代传感技术、测量技术引入实验室，让学生在实验室中接触现代科技，丰富物理课程的内容。

随着科学技术的不断发展和应用，数字化实验室在中学物理实验中的应用也越来越广泛，有条件的学校可利用这类仪器做一些用传统仪器不易做或不能做的实验。

三、发挥多媒体教学资源的优势

现代信息技术的飞速发展和网络技术的广泛应用，为丰富物理课程资源提供了技术条件，也为物理课程改革带来了新的发展机遇。信息技术广泛应用于物理教学，将改变学校课程资源的结构，为课程资源的优化提供动力。我国《基础教育课程改革纲要（试行）》要求"积极利用并开发信息化课程资源"，《课程标准（2022 年版）》对开发和利用信息化、多媒体课程资源提出了具体要求和说明。将信息技术整合于物理课程之中，既有利于学生学习物理知识和技能，又有利于发展学生收集信息、处理信息和传递信息的能力。

（一）多媒体课程资源的开发和利用

幻灯投影片、挂图、录像带、视听光盘、多媒体软件等都是常用的课程资源素材，这些资源的开发和利用，有利于创设物理课程的情境，丰富物理教学的内容，帮助学生掌握知识和技能，激发学生的学习兴趣和探索科学的热情，使学生得到情感、态度和价值观的教育和熏陶。

对于多媒体课程资源，过去一般只是将其作为物理教学的辅助手段，而没有将其作为重要的课程资源来认识。根据《课程标准（2022 年版）》的课程理念，以上这些多媒体素材，不仅是物理教学的手段，更是重要的课程资源。目前，这类课程资源仍然较为缺乏，而且大多是零散的，缺乏规划。有关部门、学校和物理教师要积极参与多媒体课程资源的开发，发挥现有的多媒体资源的效益。努力实现跨学校多媒体资源的共享，有条件的地方要尽快建立多媒体课程资源的数据库，拓宽校与校之间课程资源建设成果的分享渠道，提高使用效率。

（二）电视和广播也是重要的课程资源

在我国电视已基本普及，学生每天从电视上获取的科技信息是非常重要和直观的课程资源。教师要善于捕捉这些生动的课程信息，丰富物理教学的内容。例如，某校物理教师从电视节目中看到库尔斯克号核潜艇沉没事件后，组织学生探究核潜艇沉没可能造成的环境危害，要学生设计打捞核潜艇的方法和人员救助方法等。学生亲自参加讨论和探究活动，尽管他们提出的方法可能很不完善、可行性不强，但学生经历的探究过程会给他们留下深刻的印象。

（三）积极开发和利用网络课程资源

网络技术整合于基础教育课程改革之中，极大地丰富了课程资源，互联网已日益成为人们日常生活的重要组成部分。教育部启动了"校校通"工程，不少学校已建成局域网，这为物理课程资源的开发和利用提供了前所未有的机遇。

计算机多媒体软件以其交互性和超文本链接的能力显示了它在科学教育中的巨大发展潜力，为丰富物理课程资源提供了技术条件。应鼓励开发和使用丰富的多媒体教学资源，提倡使用智能型软件，使物理课程的学习更生动、活泼、丰富多彩。这些软件可以丰富学生对物理情境的感性认识，深化学生对科学规律的理解，同时也可以做一些中学实验室中不好完成或不能完成的实验。

教师应引导学生通过多种渠道，如学校的数据库、局域网、互联网来获取和交换课程信息，以学生自主收集到的课程信息为基础，进行科学探究，使学生真正成为学习的主人。学校和教师要根据探究的课题，向学生提供网站和数据库的索引，以促进物理教学环境和教学活动，从单一媒体向多媒体转变，从课程信息的单向传递向双向交换转变，从个体学习活动向合作学习活动转变，从被动式学习向主动探究式学习转变，从孤立的人工背景向仿真的、现实生活中的背景转变。"国家中小学智慧教育平台"已上线运行，物理教师应充分利用好这个平台，帮助学生学习相关的知识和内容。

四、注重社会教育资源的利用

社会教育资源是非常重要的校外课程资源，《课程标准（2022 年版）》为此提出了多种社会课程资源的开发渠道，这些都是切实可行的。开发社会教育资源时，应注意根据课程标准的要求，对大量资源进行筛选和指导，要动员社会各界的力量参与物理课程资源的开发。

（1）注重社会资源的教育价值。应选择对培养学生核心素养有效的资源和素材。

（2）符合学生的兴趣、爱好和年龄特征。组织社会实践活动，要注意与初中学生的年龄、兴趣、爱好、生理特点、心理特点等相适应，如有些生产危险品和污染严重的工厂就不适合让学生去参观和实践。

（3）实事求是，因地制宜。社会教育资源的利用，要根据当地的实际情况，以及学校的可能，适当、合理地加以利用，使社会课程资源的使用具有针对性和适应性。

（4）建立学校、家长和社区联合开发课程资源的机制。鼓励学生家长、社区、学校附近的教育科研单位，为课程资源的开发作出贡献。

总之，在物理课程资源的开发和利用中，教师、学生、家长、社区、社会团体、政府等多方面应齐心合力，在各自所承担责任的层面上，开动脑筋、锐意进取，以使物理课程资源的开发和利用迎接光辉灿烂的明天。

◎ 第十七章
义务教育物理课程教师培训与教学研究

《课程标准（2022 年版）》的颁布，将对进一步推动我国初中物理教育改革，充分发挥初中物理课程的育人功能，产生积极而深远的影响。教师是学科教育的第一实施人，也是学科教育质量的主要责任人，教师对课程标准的认知、学习、理解及落实到教学实际的水平，对学科教育质量将产生直接影响。因此，做好初中物理教师学习、领会《课程标准（2022 年版）》的培训，开展基于实践的教学研究，以持续改进初中物理课堂教学、提高教学质量，具有重要意义。鉴于此，《课程标准（2022 年版）》在课程实施部分特别增加了"教师培训与教学研究"这一内容，旨在强化区域教育行政部门、教研部门、学校等在教师培训方面的组织保障和责任意识，以确保《课程标准（2022 年版）》顺利实施。下面对这部分内容进行解读。

第一节　教师培训建议

教师培训建议，只是针对各级各类培训的组织单位，提出在教师培训设计中的几点建设性意见，并非统一的实施要求。希望各部门、单位及学科教研组，结合实际情况，不拘泥于这些建议，创新性地设计好培训目标、内容及培训方式，确保培训有质量地实施并取得良好效果。

一、培训要点

这里的培训要点是指培训须关注的几个方面，《课程标准（2022 年版）》主要从培训目标、培训内容、培训方式等方面提出了三个方面的建议，供培训组织者参考。

① 注重增强教师以课程标准指导教学的意识。通过培训，引导教师关注物理课程标准修订前后的变化，认识物理课程标准修订的背景、整体思路、结构框架及各部分内容间的关系；让教师对课程标准形成总体认识，使课程标准真正成为实施教学、指导教学、评价教学的重要依据。

从实地调研情况看，部分一线初中物理教师应用课程标准指导教学、评价的意识不够强，这是制约学科教学质量提升的重要原因。《课程标准（2022年版）》的培训，希望这一问题能得到一定程度的解决，因此，把强化教师课程标准的执行意识、遵从意识确定为培训的要点。但增强意识是不能采用行政文件、硬性要求等简单方式来实现的，而要通过引导教师关注物理课程标准修订前后的变化，认识物理课程标准修订的背景、整体思路、结构框架及各部分内容间的关系，让教师对课程标准形成总体认识。建议培训者从对物理课程性质、课程价值、课程理念的认识，到当下物理课堂教学、人才培养方向存在的问题，再到课程标准的结构、内容的基本特点及其对指导教学的实际价值等方面，进行深入分析，使教师对课程标准从认知逐渐到认同，从而达到"使课程标准真正成为实施教学、指导教学、评价教学的重要依据"的目的。建议培训组织者在做培训规划时，注意将增强教师的课程标准意识作为重要的培训目标来考虑。

② 注重体现课程育人的思想。通过培训，促进教师将其学科教育思想统一到落实学科育人价值、培养学生核心素养上来。培训中应注意落实学科教育目标、创新教学方式、改进评价方法，帮助教师从整体上深刻理解课程改革理念，将培养学生核心素养作为目标追求，并落实到教学的各个环节。

我们看到，以知识传授为主要教学目标，忽视对学生终身发展能力培养，甚至"唯分数""唯升学"的教学思想依然存在，这既违背了物理课程的教学本质，也不符合课程的价值追求，因此，统一教师的课程教育思想，转变课程教学理念，对深化初中物理教学改革，最终提高教育教学质量具有保障性作用，形势也十分迫切。本次课程标准修订，将课程目标从"三维"目标调整为核心素养，其目的是转变以知识传授为主要目标的教学理念和行为，更好地发挥物理课程的育人功能，促进学生全面发展。可以通过实际教学案例研究等培训方法，落实学科教育目标、创新教学方式、改进评价方法，促进教师对课程标准的深度学习，帮助教师逐渐领会和认同核心素养和课程目标，将学科教育思想统一到落实学科育人价值、培养学生核心素养上来。

③ 注重培训内容的针对性和可操作性。通过典型案例，分析教学中的重点、难点；通过示范教学，展示在教学实际中落实核心素养培养的教学策略；通过专题培训，深化教师对课程改革理念的理解。此外，还应结合本区域教学实际，在培训专题设计、案例选择等方面积极创新。

本条培训要点主要是在培训内容、培训方法上提出建议。建议培训组织者充分考虑本区域教学实际情况，了解学科教学中较普遍存在的思想理念问题、专业技能问题及集中关注的热点、难点问题等，在进行深入调研的基础上，精心制订培训方案。内容设计上注重考虑内容的针对性和可操作性。对于一线教师来说，若培训集中于教育理论、思想意识、教育理念等方面内容，容易对培训内容产生距离感，并可能形成抵触情绪，不利于新课程标准的实施。设计基于解决实际问题导向的培训内容、培训方式，创新设计丰富多样的，教师乐于接受、乐于参与的培训形式，如讲座、论坛、研讨会、示范课、观摩课等，将教育理论与教学实践相结合，将理论渗透在典型的真实教学案例之中，教师不仅能在专业理论上得到提升，在实践能力上也得到发展，更重要的是对课程改革理念有深刻领会和理解。

二、培训实施

培训实施部分主要是对各级教育行政部门、教研部门及学校等培训组织者，提出针对性的实施建议。一个地区、学校新课程标准的宣传、推广及实施效果，与本地区、本学校对新课程标准培训的重视程度、组织力度和落实程度有密切关系。培训实施从培训规划、培训设计、培训组织等方面提出建议，以供参考。希望各相关部门立足于地区、学校实际情况和培训实效，创造性地实施新课程标准的培训工作。

① 做好区域教师培训的总体规划。建立由省、市、县级教育行政部门参与的培训体系，做好本区域教师培训的整体设计，统筹培训的部署、督促、评价等工作。各级教育行政部门、教研部门和学校要充分发挥各自的职能作用，组建培训专家团队，把教师培训作为本部门的重要工作来抓。

本条建议各省份建立由省级教育行政部门牵头，市、县级教育行政部门落实的培训体系，各省级教育行政部门做好本区域教师培训规划，统筹部署、督促、管理、评价教师培训工作，确保本区域教师培训工作有序、高效开展。各市级教育行政部门做好本市教师培训专家团队的组建，根据省级的培训规划做好本市教师培训方案，并对本市培训工作实施监督、考核、评价，确保培训顺利推进、高效落实。县级教育行政部门做好人员安排、经费保障，既保证培训有序正常开展，又不干扰正常教学秩序。市、县教研部门作为教师培训的主要职能单位，做好本地区教师培训业务工作的组织和具体实施。

② 做好培训者的培训。把对培训者的培训放在首位，制订多种形式、多个专题、不同层次、不同类别的培训规划，组织培训者深入解析、研究课程标准，开展与教育教学改革相关的各专项内容的培训，培育并组建高质量、高素质的培训者队伍。

课程标准要从国家层面传递到每一位教师，并转化为教学实践的行为和成果，需要有一大批培训者进行长期的理论培训、实践指导、研究总结等工作。

组建一支由学科教育专家、各级教研员、教研组长等组成的培训者队伍，是开展课程标准培训的首要任务。"培育并组建高质量、高素质的培训者队伍"，即建议各级教育行政部门，精心遴选培训者，组建起省、市、县级培训者队伍。"制订多种形式、多个专题、不同层次、不同类别的培训规划"，建议不同级别培训的侧重点有所不同，如省级培训侧重对课程标准的整体架构、设计思想、理念、课程实施等较宏观的解读；市级培训则侧重落实课程理念、课程内容、核心素养和课程目标、学业质量和评价等方面；县级培训则侧重教学实施，深入学校教研组，指导、观察、总结一线教师实施新课程标准的实际情况，及时发现问题、总结经验。因此，对不同级别的培训者，要制订不同专题、不同类别的培训规划。

③ 做好培训内容和培训形式的设计。培训要有针对性，精心设计适合不同对象、不同层次的培训专题和主题突出、形式丰富的培训活动，帮助一线教师正确认识和理解与课程理念、核心素养内涵等有关的问题，结合教学实践引导教师转变教育观念、提升教学能力。

本条是对培训内容和培训形式提出的实施建议。在市、县、校三级教研队伍中，市级教研部门具有教研顶层设计和业务指导的职能，对教师培训工作具有承上启下的关键作用。做好本地区的培训内容和培训形式的设计，是市级教研部门的重要工作。"培训要有针对性，精心设计适合不同对象、不同层次的培训专题"，其中"不同对象、不同层次"是指对市、县、校级教研人员和学校校长、学科教研组长、教师开展市级、县级、校级不同层级的培训，培训的侧重有所不同。建议高度关注校长在课程标准培训、实施中的重要作用，发挥校长的课程领导职能。

不同对象、不同层次的培训，都要从实效出发，注意主题与对象、需求的契合，避免主题不明、泛泛而谈。同时，在培训的形式上要考虑不同群体、不同需求，设计"主题突出、形式丰富的培训活动"。一般来说，一线教师更乐于接受的是基于实际案例的研究和指导。

④ 做好培训的组织与实施。强化培训的组织实施，加强培训的过程管理，着力提升培训的有效性，促进教师将培训成果转化为教学行为，提高教学质量。

本条建议旨在强调让课程标准在每个学校、每个教师、每节课堂落地，成为管理者、指导者、实施者及评价者的文化自觉和行动自觉。只有形成以省级教育行政部门统筹规划，市、县教育行政部门强力推进，教研部门、学校、教研组认真落实的培训组织管理体系，新课程标准才有可能真正落地。为了确保培训效果，本条建议强调要"加强培训的过程管理"，旨在防止培训形式化、过场化、表面化，加强培训过程管理，就是要求任何一次培训都要从培训组织、培训纪律、学习监测、质量评价等细节进行监督管理。同时，也建议各级各类培训组织部门，创新管理机制，发挥监督、激励、考核、评价功能，扎扎实实做好教师培训工作。

第二节　教学研究建议

"教学研究建议"是从教研角度，对本次课程标准的研修、理解、实施，从区域教研、校本教研和教师研修三个方面提出的建议。培训是帮助教师认知、认同、理解课程标准，但到具体实施课堂教学或其他学科教育活动，使之成为教师的行为自觉和文化自觉，产生实际教学成果，则需要通过大量的认识、实践、再认识、再实践的教学研究活动才可能实现。这一过程既需要不同层级教研部门联动推进，也需要教研组、教师个人持之以恒地努力。

一、区域教研

这里的"区域"主要是指市、县两种区域，对区域教研的建议涉及怎样发挥三级教研体系的联动作用、建设区域研修的骨干队伍、开展形式多样的教研活动三个方面。

① 发挥各级教研部门联动作用。省级教研部门做好全省教研的统筹部署；市级教研部门为本区域的教研活动提供专业支撑和课程实施引领；县级教研部门深入教学一线进行教研指导；校级教研部门把开展教研活动与教学实际联系起来，加强实践探索，鼓励开展具有区域特色的教研活动。重视利用互联网平台建立教研网络，开展教研活动，切实发挥联动教研的优势和作用，实现教研活动和资源的共建共享。

本条建议强调以省为单位，明确省、市、县、校四级教研部门的各自职能，"发挥各级教研部门联动作用"。省级教研部门要做好本省的教研统筹规划部署，同时要对各地（市）研修教研活动实施进程、质量进行监督、指导、评价；市级教研部门根据省级教研的规划，制订本市教研活动的具体实施方案，市级教研员要引领本市的研修工作，为本区域的教研活动做好教研计划，在教研主题、专题、教研方式等方面做好设计并组织实施，同时要对县级教研活动进行督促、指导、评价；县级学科教研员要深入教学一线，主要通过课前研修、集体备课、观摩教学、课后指导等实践研修方式，开展区域研修、实践活动；学校校长是本校教研的第一责任人，要做好本校教研的整体部署，组织本校学科教研组开展基于教学实践的课程标准研修，对开展过程、实施效果、进行考核、分析、评价，促进每个教研组、每个教师都能积极参与课程标准的学习、研究、实践。学校教研活动要与教学实际紧密联系，促进教师在实践中不断提高认识、加深理解、总结经验。需要强调的是，各地要重视基于互联网络的教研平台建设，充分发挥互联网技术在现代教研工作中的优势。

② 建设区域研修的骨干队伍。组建由学科专家、教研员、一线教学名师、骨干教师等组成的骨干队伍，深入研修课程标准、课程实施策略等，发挥其在教师培训、课程实施中的示范作用，为设计、实施教师培训及教研活动提供支持。

建议由市教育行政部门或教研部门，组织建立一支由学科教育专家、教研员、学科带头人、教学名师、骨干教师等组成的市级研修骨干教师队伍。市级教研员作为团队的组织者，带领他们通过自身接受培训、集体研修、课题研究、教学实践等方式，形成一批有特色、有推广价值的初步研究成果，使他们成为本区域的研修骨干团队、指导专家及推动本区域研修和深入实施课程标准的中坚力量。

③ 开展形式多样的教研活动。根据不同对象、内容及目的，结合本区域实际情况，开展多种形式的教研活动，如专家论坛、区域联合教研、主题教研、案例研讨、示范课、观摩课等。加强对乡村学校物理教师的教研指导，关注他们的教学与研究需求，为他们量身定制教研培训计划。发挥区域教研的优势，让与课程实施相关的教研活动进入教学一线。

建议区域内可根据不同对象，如教研员、教学名师、骨干教师、教研组长、年轻教师等，设计不同内容、主题的有针对性、实效性的课程标准研修教研活动。在教研形式上，本条建议列举了多种形式，为教研活动提供参考，具体实施由组织者自行确定。《课程标准（2022 年版）》特别提出："加强对乡村学校物理教师的教研指导，关注他们的教学与研究需求，为他们量身定制教研培训计划。"加强对乡村教师的教研指导，是关乎义务教育优质均衡发展的关键问题，需要高度关注。建议市、县两级教研部门协同做好本地区乡村教师教学现状、实际需求调查，梳理好乡村教师关注的热点、难点、困惑等问题，为他们量身定制与课程实施相关的研修、培训方案，循序渐进，提高乡村教师的教育教学水平。

二、校本教研

校本教研建议，是针对基于本校实际的课程标准研修，从学校组织校本教研、教育科研、推进教学改革等方面提出的建议。

① 立足本校实际开展具有特色的教研活动。学校要关注课程改革对物理教学产生的影响，聚焦物理教学存在的问题，研判本校教学基础，开展具有本校、本教研组特色的教研活动。

校本教研须立足本校，建议学校把握好新版课程标准的实施，为转变教师教育观念，树立正确的学科教育思想、教学理念，推动学校课堂教学改革所带来的契机，实现学校教育质量的进一步提升。同时，要注意做好本校物理学科教学实情的调研，聚焦物理学科教学中存在的主要问题，这是开展好校本教研的前提。学校的学科教研组要在校长、学校管理部门的指导下，做好问题调研，制订校本教研方案，创新教研方式，开展好具有学校、学科特色的教研活动。校长、分管副校长要深入教研组考察、指导，学校管理部门要对教研过程、研修结果进行跟踪监测和效果评价。

② 开展以研究课程实施为专题的科研活动。学校可将校本教研与教育科研相结合，组织开展关于课程实施的专题研究，聘请专家对教师进行教育科研能力培训，提升教师科研水平，促进教师专业发展。发挥团队和个人的优势，通过研究促进团队与个人协同发展。

建议学校丰富课程标准的研修活动内涵，"开展以研究课程标准为专题的科研活动"，将研修活动科研化，营造良好的教育科研氛围，开展以课程标准研修、实施为主题的教育科研活动。省、市、县教育科研部门可设定课程标准研修、实施的专项科研课题，鼓励学校、教师积极参与课题申报和研究。同时，加强对课题研究者科研能力的培训、指导，提升教师的教育科研能力和专业素养。

③ 立足培养学生核心素养，不断改进教学。充分挖掘物理课程的育人价值，持续开展教学改进研究与实践，把培养学生核心素养落实到课堂教学中，把物理教学改革聚焦到如何发挥课程育人功能上。

课程标准的培训和研修的目的是促进教师理解、认同和自觉践行课程标准，改进课堂教学，从而提升初中物理课堂教学质量。建议校本教研要聚焦核心素养，通过深入研究、领会核心素养的内涵、课程育人价值，反思本校物理教学在教育思想、理念上存在的突出问题或与课程标准的育人目标是否相符，开展以落实核心素养、追求课程育人价值为主题的教学实践改进研究，切实将培育学生核心素养落实到教学的各个环节。

三、教师研修

教师研修建议，是对教师在课程标准的自主研修，从个人视野、专业理论、综合素养和实践能力等方面提出的建议，强调教师不要只专注于课程标准的研读、理解和实施，还要全面提高自身专业能力、综合素养。

① 不断提升教育政策领悟力。加强对党和国家的教育方针、教育重大方略的学习，深刻领会国家对人才的培养要求。教育实践中应以培养有理想、有本领、有担当的时代新人与德智体美劳全面发展的社会主义建设者和接班人为己任，贯彻落实立德树人根本任务。

本条建议主要提醒教师不断提升自身的职业境界，自觉加强对党和国家教育方针、政策的学习，开拓视野，提升政策领悟力、执行力。作为新时代基础教育的教师，在教育背景、教育对象及人才培养目标均发生变革的今天，要将自己的职业价值与国家需要紧密结合，以培养有理想、有本领、有担当的社会主义建设者和接班人为己任，在实践中，自觉贯彻落实立德树人的根本任务。

② 不断提升理论水平。既要学习学科专业理论和教育理论，还要认真研读课程标准、物理教科书及教师教学用书。同时，还要关注社会发展对人才培养的要求，关注科技进步，关注国际教育改革与发展趋势，提升自身的专业素养。

理论水平既包括本学科知识理论水平，也包括学科教育理论水平。随着时代的发展、科学技术突飞猛进，人类文明进入崭新时代，在信息技术高度发达的今天，丰富的课外知识促进学生思辨能力、领悟能力迅速提升，这给教师带来了前所未有的挑战。面对当今的学生，一名合格的教师需要不断学习、不断提高自我。建议初中物理教师既要跨学段（纵向）学习、研究课程标准、教材、学科理论知识，又要尽量做到学习、研究其他学科（横向）的理论知识。

③ 不断提高跨学科教学能力和共通性素养。既要提高自身的学科素养，又要提高人文素养、艺术素养、信息素养等，以适应未来教育及人才培养的需要。从课程的视角，宏观、系统地研究课堂教学，充分挖掘物理课程的育人价值。

《课程标准（2022 年版）》将"跨学科实践"作为物理课程的一级主题之一，这一主题要求将物理与其他领域、学科紧密关联，打破学科界限，以培养学生综合分析、解决问题的能力。这就要求教师首先要具有跨学科思维和跨学科实践能力，因此，教师不仅要加强自身的学科素养，还要加强人文素养、艺术素养、信息素养，通过跨学科、跨学段听课，开拓教学视野，提高个人教育实践能力。"从课程的视角，宏观、系统地研究课堂教学"，即建议教师从课程的宏观视角整体设计学科教学，同时还要能"跳"出本学科的界限去思考课堂教学。

④ 不断提升教学实践能力。在教学活动、学习活动和评价活动中，要注重将知识传授与培养学生核心素养统一起来。将理论学习、教学研究与教学实践有机结合起来，有效提升教育教学质量。

教学实践能力不是仅指课堂教学的专业技能，更不是"唯分数""唯升学"的教学能力。教学实践是将教学思想、理念转化为实际教学行为、教学效果的过程。本条建议再次强调教师要树立正确的学科教育理念，要改变以知识传授为唯一目的的教学观念，认真研究、深刻领会学科课程价值、核心素养，将培养学生核心素养的课程目标贯彻到教学活动和评价活动的各个环节。

◎ 第十八章
物理学的功能及物理课程的价值

作为自然科学中最早诞生、最为基础的带头学科，物理学在推动人类社会进步上起着举足轻重的作用；作为记录和梳理物理学成就的物理课程，肩负着把物理学所发展的对自然界的认识、思维方式、研究方法和手段传承给下一代，并向社会大众普及和传播的历史使命。

第一节　物理学的功能

物理学作为自然科学领域研究物质的基本结构、相互作用和运动规律的一门基础学科，具有认识自然界、改变人的思维方式、推动科技进步和社会发展、让人生更有意义等重要功能。

一、认识自然界

物理学所反映的是人类对自然的认识，一部物理学的发展史就是人类与自然互动的完整历史。原始的自然科学是上古时代人类在谋求生存的过程中，不断对自然界进行观察、摸索并逐渐积累的有关自然现象的认识。随着生存问题的初步解决，人类出于天生的好奇心和求知欲，开始比较系统地观察周围世界，对各种经验和事实进行辨识、归纳、清理，寻找其中的因果联系和变化规律。古希腊亚里士多德是发明"物理学"这一名称的先行者，他的"物理学"是以自然为特定研究对象，传承早期古希腊米利都学派的探究自然观念，关注自然本质的自然哲学。它承认物质是世界的基础，自然界是不断运动变化的，并用物质、形式、目的和动力解释自然界万物的运动和变化。在封建主和宗教神权统治下的中世纪，物理学发展停顿，直到欧洲的文艺复兴运动后期和大航海时代，哥白尼和布鲁诺提出了与宗教神学完全不同的宇宙观。第谷、开普勒和笛卡儿对行星运动做了大量科学观察，积累了丰富的数据资料。由伽利略和牛顿等人于17世纪创立的经典物理学，使人类对自身和自然的认识获得了飞跃。经过18世纪物理学全面系统的发展，19世纪科学家在与物理学相关的各个领域发现了大量物理定律，在此基础上，麦克斯韦对物理学进行了第二次伟大概括和新的创造。到19世纪末，从力、热、声、光、电等不同方面认识自然的经典物理学体系已经十分宏伟和完整。19 世纪末物理学的系列重大发现引发了现代物理学革命，人类对自然界的认识进一步从低速扩展到高速，从宏观扩展到微观。20 世纪的物理学更进一步分别从微观向更小、从宏观向更大扩展，微观深入到基本粒子层次，宏观延展到了宇观的整个宇宙。从 1990 年 2 月 14 日旅行者 1 号在距地球 64 亿千米处的太阳系边缘"回眸"太阳系拍摄的照片中，地球只不过是极其微小的一个光点。人类迄今所创造、发展出的对自身和周边世界的认识，都局限在这个像尘埃一样的小光点之上。以物理学为主体的自然科学及人类依据其原理制造出来的工具，让人类及其视野能够真实有效地走出这个宇宙中微不足道的尘埃，开始真正认识孕育我们的广袤宇宙。

从古希腊时期的自然哲学，到伽利略、牛顿时代的科学革命，再到相对论、量子论，以及当今的量子信息与计算、基本粒子和宇宙演化，物理学始终引领人类对自然奥秘的探索，不断拓展和深化人类对自然界的认识。

二、改变人的思维方式

物理学能训练人的大脑，净化人的心灵。它通过科学观察、实验探究、推理计算等方式，形成系统的研究方法和理论体系，对人类的思维发展、认识深化及价值观形成产生了深远的影响。物理学知识构成了物质世界的完整图像，它是科学的世界观和方法论赖以建立的基础。

自伽利略以来，物理学的兴起以及科学革命所发展起来的现代科学方法与科学思维，对古希腊纯思辨性的思维方式进行了全面的改造，对古代思想进行了重新审视、吸收和超越，使人类对自己的理性以及对理性能力的认识，在大自然的指引下得以超越人类自己的主观臆想而形成飞跃，由此导致物理学与纯粹的哲学渐行渐远，在自然科学各学科中率先发展得相对成熟。物理学研究过程中所发展起来的基于经验事实建构理想模型的抽象概括过程，基于科学理性的分析综合、推理论证方法，基于事实证据和科学推理对不同观点和结论进行质疑、批判、检验和修正并进一步提出创造性见解的方式；通过提出科学问题、形成猜想和假设、设计实验与制订方案、获取和处理信息、基于证据得出结论并作出解释，以及对科学探究过程和结果进行交流、评估、反思的探究途径，这些都为自然科学尤其是物理学的发展指明了道路。正是这种先进的科学思维和科学方法使得以物理学为代表的自然科学能够走出人类栖身的地球，放眼太阳系、银河系、河外星系及星系团，乃至整个宇宙。视野决定成就，物理学的视野已经从空间上覆盖了小至基本粒子大到整个宇宙的近 60 个量级的尺度，从时间上覆盖了短至大爆炸开始后的一瞬（普朗克时间 10^{-43} s）长至当今宇宙寿命的近 60 个量级的尺度。物理学从中发展出的科学思维和科学方法无与伦比，这些思维方式和方法为其他学科以及许多社会科学所广泛使用。

物理学的知识体系和思想体系一直在不断发展和更新，它继承了古希腊发展的严谨逻辑和对秩序与美的追求，又加持了实验和观测所带来的大自然的指引，形成了独有的以大自然为师的自然观。大自然为人类的各种价值取向提供了最好的模板和范例，对人类思维方式的进化和价值观的塑造产生了重大影响。16 世纪由哥白尼发端的天文学革命，直接撼动了欧洲一千年封建神学思想，动摇了神权至上的价值取向。17 世纪以来物理学的辉煌成就，使得人类在思想方法和行为方式上形成了重视实验和观测、崇尚理性的科学精神。

以实验和观测数据为指引并作为检验各种思想和理论的基本标准，以实事求是的态度来对待一切事物和现象，以严谨缜密的态度、锲而不舍的精神追求真理，以勇于质疑和批判的精神进行挑战，以大胆而又基于理据的想象去创新建构认识世界的理论框架，是物理学对人的思维方式及价值取向最重要的贡献。

三、推动科技进步和社会发展

在认识水平低下、物质条件不充裕的古代，物理学主要依附于技术和思辨哲学。伽利略的观点和实践宣告了自然科学的独立，物理学从此摆脱了对自然哲学的依附，成为人类文明中最有生命力的部分，它所给出的对自然界的认识构成了当今自然科学所有领域和各种工程技术的发展源头和基础。历史上，物理学与哲学同源，孕育了自然科学中化学、天文学和宇宙学等学科，现在正在孕育量子信息和量子计算等新兴学科。物理学对自然科学中的生物学产生了重要影响，推动了材料、能源、环境、健康和信息等领域的进步。

物理学自诞生起，其很多研究领域就同技术保持密切关系，为技术解决难题，因而成为技术乃至工程进步的重要基础，并由此得到了丰富的实践资料，促进了物理学自身的发展。物理学走到技术发展的前面，不断对技术提出新的需求和挑战，对技术的发展起着引领和指导的作用。科学的迅速发展促进了生产技术进步，这个进步反过来又支持了科学的发展，促进了科学与技术的融合，取得了许多重大成果，产生了许多新的学科门类和产业，如电力、电网、通信、化工、建筑、汽车、飞机、航空、高铁、机械设备、电子设备、集成电路、软件程序、传媒以及现代教育技术等。通过技术的纽带，物理学对人类的物质生产起到了巨大的推动作用，促进了劳动生产率的提升和经济的增长，使人类的生活方式，包括衣、食、住、行的所有方面都产生了不可思议的变化，同时也带来了多种多样的职业和工作机会。物理学促进了人类生产生活方式的变革，改变了世界的面貌，为人类文明和社会进步作出了巨大贡献。

作为一种人类的社会活动，物理学的功能是提供一种支配社会活动的精神、态度和规则；作为一种人类的文化活动，物理学的功能是提供一种文化积淀的历史；作为一种人类的认知活动，物理学的功能是反映人类世界观的形成和不断完善的过程。

四、让人生更有意义

一般人把物理学看成科学的象牙塔，是一缕美好但距离遥远的理性之光，与大多数人的日常精神生活无关。其实不然，在物理学发展历史上，无数成就为人的生存和发展提供了丰富的启示和经验，它不断教育和引领后人站在前辈的肩膀上砥砺前行。

前辈的经验告诉我们，首先，应该试图寻找可以解决的问题，而不是纠缠于某些大问题，陷入对大问题的空想而不能自拔。承认某些问题可能是目前无法解决的，努力寻找回避或绕行的方法并无坏处，反而能更有效地走上求真之路。牛顿第二定律中引入了质量的概念，但牛顿聪明地回避了从根本上正面回答什么是质量这一本质性问题，只给出了一个可操作的、关于如何标定质量相对大小的方法。在义务教育阶段，虽然还没有学习牛顿第二定律，但已开始学习牛顿第一定律，惯性已经作为一个重要概念被讨论，惯性的度量就是质量。进一步，质量作为物质的基本属性已经在义务教育阶段被引入，并且《课程标准（2022年版）》要求学生"知道质量的含义"。直到牛顿时代300年后，科学家在欧洲核子组织的大型强子对撞机上发现了希格斯粒子，希格斯和恩格勒因对希格斯玻色子的预测而获得了2013年诺贝尔物理学奖，人类才刚开始对质量的起源有所了解。如果牛顿当年纠缠于质量的本质，在有生之年他也许都无法驱散质量之谜。

其次，学会分辨自己的认知世界中哪些认识和观念是可靠和准确的，力图使自己的认知建立在牢固的基础之上。对可靠性和准确性的追求可以直接推动人类认识的进化。一个著名的例子是从地心说到日心说的转变，这个例子虽是高中物理的内容，但它所涉及的运动及速度等物理量却是义务教育阶段的重点内容。这个例子本身所关注的是如何看待运动和速度导致的整体图景问题。在地球上生活的人类仰望星空，发现太阳、月亮和几乎所有肉眼看到的星星都在绕地球运动，因此诞生出早期的地心说，它成为中世纪受教会鼎力支持的宇宙观。在古希腊，人们已经发现了有几颗离地球比较近的行星，水星、金星、火星、木星、土星有反常于通常圆周运动的逆行现象；还发现太阳无论在体积还是在质量上都比地球大很多，而让一个大的星球绕着比它小很多的星球做圆周运动并不符合古希腊的美学观念。地心说对宇宙认知的种种缺陷，促使哥白尼提出了太阳系的所有行星都绕太阳做匀速圆周运动的日心说。日心说里不再有逆行现象，位于中心静止的太阳是太阳系最大的星体，日心说所展现的太阳系

236

图景显然比地心说自然、完美、和谐，但日心说受到教会的强烈打压。随着望远镜的发明和使用，日心说得到了观测结果的有力支持，并最终取代了地心说。而后，第谷、开普勒和笛卡儿对行星运动的大量科学观测，证实太阳系各行星的实际运动并不是最优美的圆轨道，而是椭圆轨道。现代天文学更多更精确的观测进一步告诉我们，太阳也不是宇宙的中心，它只不过是位于银河系比较边缘的一颗很普通的、绕银河系中心做旋转运动的恒星；银河系乃至它所在的本星系团在宇宙中也只是上千亿星系团中的一个很普通的成员。人类对宇宙认识的发展历程在不断改进以往认知的可靠性和准确性的基础上，实现了认识的一步步深化和进化。

物理学注重研究简单问题，因为它们比较容易被解决，可以由此确立关于这些问题比较清晰的图景和牢固可靠的认知。在此基础上才可能进一步提出和解决更加本质的问题，逐步深入对本质问题的认识，在求真之路上使自己对世界的认识建立在牢固的基础之上。

最后，分辨问题、认知和观念的能力可以帮助我们看清世界，成为已有认识和思想的主人。分辨问题、认知和观念的能力是指能分辨哪些问题是较容易解决的，问题的要点在哪里，哪些问题是有价值的；能分辨对世界已有认识的适用范围，哪些认识是可靠的，哪些是不一定可靠的；能分辨哪些观念是有现实基础的，哪些还仅仅是人们头脑中的空想；能找到办法检验自己的思想，区分空想与科学，并且争取把美好的空想变为科学。这样我们才能熟练掌握前人留下的认知又不迷失其中，让其为世人所用以应对无穷尽的世界，造福人类。

当人能够娴熟自由地运用对世界的各种已有认知和思想观念，而不被它们的种种局限所束缚时，他就能够自由轻松地畅游于思想观念的海洋之中，实现思想上的自由和精神上的丰富。在此基础上，若能进一步在所面临的众多问题中，从简单入手，在不断追求更高的可靠性和准确性的基础上，脚踏实地，在解决问题的过程中一步步向真理靠近，他就真正走向了智慧，就能够享受创造之乐趣，充分体现生命的价值，让人生具有更大的意义。

第二节　物理课程的价值

物理学的强大功能需要通过物理教育一代代地传给后人，实现可持续发展。义务教育物理课程是一门以实验为基础的自然科学课，其价值体现在让学生初步了解自然界的基本规律，建立物理观念；激发好奇心和想象力及探索兴趣，训练科学思维；培养应对未知的能力，实践科学探究；了解物理学的发展对社会进步的推动，确立科学态度与责任。虽然在义务教育阶段物理课程中，学生只接触了一些基础内容，但它们将直接影响物理的启蒙，对学生未来的发展至关重要！它们直接决定着物理课程要培养的核心素养能否落实到位，义务教育阶段物理教育能否实现立德树人的使命，能否培养学生适应个人终身发展和社会发展所需要的正确价值观、必备品格和关键能力。

一、初步了解自然界的基本规律，建立物理观念

在义务教育阶段，通过物理课程的学习，学生可以认识物质的形态、属性及结构，认识机械运动和力、声和光、电和磁，认识机械能、内能、电磁能及能量的转化与守恒。通过物理课程的学习，学生能从物理学的视角形成关于物质、运动和相互作用、能量等的基本认识，初步了解一些基本的物理概念和自然界的基本规律，逐渐提炼升华形成初步的物质观念、运动和相互作用观念和能量观念等基本物理观念。以物质观念为例，普通人对物质的观念是：它看得见、摸得着，是像身边的石头、水、空气一样的实体，空气虽肉眼看不见，但人们能感受到风和气压。义务教育物理课程让学生知道：物质是由原子构成的，而原子是由原子核和电子构成的，由此进一步引出、讨论和解释物质的各种状态和属性。源自古希腊的原子论促使学生形成一种物质观念：物质是由一些基本的实体硬核粒子构成的。物理学以这样的观念为基础发展出一些理论来描述各种自然现象。在电和磁部分，物理课程引入了抽象的电荷及其运动形成的电流，电荷是物质的属性，从物质观的角度，携带电荷的物体和载有电流的导线是电磁现象中的物质实体。在进一步学习电场和磁场时，通过人的感官能感受到的由硬核粒子组成的实体物质观念受到了冲击：静态的电场和磁场是人看不见、摸不着的，人的其他感官也感受不到，不具有我们习惯的原子论中的那种实体硬核粒子的构成，它弥漫于实体物质所在的空间中，它是不是物质？如果说不是，它却可以像普通物质那样具有能量和动量；如果说是，它却不具有硬核粒子的构成，而且我们的感官也感觉不到，它似乎最多只能说是一种超出我们传统物质观的新物质。电磁场随时间变化形成电磁波，《课程标准（2022 年版）》要求学生知道光是电磁波，光是人的眼睛能看见和感受到的东西。那么，光到底是不是物质？义务教育物理课程里讨论的力、热、声、光、电，除光之外都被认为是物质之间的相互作用或物质的属性，不是物质，它们的共性是必须作用或附着在物质身上，无法单独存在。但光及电磁波是可以脱离源而独立存在的，从这个角度看，光及电磁波确实应该是物质。可这种物质非常特殊，它不像传统的物质那样具有一个能使其相对静止的参考系，并且对它只有参考系变换但没有纯粹的运动形式。我们还知道电磁波是一种波动，这意味着它不同于原来具有粒子性的物质，它是一种具有波动性的物质，这种波动性对电磁场来说是场随时间变化所造成的。光作为特定频段的电磁波，其粒子性和波动性的争论具有很长的历史，一直伴随着物理学的发展，从早期到近

代，最后在量子水平上以场为基础获得了统一。光既是粒子又是波，它具有波粒二象性。从实体的物质到场，是物质观从经典物理学到现代物理学的升级，现代物理学已经把所有的物质都统一建立在场的观念基础之上，波是场随时间的变化，粒子是场的激发。虽然这些对经典的物质观超越的讨论并未明显地表述在义务教育阶段乃至普通高中阶段的物理课程中，但它们却作为种子孕育在义务教育物理教学内容当中。物理学最核心的研究对象就是物质，在物理教育的一开始就需要把物质观念及这些观念的演变以适当的方式，显性或潜移默化地传授给学生，指导学生建立和不断发展对自然界的认识。

义务教育物理课程使学生建立起基本的物理观念，逐步客观地认识世界、理解世界，从物理学视角解释自然现象，了解基于物理学体系所建构起来的认识自然的理念框架，体会和认识科学的本质，初步形成科学的自然观。

物理课程的设计还努力促进学生将所学物理知识与实际情境联系起来，使学生从物理学视角观察周围事物、解释有关现象，帮助学生尝试解决简单的实际问题，为解决稍复杂的实际问题奠定基础。

二、激发好奇心、想象力及探索兴趣，训练科学思维

物理学来源于人类在好奇心驱动下对自然界的观察和思考，物理课程把人类在生产生活中与自然界的积极互动所获得的对自然界的认识及认知的过程传授给学生，让学生亲近自然，通过从自然、生活到物理的认知过程，领略自然现象中的美妙与和谐，激发学生的好奇心和求知欲，培养学生乐于思考与实践、终身探索的兴趣。

物理课程训练学生从物理学的视角认识客观事物的本质属性、内在规律及相互关系。物理课程引导学生通过建构物理模型的抽象概括过程，运用分析综合、推理论证等方法解决问题；基于事实证据和科学推理对不同信息、观点和结论提出质疑和批判，并进行检验和修正；将科学想象与科学推理方法相结合，养成科学思维的习惯，进而从感性认识向理性思考发展。通过物理课程的学习，学生学会用所学模型分析常见的物理问题，能对相关问题和信息进行分析，得出结论，具备初步的科学推理能力；建立利用证据对所研究的问题进行描述、分析和解释的意识，能使用简单和直接的证据表达自己的观点，具有初步的科学论证能力；能独立思考，对相关信息、方案和结论提出自己的见解，具有质疑创新的意识，特别是敢于提出并坚持个人见解，勇于放弃或修正不正确的观点，进而达到学会自主学习的目的。

《课程标准（2022 年版）》在学生学习牛顿第一定律时，特别安排了一个例子，要求学生"了解伽利略在探究物体与物体惯性有关问题时采用的思想实验，体会科学推理在科学研究中的作用"。有教师提出异议：思想实验本质上

属于逻辑演绎，属于思维的范畴，跟真正的实验归纳有着本质区别。对于初中生，以及很多初中教师来说，"思想实验"这个词很容易引起迷惑和误解，使他们误以为思想实验像真实实验一样能判定理论正确与否（逻辑检验和依据事实的检验还是有区别的）。

为了解释这个例子所要展示的科学思维和回应教师的质疑，我们首先来回顾一下和牛顿第一定律相关的伽利略思想实验，也称理想斜面实验。它主要是为了否定自亚里士多德时代以来，人们一直以为力是运动的原因，没有力的作用物体就会静止的观念。设想在竖直平面内放置一个 V 形光滑导轨，一个小球可以在上面无摩擦地滚动。让小球从左端往下滚动，小球将滚到右边的同样高度。如果降低右侧导轨的斜率，同时把右侧导轨延长使其末端仍能达到与左侧导轨同样的高度，小球在右侧导轨上，如果忽略摩擦力，仍然会滚动到和左侧初始下滑时同样的高度，此时小球在水平方向上实际滚得更远了。右侧导轨的斜率越小，则小球为了滚到相同高度就必须滚得越远。此时，进一步设想右侧导轨斜率不断降低以至降为水平的情形，这时右侧导轨将变成无穷长。根据前面的经验，如果无摩擦力阻碍，而导轨无穷长，小球将会一直持续地滚动下去，其速度将不再会像导轨非水平时那样从快向慢直至停止，而会向无穷远维持匀速直线运动，这就是牛顿第一定律。能量守恒提供了另一个思考角度，小球在右侧导轨达到与左侧同样的高度是因为要具有与左侧同样的势能，而在右侧导轨水平时保持匀速运动，是因为原来出发时在左侧导轨出发点所具有的势能全部转化为动能，小球在右侧水平的导轨上运动，势能不会发生变化，动能也不变，因此小球速度不变，做匀速直线运动。在任何实际的实验中，因为摩擦力无法完全被忽略，导致小球在右侧导轨上所能达到的高度实际总会比左侧略微低，由此即使当右侧导轨水平时，小球也不会运动到无穷远，而总会在某处停下来，也就是小球的速度会不断变慢。或者从能量守恒的角度看，摩擦力会造成小球在运动过程中有一定的能量损耗，破坏了原来势能和动能所构成的守恒关系。任何真实的实验因为做不到完全消除摩擦力的影响，所以无法严格地证明牛顿第一定律，这也正是古人没有得出牛顿第一定律的原因。然而思想实验就可以做到，仅仅通过日常经验的延伸就可以让任何一个理性的人相信牛顿第一定律的正确性。这样的案例如果展示得好，可以让学生受到人类思想力量的震撼，惊叹一个巧妙的实验在人的想象力的扩展下竟然能够得到如此不可思议的结论！这将是对学生的想象力和好奇心的极大激发。

我们认为，思想实验不只是简单的逻辑检验，它本质上是基于客观事实，运用逻辑推理来判断事情的真伪，在这个意义上，思想实验确实像真实实验那样能判定理论的正确与否，它对提升学生核心素养十分重要。案例本身旨在强调对学生科学思维能力的培养，逻辑演绎和归纳一样都是科学思维中非常必要和核心的元素。这个案例的目的是通过介绍与展开讨论，一是让学生看到实验的作用：我们是通过实验而不仅仅是依靠纯粹的思辨来判别我们头脑中的观念是否正确。这尤其对否定一些日常的错误经验十分重要，人们凭日常经验很容易接受源自亚里士多德"力是运动的原因"的错误观念。这种依靠实验做判断的做法实际是人类思维发展中最重要的进步，在伽利略提出后，它被称为科学革命的根本所在，通过这一点有助于学生建立自然观。二是让学生体会思想的力量：正如爱因斯坦所说，"理论的真理在你的心智中，不在你的眼睛里"。人的思考首先是对实验结果进行诠释，不同的诠释导致我们对世界的不同理解和认识，也进一步导致下一步不同的实验。在此基础上，人的思考还会让实验超越它原有可能实现的范围。在这个例子中，人的思考就是对摩擦力的忽略，及对其效果的预期。任何实验都受工程和技术发展水平的限制，不可能达到完全理想的状态，这时思想实验的锋芒就体现出来了，凭借想象力进行的思想实验，做出在现实中无法实施的实验，它让人类可以跨越工程技术的局限，直接触及所要寻求的实际实验达不到的结果。爱因斯坦在建立广义相对论的过程中就不断地使用思想实验进行分析。中国的传统文化注重实用和人与人之间的关系，因而对做实验很容易接受，但常忽视抽象的逻辑演绎，中国历史上很多早期科学探索的萌芽以及一些技术被认为是"奇技淫巧"，由此才引出著名的"李约瑟之问"。源自西方的物理学中思辨性的逻辑演绎是科学中很重要的组成部分，也是我国传统文化中相对比较欠缺的内容，物理教育在强调实验的前提下需要补足我国传统文化在这方面的短板。

三、培养应对未知的能力，实践科学探究

物理学是一项系统的探索未知的活动。在长期的探索活动中，人类在发现物理学知识的同时，还不断地改变着认识世界的方法，从基本的立场观点到对事物与现象的抽象和逻辑判断，这些是促进人类不断发展进步的途径。在长期的科学探究过程中，人类在研究物理学的同时，还不断完善着对客观事物、内在规律及相互关系的探索方式，形成了提出问题，形成猜想和假设，设计实验与制订方案，获取和处理信息，基于证据得出结论并作出解释，对探究过程和结果进行交流、评估、反思的途径。这不仅是后人进行物理和其他学科的科学探究的有效途径，对非自然科学领域的研究，对社会问题的研究和解决，乃至对社会中任何一个人的生存和发展所要应对的各种未知，都具有巨大的指导和实践价值。物理课程就是在教学活动中部分地重现这个探索未知的阶段，引导学生经历基本的科学探究过程，在不断探索中解决物理问题。因此，强调真实问题情境，就是为了提高学生的科学探究的意识，使学生具有初步的观察能力，能基于观察和实验发现问题、提出物理问题，形成猜想和假设，设计实验与制订简单的科学探究方案，会通过实践操作等方式获取和收集信息，初步具

有获取证据的能力；能分析、处理信息，基于证据得出结论，具有对科学探究过程和结果作初步解释的能力；能用书面或口头的方式表述自己的观点，能评估、自我反思和听取他人意见，具有与他人交流的能力。物理课程应引导学生学习科学研究方法，发展初步的科学探究能力，形成尊重事实、探索真理的科学态度，建立克服困难的信心和决心，实事求是，勇于创新，善于跟他人分享与合作，学会生活，为终身发展奠定基础。

四、了解物理学的发展对社会进步的推动，确立科学态度与责任

物理学的革命不仅极大地推动了人类社会经济、政治、文化领域的变革，而且影响了人类生活方式和思维方式。物理学作为自然科学的基础已经渗透到社会、生活的各个领域，哪里有人类活动，哪里就有物理学。物理学及其技术的发展，影响了人们的生活与生产方式，促进了社会发展。物理课程通过向学生展示物理学发展的简要历程，让学生学习一些科学方法和科学家的探索精神，经历从自然到物理、从生活到物理、从物理到社会的认识过程。在认识科学本质与科学、技术、社会、环境之间关系的基础上，逐渐形成探索未知的内在动力，严谨认真、实事求是和持之以恒的科学态度，以及热爱自然、遵守科学道德规范，关注科技发展动态。物理课程真实地反映了物理学及其技术在生产生活中的应用。义务教育物理课程特别注重与生产生活实际、现代社会及科技发展的联系，将学生认识到的物理知识、科学研究方法与社会实践及其应用结合起来，让学生体会到物理在生活与生产中的实际应用，了解技术应用带来的社会进步和问题，关注科学技术对自然环境、人类生活和社会发展的影响，有保护环境、节约资源、促进可持续发展的意识，在力所能及的范围内对社会的可持续发展作出贡献，有将科学服务于人类的意识，培养推动可持续发展和振兴中华的社会责任感，形成正确价值观，为做有理想、有本领、有担当的公民奠定基础，促进人类科学事业的传承与社会的发展。

物理学是一种文化，有着明确的价值导向，是人类文明宝库中的重要内容。物理课程的另一个价值在于培养学生对科学理性的崇尚，对科学精神的弘扬，对科学伦理的尊重。例如，在人与自然、主体和客体的关系上，承认物质的第一性，承认自然规律的存在，树立尊重事实、尊重客观规律的观点；承认自然的可知性，树立相信科学、反对迷信的观点；承认科学理论的相对性，体会到人类认识的局限性和认识过程的无穷性，树立为科学而不断探索、不断奋斗的观点；承认自然界是在不断运动变化着的，树立用发展的眼光看问题的观点；承认自然界是辩证统一的观点，养成用辩证的观点去认识世界；等等。又如，在逐步认识客观世界的协调性与和谐性，科学理论的简约性与内涵的丰富

性的基础上，养成协调、和谐、简约、注重内涵的审美品质。在个人品质上，养成对科学的热情关注和对科学实践活动的热情参与，有责任感和坚强的意志，自信、自觉、果断、顽强、自制，以及实事求是、谦虚谨慎、勤奋努力，等等。

人类通过物理学认识自然、理解自然，依靠物理学享受自然、改造自然，与自然和谐共存。物理课程把这些前人经过艰苦努力而发掘建立起来的物理学功能系统梳理、发扬光大，传授和普及给下一代，促进人类社会的可持续发展。

◎ 第十九章
义务教育物理课程的展望

　　《课程标准（2022 年版）》以学生发展为本，以促进全体学生核心素养的养成和发展为目标，以物理观念、科学思维、科学探究、科学态度与责任作为核心素养的主要内涵，依托物理学知识的传授，在聚焦能力培养的同时，高度重视对全体学生世界观、人生观和价值观的塑造。在我国的教育体系中，一方面，义务教育物理课程是小学科学课程的继续和深化，是应用数学对自然界运动及其相互作用的规律开展系统和定量的研究，因为在对自然界运动及其相互作用的规律的描述和理解方面具有鲜明的特点，它在我国国民科学素养培养方面的地位极其重要，是其他课程无法代替的。另一方面，它是高中物理教育的基础，为实现高中物理教育的目标提供不可缺少的支撑和保障。

　　《课程标准（2022 年版）》对物理课程的育人质量和水平以及物理教师的教学能力都提出了新的要求。基于课程标准开展的课程理念的调整、课程内容的重构、教学方法的创新、教学评价的深化、考试的改革等研究全面启动，将会促进我国义务教育物理课程发生根本性的变化和发展。

第一节　以核心素养为课程灵魂构建物理课程

　　课程要有灵魂，基于《课程标准（2022 年版）》的课程，核心素养就是课程的灵魂，根据核心素养的内涵，课程灵魂的构建要始终聚焦物理观念、科学思维、科学探究、科学态度与责任四个方面。

一、物理观念是构建课程灵魂的基础

　　物理观念是人类对自然界物质运动及其相互作用中形成的概念和规律的提炼及升华。物理学中的任何概念和规律的形成都不是一蹴而就的，而是通过人们对事物的长期观察，在不断修正和调整的基础上总结出来的。如义务教育物理课程中涉及的质量、速度等概念，都是在不断纠错和完善的过程中逐渐严谨、科学，逐渐趋于真理。教师应带领学生通过探究教学等方式，领略和体验科学家在构建这些观念过程中的心路历程，感悟科学家在建立这些概念和规律时所做出的艰辛努力、智慧操作和巧妙突破，特别是他们对问题的浓厚兴趣和

为解决问题不懈努力的精神，这些应该成为课程灵魂的基础。例如，伽利略的斜面实验及自由落体研究。作为近代科学的奠基人，伽利略首先注重应用数学工具，描述自然界的运动及其相互作用，使得科学研究从定性描述向半定量和定量研究过渡，为科学研究中寻找和建立严格的规律的方法奠定了基础。同时，伽利略在研究运动问题的过程中，一直关注对物体运动参数的定量描述，在对问题的研究过程中，突破了亚里士多德关于重的物体下落速度快，轻的物体下落速度慢的结论。伽利略关于运动研究的方法，不仅得出了正确的结论，还通过典型实验总结规律，再将由实验总结出的规律应用于未知问题的研究中。这种方法为人们进入宏观世界的牛顿力学奠定了基础，也为近代物理学研究指明了方向。这种对事物研究的方法是物理观念建立的关键，也是构建课程灵魂的基础。

二、科学思维是构建课程灵魂的重点

科学思维包括模型建构、科学推理、科学论证、质疑创新等要素，是构建课程灵魂的重点。物理学研究对象的一个显著特点是高度关注具有约束条件的体系，研究和探索其相互作用及其规律。从众多的约束条件中，选取主要条件，忽略次要条件，进而完成对受约束体系的科学研究，是物理学最基本的科学思维方法。物理学的这种科学思维方法，深刻揭示了事物的普遍联系和永恒发展的基本特征。引导学生掌握这种方法，不但有利于学生科学思维的养成，而且对培养学生解决实际问题的综合能力也非常重要。

建构模型对物理规律的发现具有非常重要的意义。一方面，以理想化为代表的物理模型建构方法是物理学研究的主要方法，其中蕴含的抓住主要矛盾的哲学思想，是解决自然界运动及其相互作用规律的核心方法，这种方法也是自然科学研究的核心方法。另一方面，通过将研究对象理想化、研究条件理想化、研究过程理想化等方法所建构的物理模型，因为其领域的不同，其方法也有所不同。在教学实践中，可以从科学家如何建构物理模型的角度出发，从培养学生创新能力的角度进行思考。

教师要高度重视通过物理学观念和规律的建立过程，培养学生掌握正确的科学推理和科学论证方法，引导学生从自然运动最基本的规律出发，应用数学工具，开展科学的推理和论证，这是得到正确结论的关键。同时，要高度重视作为出发点的理论的适用条件和推理及论证过程中要满足的条件。通过观测典型实验现象，应用科学推理和科学论证方法总结出规律，是义务教育物理课程使用的典型方法。由于这些规律是在观察环境中建构的，因此，在教学过程中，教师必须时刻提醒学生注意环境条件对实验现象的影响，引导学生在开展科学推理和科学论证时，将环境条件作为所得出的结论的条件。例如，义务教育物理课程中，关于力的平衡的教学，其中一个非常重要的条件是惯性参考系，虽然在义务教育阶段，教学内容里没有系统介绍牛顿第一定律和惯性参考系的定义及性质，但是，关于平衡问题（如探究杠杆的平衡条件、用天平测量质量、用弹簧秤测量重力等实验）的讨论都是基于惯性参考系的，这个条件是一些规律建立的基础。

大胆质疑和科学批判是创新的基础。自然科学发展的历史证明，众多原创理论的形成，来自对当前科学概念和规律的质疑及批判。在课程中，教师通过探究教学，鼓励和引导学生对现有的概念和规律、科学推理和科学论证的结果进行质疑和批判，这是培养学生创新能力的重要途径，也是课程灵魂中的一颗闪亮明珠。例如，在光学教学中，教师引导学生质疑光直线传播的结论，质疑折射现象产生的原因，质疑光如何携带和传播能量，质疑地球对月球的引力作用，质疑场与物质的相互作用原理等。

三、科学探究是构建课程灵魂的关键

公元前 4 世纪，亚里士多德区分了自然科学与哲学的研究对象，包括物理学在内的自然科学的研究逐渐展开。16 世纪下半叶至 17 世纪上半叶，伽利略对自然现象的研究方法，是近代力学诞生的标志，也可以看作是近代物理学发展的起点。[①] 爱因斯坦对伽利略的科学研究方法给予了高度评价，他说："伽利略的发现以及他所用的科学推理方法，是思想史上最伟大的成就之一，而且标志着物理学的真正开端。"[②] 伽利略将对典型现象的观察和实验，与科学猜想和假设、科学思维相结合，是近代包括物理学在内的科学研究的基本方法。

17 世纪，牛顿秉承伽利略的科学研究方法，对光现象、运动和力的关系等开展了深入研究，他将数学工具应用到实验、猜想和假设、科学思维中，把物理的论述与数学的推演有机地结合起来，后来被人们称为数理研究方法。牛顿的科学研究方法体现了分析与综合的统一，这是牛顿科学研究的显著特点。牛顿在科学探究中提出的科学研究的思想极大地影响了自然科学的进步和发展，推动了物理学的第一次革命。

19 世纪，麦克斯韦进一步应用和发展了牛顿的科学研究方法，他将科学研究的方法应用于电磁现象的研究中，继承和发展了法拉第关于"场"的观念，大胆质疑"超距作用"，应用数学工具和严格的逻辑推理，建立了电磁场理论。爱因斯坦在他的《麦克斯韦对物理实在观念发展的影响》一文中，对麦克斯韦

---

① 倪光炯，王炎森. 物理与文化：物理思想与人文精神的融合 [M]. 3 版. 北京：高等教育出版社，2015：28-32.

② 许良英，王瑞智. 走近爱因斯坦 [M]. 沈阳：辽宁教育出版社，2005：156.

的科学研究给予了高度评价："自牛顿奠定理论物理学基础以来，物理学的公理基础——换句话说，就是我们关于实在结构的感念——最伟大的变革，是法拉第和麦克斯韦在电磁现象方面的工作引起的。""在麦克斯韦之前，人们以为物理实在——就它应当代表自然界的事件而论——是质点，质点的变化是由那些服从常微分方程的运动所组成的。在麦克斯韦以后，他们则认为物理实在是由连续的场来代表的，它服从偏微分方程，不能对它作机械论的解释。实在概念的这一变革，是物理学自牛顿以来的一次最深刻最富有成效的变革。"① 麦克斯韦应用科学研究的方法建立的理论提出：光是电磁波，电磁波可以在真空中传播，它的传播不需要其他介质。其理论的深刻和完美程度远远超过了当时人们的认识水平。这种理论超前实验的发展，成为 20 世纪物理学发展的一个特点。麦克斯韦的电磁场理论为经典物理学大厦的建立作出了重要的贡献，并推动了物理学的第二次革命。

作为 20 世纪科学研究代表，爱因斯坦的科学研究方法具有"前科学性"，他的科学哲学更具有创新精神，与牛顿和麦克斯韦有着明显的不同。例如，爱因斯坦在《物理学的进化》一书中谈到光量子的假说时指出，为了保持牛顿理论的基本观念，必须假设单色光是由能量子组成的，并用光量子代替牛顿的光微粒，光量子是能量的最小单元，这些光量子被称为光子。牛顿理论在这个新的形式下复活。这种科学探究的方法体现出爱因斯坦鲜明的个人特点，这种特点在爱因斯坦开展相对论研究中表现得更加明显。他从伽利略和牛顿的理论出发，通过对更深刻的"对称性"的理解，构建了全新的描述时间和空间的理论。这一系列科学研究成果成为推动物理学第三次革命的起点。杨振宁和米尔斯合作构建的杨-米尔斯场，成功建立弱相互作用理论，并在此基础上发展的关于强相互作用理论（标准模型），被认为是推动物理学发展的第四次革命的起点。

根据《课程标准（2022 年版）》对育人的新要求，教师要重新理解构建课程灵魂的关键的科学探究，依托课程内容，深入挖掘科学探究的内涵和外延，使学生通过学习，感悟科学家对科学探究的理念和方法，欣赏不同科学家在科学探究过程中形成的不同科学哲学的美，体验物理科学发展引领其他自然科学进步的自豪。

四、科学态度与责任是构建课程灵魂的核心

物理学是自然科学的基础，是高新技术的源泉，物理学的每一次进步和发

---

① 爱因斯坦. 爱因斯坦文集：第 1 卷 [M]. 许良英，赵中立，张宣三，编译. 北京：商务印书馆，1976：292-295.

展都对科学、技术、社会、环境产生根本的影响。物理学在发展过程中形成的具有鲜明学科特点的科学态度与责任，是其他学科无法代替的，同时也使物理学科本身充满了无穷的魅力。物理学家在探索自然现象及规律过程中，形成了严谨认真、实事求是和持之以恒的科学态度，构成了物理学本身可持续发展的基础，也成为其他科学和技术发展的源泉。例如，在经典物理学发展过程中形成的科学哲学思想，主要以还原论和归纳法作为基本的研究规范，这种研究规范不但对物理规律构建提出了要求，同时也要求研究者保持严谨认真、实事求是和持之以恒的科学态度。20 世纪开始发展的近代物理学在此基础上又增加了演绎法。演绎法为人们探索复杂系统规律提供了有效途径，同时也丰富了科学哲学。

义务教育阶段物理课程的目标之一是培养学生的科学态度与责任，培养学生热爱自然、遵守道德规范、保护环境、推动可持续发展和实现中华民族伟大复兴的社会责任感。这个目标是物理学科最重要、最核心的任务，因此，构建课程灵魂应以引导学生探索科学本质、发展学生正确科学态度和培养学生社会责任为核心。

第二节　以学生发展为中心推动高质量 物理课程建设

英国学者安东尼·塞尔登和奥拉迪梅吉·阿比多耶在《第四次教育革命》一书中指出了传统教育的五大难题：第一，未能克服根深蒂固的社会阶层固化问题；第二，教育制度僵化；第三，教师因行政而不堪重负；第四，大班教学抑制学习的个性化和学习的广度；第五，教育的同质化和缺乏个性化。[①] 一方面，这些问题是国际上几乎所有国家和地区都面临的普遍问题；另一方面，这些问题在大学、高中以及义务教育阶段均不同程度地存在。因此，结合义务教育阶段学生的生理和心理特点以及义务教育阶段的课程目标，对上述问题开展系统和深入的思考与研究，不但可以为提高义务教育的教学质量提供参考，也能为提高高中和大学教育的教学质量，高质量完成立德树人根本任务发挥作用。在上述五个问题中，第四和第五个问题是制约我国义务教育发展的重要问题，解决这些问题的一个重要抓手就是以学生发展为中心，这是办好人民满意的教育，提高义务教育物理课程人才培养质量，提高物理教育教学水平的出发点和落脚点。从以学生发展为中心出发，推动高质量物理课程建设需要高度注

---

① 塞尔登，阿比多耶. 第四次教育革命：人工智能如何改变教育［M］. 吕晓志，译. 北京：机械工业出版社出版，2019：40.

意以下两个方面。

第一，以学生发展为中心，充分激发每个学生学习的自主性与积极性。义务教育物理课程引导学生应用科学逻辑进行思考，通过自我分析、自主思考得出有价值的结论。教师在教学中给予恰当的肯定、表扬和鼓励，可以有效地激发学生学习的主动性和积极性，引导学生养成终身学习的习惯。当学生在学习中遇到困难时，教师要有提前的预判，站在更高层次上对学生进行指导，这种指导不是告诉学生如何去做，而是引导学生自我思考，自己得出解决问题的方法。

以学生发展为中心，首先要求教师对所有学生一视同仁，公平、公正。对不同性格、不同学习水平和不同家庭的学生采取不同的教学方法，尊重每个学生的发展需求。

以学生发展为中心，不是满足学生的一切要求，而是对学生严格要求，让学生触及有难度的科学问题，带领学生一起思考、感悟和理解有难度的知识，让学生在学习过程中能"跳起来"摘取知识的"桃子"。从这个角度出发开展课程设计和实施，需要教师转换身份、换位思考，真正成为学生的良师益友。在充分信任和友好的环境中，师生的交流才能没有障碍，没有禁区，达到"亲其师信其道"。

第二，采取灵活多样的教育教学方法，使学生真正成为课程的主人。教学不仅是一门科学，也是一门艺术，这门艺术最重要的评价者是学生。构建高质量课程，要遵守基本的教学规律，以学生发展为中心，根据核心素养这一目标构建课程内容，根据课程内容和学生实际，思考和设计教学方法。在教学方法设计和实施过程中，充分考虑到学生的实际，考虑到学生的发展，结合具体教学内容设计和实施灵活多样的教学方法，这就是"教学有法，教无定法，贵在得法"。

全面提升学生核心素养，是《课程标准（2022年版）》的核心目标。实现这一目标，需要采取灵活多样的、学生喜闻乐见的教学方法。教师在教学过程中应该成为学生发展和进步的引领者，通过讲解、讨论、实验、研究等各种方法和手段，带领学生实现从日常生活到科学现象，再到科学问题、科学规律的提升。

教学设计是以学生发展为中心的高质量物理课程的基础，采取什么样的方法开展教学，教师具有主导性，同一个内容在不同班级可以采取不同的教学形式，同一个内容在不同的教学阶段也可以采取不同的教学方法，"得法"是其中的重要要求。以全面提升学生核心素养为核心目标的教学设计研究已经在我国全面展开，相信在全体教师的不懈努力下，不远的将来一定会取得优异的成果。

主要参考文献

[1] 中华人民共和国教育部. 义务教育课程方案：2022 年版 [M]. 北京：北京师范大学出版社，2022.

[2] 中华人民共和国教育部. 义务教育物理课程标准：2022 年版 [M]. 北京：北京师范大学出版社，2022.

[3] 田慧生. 落实立德树人任务　教育部颁布义务教育课程方案和课程标准 (2022 年版) [J]. 基础教育课程，2022 (9)：5-8.

[4] 张国华. 科学修订义务教育课程，深化基础教育课程改革 [J]. 基础教育课程，2022 (9)：9-14.

[5] 义务教育课程方案修订组. 育时代新人　绘课程蓝图：义务教育课程方案 (2022 年版) 解读 [J]. 基础教育课程，2022 (9)：15-22.

[6] 廖伯琴. 提炼核心素养，凸显课程育人价值：义务教育物理课程标准 (2022 年版) 解读 [J]. 基础教育课程，2022 (10)：46-52.

[7] 中华人民共和国教育部. 义务教育物理课程标准：2011 年版 [M]. 北京：北京师范大学出版社，2011.

[8] 中华人民共和国教育部. 普通高中物理课程标准：2017 年版 2020 年修订 [M]. 北京：人民教育出版社，2020.

[9] 廖伯琴. 普通高中物理课程标准 (2017 年版 2020 年修订) 解读 [M]. 北京：高等教育出版社，2020.

[10] 廖伯琴. 义务教育物理课程标准 (2011 年版) 解读 [M]. 北京：高等教育出版社，2012.

[11] 崔允漷，王涛. 培根铸魂　启智润心：《义务教育课程方案 (2022 年版)》解读 [J]. 全球教育展望，2022，51 (4)：6-7.

[12] 王湛. 深化改革，努力构建新时代高质量的义务教育课程体系 [J]. 全球教育展望，2022，51 (4)：3-5.

[13] 张民生. 学习新课标，实施新课改，实现新发展 [J]. 全球教育展望，2022，51 (4)：20-21.

[14] 张华. 创造 21 世纪理想课程：义务教育课程修订的国际视野 [J]. 基础教育课程，2022 (10)：5-11.

[15] 郭华. 落实学生发展核心素养　突显学生主体地位：2022 年版义务教育课程标准解读 [J]. 四川师范大学学报 (社会科学版)，2022，49 (4)：1-9.

读者意见反馈

为收集对教材的意见建议，进一步完善教材编写并做好服务工作，读者可将对本教材的意见建议通过如下渠道反馈至我社。

咨询电话　400-810-0598

反馈邮箱　zz_dzyj@pub.hep.cn

通信地址　北京市朝阳区惠新东街4号富盛大厦1座

　　　　　高等教育出版社总编辑办公室

邮政编码　100029